Briefe aus Lagern und Gefängnissen 1939–1945

PERSPEKTIVEN DER LITERATUR- UND KULTURWISSENSCHAFT

Transdisziplinäre Studien zur Germanistik

Herausgegeben von
Grażyna Krupińska
Zbigniew Feliszewski
Renata Dampc-Jarosz

BAND 8

Berlin - Bruxelles - Chennai - Lausanne - New York - Oxford

Lucyna Sadzikowska

Briefe aus Lagern und Gefängnissen 1939–1945

Ausgewählte Probleme

PETER LANG

Berlin - Bruxelles - Chennai - Lausanne - New York - Oxford

Bibliografische Information der Deutschen Nationalbibliothek
Die Deutsche Nationalbibliothek verzeichnet diese Publikation in der Deutschen Nationalbibliografie; detaillierte bibliografische Daten sind im Internet über http://dnb.d-nb.de abrufbar.

Publication co-financed by the University of Silesia in Katowice.

Die Qualität der in dieser Reihe erscheinenden Arbeiten wird vor der Publikation durch einen externen, von der Herausgeberschaft benannten Gutachter im Blindverfahren geprüft. Dabei ist der Autor der Arbeit dem Gutachter während der Prüfung namentlich nicht bekannt.

Gutachter: Prof. Damian Bednarski

Lektorat: Joanna Ziemska

Diese Ausgabe ist eine Übersetzung eines 2019 erschienenen Buches (Briefe aus Lagern und Gefängnissen 1939-1945. Ausgewählte Ausgaben).

Titelbild mit freundlicher Genehmigung von Benjamin Ben Chaim.

Umschlaggestaltung: Atelier Platen (Olaf Glöckler)

ISSN 2511-5677
ISBN 978-3-631-91449-6 (Print)
E-ISBN 978-3-631-91487-8 (E-PDF)
E-ISBN 978-3-631-91488-5 (EPUB)
DOI 10.3726/b21746

Verlegt durch: Peter Lang GmbH, Berlin, Deutschland

info@peterlang.com http://www.peterlang.com/

Inhalt

Vorwort

Die Geschichte des Zweiten Weltkriegs ist immer besser dokumentiert, unter anderem dank der Entdeckung neuer Quellen und ihrer Bearbeitung. Dies schafft ein Umfeld für innovative Forschungen, etwa über Gepflogenheiten, das Alltagsleben oder über Beziehungen der Menschen z.B. zu Dingen und Tieren, was bisher von der Geschichte ausgeklammert wurde. Ein gesondertes Thema stellt der Einfluss auf diese Forschung der *holocaust studies* dar, die in den letzten Jahren die langjährigen systematischen Studien über den Zweiten Weltkrieg übertroffen haben.

Die „Zeit der Verachtung" wird in eingehenden Abhandlungen[1], Artikeln, Monografien, Ausstellungen[2], biografischen Skizzen ehemaliger KZ-Häftlinge, Beiträgen, Erinnerungen und Berichten[3] behandelt. Die Zahl von

---

1 Um nur einige zu nennen: *Wojna. Doświadczenie i zapis. Nowe źródła, problemy, metody badawcze [Der Krieg. Erfahrung und Aufzeichnung. Neue Quellen, Probleme, Forschungsmethoden]*. Hrsg. von S. BURYŁA, P. RODAK. Kraków 2006; *Grypsy z Konzentrationslager Auschwitz Józefa Cyrankiewicza i Stanisława Kłodzińskiego [Die Kassiber von Józef Cyrankiewicz und Stanisław Kłodziński aus dem Konzentrationslager Auschwitz]*. Vorwort und Bearbeitung I. PACZYŃSKA. Kraków 2013; T. TOMASIK: *Wojna – męskość – literatura [Krieg – Männlichkeit – Literatur]*. Słupsk 2013; P. MITZNER: *Biedny język. Szkice o kryzysie słowa i literaturze wojennej [Karge Sprache. Skizzen zur Krise des Wortes und zur Kriegsliteratur]*. Warszawa 2011; *Pokolenie 1920. Szkice do portretu zbiorowego [Die Generation 1920. Ein kollektives Porträt]*. Hrsg. von M. BOLIŃSKA, J. DETKA, M. WÓJCIK. Kielce 2012.

2 Katalog zur Ausstellung *Listy z Majdanka. Obóz koncentracyjny w świetle grypsów. Katalog wystawy [Briefe aus Majdanek. Das Konzentrationslager im Lichte der Kassiber. Ausstellungskatalog]* als Buch veröffentlicht. D. OLESIUK. Lublin 2010; Ausstellung im Museum des Martyriums „Pod Zegarem" zum Andenken an das dichterische Schaffen der Verhafteten: Grażyna Chrostowska und Henryk Oblicki.

3 Um nur wenige zu nennen: S. PIGOŃ: *Wspominki z obozu w Sachsenhausen (1939–1940) [Erinnerungen aus dem KZ Sachsenhausen (1939–1940)]*. Warszawa 1966; *Ponad ludzką miarę. Wspomnienia operowanych z Ravensbrück [Über das menschliche Maß hinaus. Erinnerungen der Operierten aus Ravensbrück]*. Hrsg. von H. KLIMEK. Vorwort W. KIEDRZYŃSKA. Warszawa 1969; *Świat po Auschwitz. Materiały z uroczystego posiedzenia Senatu Uniwersytetu Jagiellońskiego upamiętniającego 50-lecie wyzwolenia obozu koncentracyjnego Auschwitz-Birkenau [Die Welt nach Auschwitz. Unterlagen von der feierlichen Sitzung des Senats der Jagellonen-Universität anlässlich des 50. Jahrestages der Befreiung des Konzentrationslagers Auschwitz-Birkenau]*. Zum Druck vorbereitet von A. FLIS. Kraków 1995.

Quellenzeugnissen, die sich in die zeitgenössischen Trends einfügen, eine so genannte „Lebensgeschichte" zu schreiben, welche *sich nicht aus politischen Abkommen und großen Schlachten zusammensetzt, sondern vor allem aus Schicksalen von Menschen, Familien und Kindern – einer Schilderung dessen, was sie vor dem Hintergrund des Weltgeschehens erlebt haben*[4], nimmt kontinuierlich zu. Man kann immer noch besondere Schriftstücke auffinden und erneut lesen, wie z.B. veröffentlichte Briefe[5] von Häftlingen der Konzentrationslager (Auschwitz-Birkenau[6], Majdanek, Dachau usw.), die ein äußerst interessantes

4 D. KONDRATIUK: *Przedmowa [Vorwort]*. In: *Henryk Perkowski. Przeżyć każdy dzień. Wspomnienia obozowe 1944–1945 [Henryk Perkowski. Jeden Tag überleben. Lagererinnerungen 1944–1945]*. Hrsg. von P. SOBIESZCZAK. Łapy 2014, S. V.

5 Im *Vorwort* zu *Zeit, die mir noch bleibt. Briefe aus dem Gefängnis* von Krystyna Wituska stellt Wanda Kiedrzyńska fest: *In der reichen Tagebuch- und Memoirenliteratur, die sich auf die Martyrologie des polnischen Volkes während des Zweiten Weltkrieges bezieht, nimmt das Briefmaterial einen sehr bescheidenen Platz ein. Originalbriefe aus Gefängnissen und Lagern, besonders Briefe von zum Tode Verurteilten, gehören zu den Seltenheiten*. In: *Zeit, die mir noch bleibt. Briefe aus dem Gefängnis*. Bearbeitet und mit einem Vorwort versehen von W. KIEDRZYŃSKA. Berlin 1989, S. 5.

6 Dem KZ Auschwitz-Birkenau wurden zahlreiche Publikationen gewidmet, u.a. das Sammelwerk: *Auschwitz 1940–1945. Węzłowe zagadnienia z dziejów obozu [Auschwitz 1940–1945. Studien zur Geschichte des Konzentrationslagers]*. Bd. 1–5. Hrsg. von W. DŁUGOBORSKI, F. PIPER. Oświęcim 1995; *Wśród koszmarnej zbrodni. Notatki więźniów z Sonderkommando odnalezione w Oświęcimiu [Inmitten des grauenvollen Verbrechens: Handschriften von Häftlingen aus dem Sonderkommando]*. Oświęcim 1971; *Auschwitz. Nazistowski obóz śmierci [Auschwitz. Nationalsozialistisches Todeslager]*. Hrsg. von F. PIPER und T. ŚWIEBOCKA. Oświęcim 1993. Mehr zur Entstehung und Funktion des KZ Auschwitz-Birkenau u.a. in.: *Oddani sprawie. Szkice biograficzne więźniów politycznych KL Auschwitz-Birkenau [Der Sache ergeben. Autobiografische Skizzen politischer Häftlinge des KZ Auschwitz-Birkenau]*. Bd. 1. Ausgewählt und bearbeitet von J. KANTYKA, S. KANTYKA. Katowice 1999; A. KONIECZNY: *Uwagi o początkach obozu koncentracyjnego w Oświęcimiu [Zu den Anfängen des KZ Auschwitz]*. „Zeszyty Oświęcimskie" 1970, Nr. 12, S. 5–14; K. ŻYWULSKA: *Przeżyłam Oświęcim [Ich überlebte Auschwitz]*. Warszawa 1960; H. WRÓBEL: *Likwidacja obozu koncentracyjnego Oświęcim-Brzezinka [Die Auflösung des Konzentrationslagers Auschwitz-Birkenau]*. „Zeszyty Oświęcimskie" 1962, Nr. 6, S. 11–49; H. ŚWIEBOCKI: *Sprawozdania uciekinierów z KL Auschwitz sporządzone w czasie wojny [Während des Krieges verfasste Berichte von Flüchtlingen aus dem KZ Auschwitz]*. „Biuletyn Towarzystwa Opieki nad Oświęcimiem" 1995, Nr. 25, S. 32–38; H. LANGBEIN: *Ludzie w Auschwitz [Menschen in Auschwitz]*. Oświęcim 1994; K. HESKA-KWAŚNIEWICZ: *Józef Kret (1895–1982). Opowieść o*

und bewegendes Bild vermitteln, das auf die Kategorie der Literatur des persönlichen Dokuments verweist. Die Texte sind immer noch lebendig und rufen viele Emotionen hervor. Zugleich beziehen sie sich auf das Konzept der als persönliches Gedächtnis verstandenen Erinnerung, die nicht immer mit offiziellen Daten und geschichtlichen Bilder übereinstimmt.

Die Lektüre und Analyse solcher Quellen wie der offiziellen und inoffiziellen Lagerbriefe[7], die *eine Art Dokument des Lagerlebens*

---

harcerskiej wierności [Józef Kret (1895–1982). Erzählung über die Treue der Pfadfinder]. Katowice 1997; A. PIĄTKOWSKA: *Wspomnienia oświęcimskie [Erinnerungen an Auschwitz].* Kraków 1977; A. STRZELECKI: *Ewakuacja, likwidacja i wyzwolenie KL Auschwitz [Endphase des KL Auschwitz. Evakuierung, Liquidierung und Befreiung des Lagers].* Oświęcim 1982; *Auschwitz – zbrodnia przeciwko ludzkości [Auschwitz – Verbrechen gegen die Menschheit].* Bearbeitet von K. SMOLEŃ, T. ŚWIEBOCKA unter Mitwirkung von R. BOGUSŁAWSKA-ŚWIEBOCKA. Warszawa 1990; J. BIELECKI: *Kto ratuje jedno życie… Pamiętnik z Oświęcimia [Wer ein Leben rettet… Die Geschichte einer Liebe in Auschwitz].* Warszawa 1990; H. BIRENBAUM: *Nadzieja umiera ostatnia [Die Hoffnung stirbt zuletzt].* Warszawa 1988; D. CZECH: *Kalendarz wydarzeń w KL Auschwitz [Kalendarium der Ereignisse im Konzentrationslager Auschwitz-Birkenau 1939–1945].* Oświęcim 1992; Z. WOŹNICZKA: *KL Auschwitz-Birkenau w świetle publikacji depesz podziemia londyńskiego 1941–45 [Das Konzentrationslager Auschwitz-Birkenau im Lichte der veröffentlichten Depeschen der Londoner Untergrundbewegung 1941–45].* „Biuletyn Towarzystwa Opieki nad Oświęcimiem“ 1993, Nr. 18 (Sonderheft), S. 83–93; J. PTAKOWSKI: *Oświęcim bez cenzury i bez legend [Auschwitz ohne Zensur und Legenden],* New York 1985; A. WÓJCIK, M. ZDZIARSKI: *Dobranoc, Auschwitz. Reportaż o byłych więźniach [Gute Nacht, Auschwitz. Ein Bericht über ehemalige KZ-Häftlinge].* Kraków 2016.

7 Bei der Bearbeitung des Materials habe ich Gulags, Gefängnisse im Osten sowie Nachkriegsgefängnisse bzw. -lager nicht berücksichtigt. Unter den Veröffentlichungen von Briefen polnischer Gefangener aus der Zeit der Besatzung oder Okkupation könnte man als mögliche Vorlage für den Herausgeber der Korrespondenz folgende erwähnen: *Znaki pamięci. Korespondencja obozowa więźniów KL Auschwitz i walory filatelistyczne upamiętniające ich martyrologię [Briefmarken-Zeichen des Gedenkens: Häftlingsbriefe aus dem KL Auschwitz und dem Leiden der Häftlinge gewidmete Philatelistica].* Bearbeitet von J. MATEJA. Übersetzt von J. AUGUST. Oświęcim–Brzezinka 1995; *…wierzymy mocno, że wrócisz… Korespondencja wydobyta z dołów śmierci Charkowa i Miednoje: ze zbiorów Muzeum Katyńskiego […wir glauben fest daran, dass du wiederkommst … Korrespondenz aus den Massengräbern von Charkiw und Mednoje: aus der Sammlung des Museums von Katyn].* Bearbeitet von S. KARWAT. Mit einem Vorwort und historischen Kommentar von E. KOWALSKA. Herausgegeben von J. FURTAK. Warszawa 2016; *Listy sybiraków (1939–1955) [Briefe der Sibiraken (1939–1955)].* Ausgewählt und bearbeitet von J. WOŁCZUK. Wrocław 1994; *Listy z Sybiru [Briefe aus Sibirien].* Bearbeitet

darstellen[8], wird unter anderem dank genetischer Kritik[9] zu einer notwendigen und möglichen Aufgabe. In persönlichen Dokumenten kann die in den Geisteswissenschaften grundlegende individuelle Perspektive erfasst werden. Die Auseinandersetzung mit den veröffentlichten originalen Lager- und Gefängnisbriefen hängt eng mit der Erforschung des polnischen Kulturerbes zusammen. Daher scheint es, dass heutzutage die Auffindung und Veröffentlichung von Quellen aus privaten Beständen zur ausdrucksstärksten Darstellungsweise der historiografisch-epistolografischen Perspektive der offiziellen und inoffiziellen Lagerbriefe werden sollte, um sie dann mit der individuellen, authentischen Perspektive der von der Gefangenschaft im Lager betroffenen Menschen in Verbindung zu bringen. Konkrete Schicksale polnischer Häftlinge in ihrer menschlichen, tragischen Dimension (Tod durch Erschöpfung, in der Gaskammer usw.) sollten auf neutraler Ebene nahegebracht und geschildert werden. Es besteht kein Zweifel daran, dass die auf die Lagerkorrespondenz bezogene Narration eine aufdringliche Ideologisierung des Themas bzw. die Hervorhebung geltender Interpretationswege vermeidet. Stattdessen kann sie der Friedenserziehung[10] (allgemein als „Erziehung zum Frieden" bekannt) der jungen Generation dienen.

---

von A. SZEMIOTH u.a. Kraków 1995; *Listy ze Wschodu [Briefe aus dem Osten].* Gesammelt und mit einem Kommentar versehen von Z. TONKIEL. Siedlce 2002. Unter der Korrespondenz aus der Nachkriegszeit z.B. *Masz rywalkę Polskę. Korespondencja więzienna Władysława Gałki (1949–1956) [Polen ist deine Rivalin. Die Gefängnisbriefe von Władysław Gałka (1949–1956)].* Hrsg. von M. KAMYKOWSKA, J. ŻARYN unter Mitwirkung von L. RYSAK. Warszawa 2012.

8 Darauf wird unter anderem verwiesen von: W. FRĄTCZAK: *Listy obozowe biskupa Michała Kozala. [Lagerbriefe von Bischof Michał Kozal].* „Ateneum Kapłańskie" 1987, Nr. 109, S. 532–534.

9 Mehr dazu: P.-M. de BIASI: *Genetyka tekstów [Textgenetik].* Übersetzt von F. KWIATEK, M. PRUSSAK. Warszawa 2015; Z. MITOSEK: *Teorie badań literackich. Przegląd historyczny [Theorien der Literaturwissenschaft. Ein historischer Überblick]* Warszawa 1983; K. BARTOSZYŃSKI: *Wobec genologii [Zur Genologie].* „Teksty Drugie" 2000, Nr. 5, S. 17–29.

10 Der Begriff entstammt dem Artikel von H. GAJDAMOWICZ: *Pedagogika pokoju – refleksje aksjologiczno-metodologiczne [Die Friedenspädagogik – axiologische und methodologische Überlegungen].* „Biuletyn Centrum Badań nad Pokojem Uniwersytetu Łódzkiego" 1997, Heft 1, S. 77. Vgl. auch J. LEEK: *Wychowanie do pokoju wyzwaniem edukacyjnym na XXI wiek dla Europy i świata [Die Erziehung zum Frieden: eine bildungspolitische Herausforderung des 21. Jahrhunderts für Europa und die Welt].* In: *Edukacja międzykulturowa jako czynnik rozwoju kultury pokoju*

Aus der von mir analysierten, offiziellen und inoffiziellen Lagerkorrespondenz, die bisher in Form von gesammelten oder einzelnen Briefen veröffentlicht wurde, geht das Bild von Häftlingen[11] hervor – von Menschen, die unschuldig ins Lager verbracht wurden – die nur dank ihrer unerschütterlichen Hoffnung, den Naziterror zu überstehen, den Lebenswillen nicht aufgaben. Man kann feststellen, dass die Briefe – als Ergebnis eines dynamischen Verhältnisses zwischen der existentiellen und historischen Lage und dem Akt des Schreibens – ein mehrdimensionales Porträt der Häftlinge und der Adressaten ihrer Briefe zum Ausdruck bringen. Die offizielle Lagerkorrespondenz, auch wenn sie ein eklatantes Beispiel für die Einschränkung der freien Meinungsäußerung des Absenders durch die Zensur darstellt, ist voller Herzlichkeit, und die sich verschlechternde Lebenssituation des Häftlings wird kaum erwähnt. Neben den aktuellen, sowohl für das Einzelschicksal der bestimmten Familie, als auch im Hinblick auf eine breitere historische und geschichtliche Perspektive wichtigen Fragen findet sich darin ein Ausdruck der Zustimmung zum Leben, einem Leben im Vorhof der Hölle. Einer solchen Haltung liegen verschiedene Ursachen zugrunde: Verzweiflung, Hoffnung, Glaube, Abstumpfung, Passivität. Maria Iwaszkiewicz merkte im Vorwort zum Band *Jarosław Iwaszkiewicz. Listy do córek* [*Jarosław Iwaszkiewicz. Briefe an die Töchter*] an, dass *es eine menschliche Sache ist, Illusionen zu haben*[12]. Sie meinte, dass die Korrespondenz ihres Vaters *deswegen interessant ist, weil sie eigentlich eine Beschreibung von Illusionen zum Inhalt hat, die später völlig zerronnen sind, von Unternehmungen, die sich im Alltag nicht niedergeschlagen haben*[13]. Das Gleiche trifft auf Briefe zu, die Häftlinge aus Lagern und Gefängnissen an ihre Frauen, Mütter, Schwestern oder Angehörigen schickten. Sie bieten ebenfalls eine bewegende Sammlung von Illusionen eines Gefangenen in der Todesfabrik. Deshalb halte ich es für angemessen und zielführend, die bisher veröffentlichten Briefe der Häftlinge u.a. als sprachliches Zeugnis der Vergangenheit zu präsentieren. In *Teoria listu*

[Interkulturelle Bildung als Entwicklungsfaktor für die Kultur des Friedens]. Hrsg. von K.M. BŁESZYŃSKA. Gdańsk 2017, S. 22–47.

11 Im Hinblick auf die disziplinäre Abgrenzung und Konzentration auf den eigentlichen Forschungsgegenstand wurden hier die Probleme des historischen Hintergrunds, vor dem sich die dramatischen Ereignisse in der Biografie der Briefschreibenden abspielten, ausgespart.

12 *Jarosław Iwaszkiewicz. Listy do córek [Jarosław Iwaszkiewicz. Briefe an die Töchter]*. Mit Vorwort versehen von M. IWASZKIEWICZ und T. MARKOWSKA. Bearbeitet von A. und R. ROMANIUK. Warszawa 2009, S. 8.

13 Ebd.

[Die Theorie des Briefes] behauptet Stefania Skwarczyńska, dass ein Brief aus dem Leben „Kräfte schöpfe" und in seinem Dienst stehe. Die Lagerkorrespondenz lässt eine gegenteilige Feststellung zu: da „schöpfte" das Leben Kräfte aus den Briefen. Viele Gefangene betonten, dass ein Brief von der nächsten Person am allerwichtigsten für sie war: *„Liebste, bitte schreibe mir 2 x im Monat. Das ist das Schönste und Wichtigste, was Du für mich tun kannst.* (Brief von Franciszek Ogon an seine Frau Maria). Der größte Wert dieser Briefe, die sich zwischen der intimen, häuslichen und teilweise öffentlichen (gemeint ist das Lager) Sphäre bewegen, ergibt sich aus der Tatsache, dass sie in einer relativ vollständigen Form erhalten sind und dass man auf der Grundlage ihres Inhalts eine „Gedankenkarte" wiederherstellen und den Geisteszustand der Opfer des Faschismus rekonstruieren kann. Darüber hinaus kann man den Versuch unternehmen, alle Anzeichen der Isolierung eines Häftlings von seinen Angehörigen unter Bedingungen, die zu psychischem Verfall und körperlicher Vernichtung führen, zu erkennen. Die Lagerbriefe, welche einen Gebrauchswert haben, sind nicht nur eine Warnung, sondern vor allem ein Zeugnis der Menschenwürde angesichts der Gewalt sowie ein Beweis für die Treue zu seinen Grundsätzen und Gefühlen. Sie bringen die Wahrheit über die aus der Perspektive eines Individuums geschilderte Lagerhölle nahe, erinnern an das Grauen der NS-Zeit, rufen die Fakten jener tragischen Jahre ins Gedächtnis zurück, warnen vor Gefahren, die der Menschheit durch eine (nicht nur nationalsozialistische) Ideologie drohen, bewahren vor dem Vergessen und der Manipulation. Sie können auch inspirieren, öffnen und unscheinbar dabei helfen, sich mit grundlegenden Fragen auseinanderzusetzen. Anna Pawełczyńska stellte fest:

> *Wenn sich jedoch im Menschen allmählich das tiefe Bedürfnis des Verstehenwollens entwickelt, wenn er dazu fähig ist, sich von seiner kleinen Stabilisierung zu lösen, wenn es ihm gelingt, sich von den gesellschaftlich sanktionierten persönlichen Ambitionen und Egoismen zu befreien, dann nimmt er damit das Risiko eines sehr viel schwereren, aber doch vielleicht reicheren Lebens auf sich. Das Verstehen der letzten Situationen ermöglicht, dem Leben und dem Tod mutiger in die Augen zu blicken und ebenso den Menschen vor der Geschichte zu sehen. Dies zu verstehen gibt die Möglichkeit, kognitiv zu erfassen, daß die Fähigkeit Terror zu verüben und Verbrechen zu begehen sowie die Fähigkeit gegen die Gewalt zu kämpfen die Geschichte der einander nachfolgenden Generationen gestalten. Einzig und allein die psychischen und historischen Phänomene unterscheiden sich, in denen dieser Kampf seinen Ausdruck findet*[14].

---

14 A. PAWEŁCZYŃSKA: *Werte gegen Gewalt. Betrachtungen einer Soziologin über Auschwitz.* Aus dem Polnischen übersetzt von J. August. Oświęcim 2001, S. 18.

Es ist auch erwähnenswert, dass „lebendige" Briefe, gefüllt mit Episoden aus dem Alltagsleben und der häuslichen Routine, oft bloße Signale oder – heute kaum noch verständliche – Anspielungen auf Sachen, die dem Empfänger bekannt sind, Berichte und Ankündigungen aus der primären, dieser Form der Kommunikation bereits in den ältesten Zeiten zugeschriebenen Aufgabe resultieren.

Gleichzeitig spiegelt sich in der Korrespondenz eine große Zuneigung und Fürsorge der Schreibenden wider, sowie ihre Sorge um die Nächsten, das Land und die Sprache. Aus den Briefen sticht das Wahre und Schöne heraus.

All das fügt sich meiner Meinung nach zu einer interessanten und zugleich erschütternden epistolografischen Studie zusammen. Die Briefe selbst haben einen wahren historischen Wert, sind nicht nur ein hervorragendes Anschauungsmaterial, sondern auch ein klares Lob der einfachen menschlichen Solidarität, ein deutlicher Ausdruck des Liebesgefühls und eine heftige Anklage gegen das unmenschliche, totalitäre System. Es ist hervorzuheben, dass die gewöhnliche menschliche Einheit und Moral in dem Kampf um Würde, Überleben und das Auftreten gegen die verbrecherischen Taten von großer Bedeutung sind[15].

In gewisser Weise ist die Korrespondenz der Gefangenen eine Art Wiedersehen mit ihren Angehörigen, das in vielen Fällen nie wirklich stattgefunden hat. Die Projektion eines Ereignisses aus der Zukunft, ein konkretes Treffen mit der Familie, hat gleichzeitig eine zerstörerische, reinigende und tröstende Kraft. (In seinem Brief vom 14. Mai 1944 schrieb Franciszek Ogon: *Ich kann es nicht begreifen, dass ich sie nicht mehr wiedersehen werde, wenn ich eines Tages wiederkomme* [Marias verstorbene Mutter – L.S.]). Hier ein längeres Fragment eines Briefes vom 9. Juli 1944, das die Quintessenz des Häftlingsdaseins zu sein scheint:

> *Warum schreibst Du mir nicht von Deinen Sorgen? Geteiltes Leid ist halbes Leid, oder hast Du kein Vertrauen mehr zu mir? Du und die Kinder – Ihr seid doch das Allerliebste, was ich habe. Das Bewusstsein, dass Du so viele Sorgen hast und ich Dir nicht beistehen kann, ist sehr schwer für mich. Aber ich weiß, dass Du durchhalten wirst, denn nach dem Regen kommt immer der Sonnenschein. Ich lebe auch nur mehr durch die Hoffnung, dass ich einst zu Euch zurückkehren und Dir alles vergelten kann, denn das, was ich von Dir erhalten habe, ist die Güte selbst, die belohnt werden muss.*

---

15 Mehr dazu: A. GLIŃSKA: *Moralność więźniów Oświęcimia [Die Moral der Häftlinge von Auschwitz].* „Etyka" 1967, Bd. 2, S. 173–230; Z. RYN, S. KŁODZIŃSKI: *Postawy i czyny heroiczne w obozach koncentracyjnych [Heldenhafte Haltungen und Taten in Konzentrationslagern].* „Przegląd Lekarski – Oświęcim" 1986, Nr. 1, S. 28–45.

Es ist bemerkenswert, dass die offiziellen und inoffiziellen Briefe der KZ-Häftlinge einen Einblick in die „erlebte Welt“ der Gedanken, Gefühle und Werte gewähren. Sie enthüllen eine Welt voller Liebe und Treue. Man findet darin Themen, die in der damaligen Wirklichkeit wurzeln: das Streben nach Wahrheit, die Analyse moralischer Normen, das Verständnis von Patriotismus, Ziele des Nationalsozialismus, die Organisation des Familienlebens in Freiheit, das Vorbild eines Bürgers, der immer noch an das Kriegsende und die Heimkehr glaubt. Die Briefe sind Zeugnisse einer schweren Zeit, in welcher der Gefangene manchmal nur stillschweigend seinen Willen, ein Mensch zu bleiben, im Einklang mit seinen persönlichen Werten zu leben, manifestieren konnte.

Und da das Thema der Stille und Sprachlosigkeit angesprochen wurde, sollte man anmerken, dass das Stillschweigen angeblich der angemessenste Ausdruck der Erinnerung ist. Es kann als Verrat gedeutet werden, Dokumente bzw. persönliche Briefe posthum einem breiteren Leserkreis zugänglich zu machen[16]. Damit werden ihre Autoren unwillkürlich einem Urteil ausgesetzt; man schreibt ihnen irgendwelche Beweggründe zu, interpretiert sie voreilig, ohne zu versuchen, die in einem anderen Kontext und in einer anderen Wirklichkeit verwendeten Worte zu verstehen. Das auf die Enthüllung von „Geheimnissen“ der in Lagern und Gefängnissen Einsitzenden abgezielte Handeln ist aber ganz anders motiviert. Ist es denn akzeptabel, über die „gewöhnlichen ungewöhnlichen” Opfer der Konzentrationslager zu schweigen, welche durch die Hölle gegangen sind, um Zeugnis über die Schreckenszeit abzulegen? Es scheint die Pflicht nachfolgender Generationen zu sein, die Erinnerung an diese Ereignisse zu pflegen, um sie als Mahnung zu bewahren. Die Lektüre der erhaltenen Korrespondenz, von deren Verfassern manchmal nur Briefe als handfeste Beweise für ihre Existenz übrig geblieben sind, ist ein Prozess des imitierenden Hineinwachsens[17] oder der Verwurzelung der Zeugen in der Geschichte, in einer

16 Maria Ossowska bezeichnete die Wahrnehmung der Schwächen des Autors durch Rezensenten und Leser als „Null bissige Bösartigkeit“. M. OSSOWSKA: *Bronisława Malinowskiego Dziennik w ścisłym znaczeniu tego słowa [Das Tagebuch von Bronisław Malinowski im engeren Sinne dieses Wortes].* In: EADEM: *O człowieku, moralności i nauce. Miscellanea [Über den Menschen, die Moral und die Wissenschaft. Miscellanea].* Bearbeitet von M. OFIERSKA, M. SMOŁA. Warszawa 1969, S. 553.

17 Laut dem *Słownik języka polskiego [Wörterbuch der polnischen Sprache]* bedeutet das Verb „hineinwachsen“ (pol. „wrosnąć” – „wrastać“): „1. «in etwas hineinwachsen, sich durch Wachstum in etwas hinein ausdehnen»; 2. «ein integraler Bestandteil von etwas werden, mit etwas oder jemandem untrennbar verschmelzen»“. *Słownik języka polskiego.* Bd. 3: *R–Z*. Hrsg. von M. SZYMCZAK. Warszawa 1992, S. 760.

breiteren Perspektive. Dadurch wird ihrem Leiden, ihrer Gefangenschaft und schließlich ihrer Existenz ein Sinn verliehen. Es ist nicht zu leugnen, dass biografisches Material und persönliche Dokumente eine wichtige Wissensquelle über einen Menschen, die Zeit, in der er lebt, die Werte, die er schätzt und an denen er sich im Leben orientiert, darstellt.

Die offiziellen und inoffiziellen Briefe von Lagerhäftlingen können nicht als „große" Literatur eingestuft werden. Die Korrespondenz hat hauptsächlich einen dokumentarischen Wert, was ihre Schönheit und Aussagekraft ausmacht. Und obwohl sie als Informationsquelle gewisse Grenzen hat, liefert sie unwiderlegbare Beweise, z.B. für Gedanken an den Ehepartner, die Eltern, Kinder, Geschwister, Verwandte und Freunde. Der direkte und indirekte Eingriff der Geschichte hat den informativen Wert der Korrespondenz von KZ-Häftlingen als eines persönlichen Dokuments eingeschränkt.

Wahrscheinlich fragen sich viele Leser, ob es noch möglich ist, etwas Neues über die KZ-Gefangenschaft zu schreiben. Ich bin zutiefst überzeugt, dass es notwendig ist, das Thema immer wieder aufzugreifen, um auf eine unaufdringliche Art und Weise zu warnen, zu belehren und zum Nachdenken über die gegenwärtigen Bedrohungen der Zivilisation anzuregen. Während alle statistischen Daten über die Organisation der Konzentrationslager, des Lebens usw. bereits ausführlich und sorgfältig analysiert und beschrieben zu sein scheinen, und literarische Erinnerungen[18] – identifiziert und veröffentlicht, scheint die Epistolografie der KZ-Häftlinge noch immer unvollständig und unerforscht zu sein. Dabei gemeint sind zahlreiche Briefsammlungen, die in Privat- bzw. Familienarchiven aufbewahrt werden. Dank der bisher veröffentlichten Korrespondenz[19] ehemaliger Häftlinge ist ein breites Wissen über die inneren und

18 In der Arbeit von A. MORAWIEC: *Literatura w lagrze, lager w literaturze. Fakt – temat – metafora [Literatur im Lager, Lager in der Literatur. Fakt – Thema – Metapher].* Łódź 2009, wurde eine Typologie der Lagerliteratur dargestellt, die allerdings die von KZ-Häftlingen verfassten Briefe unberücksichtigt lässt.

19 Um nur einige zu nennen: *Jestem zdrów i czuję się dobrze… Oświęcimskie listy Mariana Henryka Serejskiego [Ich bin gesund und es geht mir gut… Die Auschwitz-Briefe von Marian Henryk Serejski].* Bearbeitet von K. SEREJSKA OLSZER. Oświęcim 2007; T. MUSIOŁ: *Listy z Dachau [Briefe aus Dachau].* Opole 1984; *Józef Kachel. Listy z Buchenwaldu [Józef Kachel. Briefe aus Buchenwald].* Zum Druck vorbereitet und mit einem Vorwort versehen von M. LIS. Opole 1988; *Błogosławiony ks. Stefan Wincenty Frelichowski. Listy obozowe [Der seliggesprochene Priester Stefan Wincenty Frelichowski. Lagerbriefe].* Bearbeitet, übersetzt und mit einem Vorwort versehen von M. NĘDZEWICZ. Toruń 2005; Z. WAŚNIEWSKI: *Kocham! Przez kraty. Listy więzienne i obozowe [Ich liebe Dich! Durch Gitter hindurch.*

individuellen Mechanismen, die es ihnen ermöglichten, die Hölle des Konzentrationslagers zu überleben, verfügbar. Vielleicht existieren noch andere Briefe von Häftlingen aus der Todesfabrik, die darauf warten, aufgefunden und veröffentlicht zu werden, was den Zugang zu neuen, vom historischen Kontext wichtigen Informationen gewähren würde. Und obwohl es scheinen mag, dass der heutige Wissensstand über die Todesfabriken vollständig ist, muss betont werden, dass eine genaue Kenntnis der Tatsachen keineswegs mit einem echten emotionalen oder gar intellektuellen Engagement der modernen Leser gleichzusetzen ist. Interessant und sehr begehrt sind Dokumente, die in der KZ-Gefangenschaft entstanden sind, solche, an denen die Zeitperspektive keine Spuren hinterlassen hat (sie wurden „inmitten der Geschehnisse", zur damaligen Zeit und unter damaligen Bedingungen verfasst). Die nach der Befreiung der Lager erfassten und aufgezeichneten Aussagen der Häftlinge erschöpfen das Thema nicht – die Fragen mehren sich und die Wissbegier wird immer neu geweckt. Man kann davon ausgehen, dass die in der Gefangenschaft entstandenen Briefe – im Gegensatz zu Erinnerungen[20] – von unschätzbarem Wert sind, weil sie authentische Mittel zur Bewältigung der Wirklichkeit durch Zeugen der Unterdrückung darstellen. Darin wurden – je nach Möglichkeit, in einigen Fällen[21] mittels verschlüsselter Nachrichten, um

---

Briefe aus der Gefangenschaft]. Bearbeitet und mit einem Vorwort versehen von R. CZYŻYK. Chełm 2016; H. PERKOWSKI: *Przeżyć każdy dzień. Wspomnienia obozowe 1944–1945 [Jeden Tag überleben. Lagererinnerungen 1944–1945].* Łapy 2014; *Listy z Dachau. Gustaw Morcinek do siostry Teresy Morcinek [Briefe aus Dachau. Gustaw Morcinek an seine Schwester Teresa Morcinek].* Vorwort und Bearbeitung von K. HESKA-KWAŚNIEWICZ, L. SADZIKOWSKA. Übers. von M. SZALONEK. Katowice 2016; *Na granicy życia i śmierci. Listy i grypsy więzienne Krystyny Witusкiej [Zeit, die mir noch bleibt. Briefe aus dem Gefängnis].* Bearbeitet und mit einem Vorwort versehen von W. KIEDRZYŃSKA. Warszawa 1970; W. WIRPSZA: *Listy z oflagu [Briefe aus dem Oflag].* Bearbeitung und Nachwort von D. PAWELEC. Mit einem Vorwort versehen von L. SZARUGA. Szczecin 2015; *Letzte Briefe zum Tode Verurteilter aus dem europäischen Widerstand 1939–1945.* Hrsg. von P. MALVEZZI und G. PIRELLI. Vorwort von T. MANN. München 1962.

20 In der Monografie mit dem Titel: *Wspomnienia obozowe jako specyficzna odmiana pisarstwa historycznego [Erinnerungen aus Konzentrationslagern als spezifische Form des historischen Schreibens],* Kraków 2006 haben die Überlegungen von Bartłomiej KRUPA zur Lektüre von Lagererinnerungen ihren Niederschlag gefunden.

21 Gustaw Morcinek bezeichnete sich selbst in den Briefen an seine Schwester Teresa als „dein Junge" bzw. „unser Junge", um dem Zensor vorzutäuschen, dass es sich um eine andere Person von außerhalb des Lagers handelt. Dies war ein sehr geschickter

die Lagerzensur zu umgehen – der Werteverfall, aber auch mutige und heldenhafte Taten wahrheitsgetreu festgehalten. Die Briefe belegen die Wahrheit und haben eine informative Funktion. Es wäre nicht übertrieben zu sagen, dass sie, wenn auch nur in begrenztem Maße, den Gefangenen geholfen haben, mit Worten gegen Unwahrheit, Grausamkeit und das Böse zu kämpfen. Die bisher bearbeitete Korrespondenz stellt – quasi nebenbei – eine polyfone Lagerepistolografie dar, vor allem aber sagt sie viel über den psychischen Zustand der Schreibenden, ihre Wünsche, Gefühle, das Leben, das sie „in der Freiheit" zurückließen, über ihr tragisches Schicksal und die gewöhnliche Ungewöhnlichkeit ihrer Nächsten.

Es ist nicht einfach, über die offiziellen und inoffiziellen Briefe der Inhaftierten zu schreiben, denn die Sammlungen unterscheiden sich in mancher Hinsicht von anderen Dokumenten dieser Art. Die Korrespondenz der Häftlinge regt zum Nachdenken an, bewegt, quält, wird dem Leser lästig oder belegt die Wahrheit, welche immanent, offensichtlich, ja „hautnah" ist, und zwar dass sich KZ-Häftlinge mit jeder Minute ihres Lebens gleichsam dem Tod nähern[22]. Die Briefe sind authentisch, selbst in Bezug auf die schwierigsten Fragen, die mit dem Ableben und Vergehen der Zeit verbunden sind (eingefangen im Rhythmus der Jahreszeiten, Feiertage, Geburten weiterer Kinder). Ein Kommentar scheint überflüssig zu sein. In jedem Fall sollte man sich bei der Lektüre der Briefsammlungen, die um die menschliche Angelegenheiten kreisten, bewusst auf die Wortwahl konzentrieren. Dies verlangt von dem Autor und dem Leser Aufmerksamkeit und Feinfühligkeit, also den tiefsten Respekt vor dem Leben. Diese Art des persönlichen und in der damaligen Zeit einzig verfügbaren Tagebuchs, das ein überwältigendes Bedürfnis aufzuzeichnen und zu kommunizieren offenbart, ähnelt einem Seismografen, der die affirmative, auf die Markierung seiner Präsenz in der Welt ausgerichtete Haltung des Absenders zum Ausdruck bringt. Der Autor, oft ein junger gebildeter Pole, der in ein

---

und erfolgreicher Trick, denn er erweckte bei einem Außenstehenden den Eindruck, dass die übermittelte Information belanglos war, während seine Schwester sie genau verstehen konnte. In dem Brief vom 12. Oktober 1941 schrieb er: *Es tut mir leid, dass dein Junge vorerst keine Aussicht auf eine baldige Heimkehr hat. Das macht nichts, liebe Teresa, je später er wiederkommt, desto größer wird seine Freude sein. Du darfst nur nicht den Mut verlieren, sondern musst inbrünstig hoffen, glauben und Geduld haben.* In: *Listy z Dachau. Gustaw Morcinek do siostry Teresy Morcinek…*, S. 59.

22 *Vielleicht ist der Tod die einzig wirkliche Befreiung aus dem Lager? Wir werden es nie erfahren. Denn diejenigen, die ihn erlitten haben, haben kein Zeugnis hinterlassen.* B. KRUPA: *Wspomnienia obozowe…*, S. 144.

Konzentrationslager eingewiesen wird, unterhält mit unglaublicher Ausdauer während der gesamten Gefangenschaft einen Briefwechsel mit seinen Nächsten. In den Briefen erkundigt er sich nach dem Geschehen in der Welt, aus der er brutal herausgerissen wurde, und bedauert insbesondere die Unmöglichkeit, am Leben seiner Kinder, Eltern, Geschwister und Landsleute teilzuhaben.

Tymon Terlecki stellte fest, dass *der Tod das Aufzwingen einer unwiderruflichen, unüberwindbaren, endgültigen Distanz bedeutet – dies könnte als eine seiner Definitionen gelten*[23]. Der Tod von Häftlingen in der Einsamkeit des Lagers kann eine solche Distanz aufzwingen. Es scheint jedoch, dass die Korrespondenz der Gefangenen diese Distanz zu überbrücken vermag, denn sie ist ein Beweis dafür, dass der hinter Stacheldraht verbrachte Lebensabschnitt – manchmal die letzte Phase des Daseins – eine wichtige, bittere, nüchterne und authentische Lektion ist, welche die Leser in Erstaunen versetzen kann. Außerdem kann die Lektüre der Briefe verschiedene Aspekte im Zusammenhang mit dem Zweiten Weltkrieg näher bringen, Unkenntnis abbauen und die Leser so eng wie möglich mit dem Autor verbinden, da sie den Absender indirekt in damalige Gegebenheiten, d.h. in das soziale, kulturelle, wirtschaftliche und politische Umfeld einbindet und persönliche Dinge berührt. Deswegen ist das eine äußerst wichtige Lektion für den heutigen Leser.

Die Korrespondenz kann auch ein Vorwand sein, Betrachtungen über den Wahrheitsgehalt der Literatur, der Epistolografie sowie deren Glaubwürdigkeit und Bedeutung für die Darstellung menschlicher Schicksale vor dem Hintergrund großer historischer Ereignisse anzustellen. Denn eine größere Authentizität – auch wenn sie der Briefzensur unterlag – als in jenen Kriegstagen mit dem ständigen Tod vor Augen, als man seine Leidensgenossen begraben und alle möglichen Maßnahmen ergreifen musste, um zu überleben, kann man sich wohl kaum vorstellen. Die Briefe der KZ-Häftlinge sind mit Verzweiflung erfüllt, die aber nicht so ostentativ, so augenfällig ist, weil sie es nicht sein durfte. Sie pulsiert dezent, wie in einer verborgenen inneren Struktur des Textes – gewissermaßen organisch, unmerklich und universell.

Die Briefe eines Gefangenen erzählen, wie bereits angedeutet, eine Geschichte über Liebe, Trennung und Sehnsucht, die das Dokument mit der Literatur verbindet. Die Korrespondenz umfasste den Bereich zwischen dem Wohnort des Häftlings und dem Konzentrationslager oder Gefängnis. Anhand der

23 T. TERLECKI: *Pan Jerzy [Herr Jerzy]*. In: *Jerzy Stempowski. Tymon Terlecki. Listy 1941–1966 [Jerzy Stempowski. Tymon Terlecki. Briefe 1941–1966]*. Bearbeitet und mit einem Nachwort versehen von N. TAYLOR-TERLECKA. Warszawa 2015.

Lagerbriefe kann man versuchen, das Schicksal der Familie eines bestimmten Häftlings, der Briefe aus dem Lager geschrieben hat, zu rekonstruieren. Es ist ebenfalls möglich, die Vergangenheit mehrerer Familien zu untersuchen sowie die Mentalität der Menschen und den Charakter der familiären, städtischen bzw. deutsch-polnischen Beziehungen darzustellen. Die Gefangenen hatten den Städten, Dörfern und Ortschaften, in denen sie geboren und aufgewachsen waren, viel zu verdanken. Sie wurden durch ihren Wohnort und seine Bewohner geprägt. Die im Elternhaus beigebrachten Werte beeinflussten in hohem Maße ihr Wesen, ihre Gefühls- und Gedankenwelt, ihre Handlungsweise und Träume. Dies zeigt sich deutlich in den Briefen, die als ein Rettungsweg aus der Verzweiflung im Lager galten.

Selbst in der Gefangenschaft trugen die Häftlinge die Erinnerung an freundliche und vertraute Orte in ihrem Inneren. Der Gedanke an die Orte, wo ihre Angehörigen sicher lebten, bot ihnen einen Bezugspunkt. In der Regel handelte es sich um einen Ort, den der Häftling gut kannte und der für ihn eine psychische Komfortzone bedeutete. Der als kleine Heimat wahrgenommene Wohnort sorgte für seelische Linderung und wirkte sich kathartisch auf die entfremdeten und entwurzelten Menschen aus, die wider ihren Willen im Lager zusammengepfercht worden waren. Anhand der zahlreichen Erkundigungen des Gefangenen nach seinen Nachbarn und Verwandten (in Skoczów, Rybnik, Włocławek, Kraków, Katowice usw.) kann sich dem Leser ein Bild der ihm am Herzen liegenden Orte erschließen. Man könnte eine ganze Karte von Orten und Straßen skizzieren, die sich der Gefangene ins Gedächtnis zurückruft, während er nach alltäglichen Dingen fragt. Das Stadtgewebe verbirgt Probleme, Arbeit, Leben jener Menschen, die der Häftling in seinen Briefen grüßen lässt. Die Kategorie des Offensichtlichen, des Gewohnten, des beinahe Banalen verflicht sich in den Lagerbriefen mit großen, reinen, edlen Gefühlen der Freundschaft, Liebe zu Gott und Hingabe. Es scheint, dass jeder Briefautor ein erstaunlich scharfes und präzises Gedächtnis zeigt. Darin prägte er sich unzählige Vor- und Familiennamen, Berufe, Angelegenheiten und Eigenschaften von Nachbarn und Verwandten ein, zu denen er eine innige und vertraute Beziehung hatte. Der Heimatort, der vor dem Krieg Schauplatz der alltäglichen Sorgen der Familie des Gefangenen und seiner Emotionen war, bleibt für ihn verloren. Die im Text auftauchende typische heimische Landschaft mit ihrer charakteristischen Folklore und ihrem Lebensrhythmus, muss sich – allem Anschein nach – verwischen. Doch ist das wirklich der Fall? Sind die eher knappen und „unter strenger Aufsicht" geschriebenen Briefe nicht paradoxerweise Zeugen eines Abschnitts der Geschichte polnischer Städte? Wenn die Frage bejaht wird, dann ist zweifellos festzustellen, dass sie etwas Sonderbares, vielleicht sogar Einzigartiges, auf jeden Fall aber Seltenes, Kostbares und Schönes in der Hässlichkeit der geschilderten Tragödie sind (Brief Franciszek Ogons vom 19. März 1944 an seine Frau: *Ich gebe Dir hiermit bekannt, dass ich die Klage hinsichtlich der Miete zur Kenntnis genommen habe. Es ist gut, dass Ihr eine Einigung erzielt habt und die Sache abgeschlossen ist. Es freut mich sehr, dass Herr Morcinek die Ware gekauft hat, denn unsere Geschäftsbeziehungen waren stets sehr gut).*

* * *

Die veröffentlichten Lagerbriefe, die von den Gefangenen an ihre Familien geschickt wurden, sind eine Rarität – ihre Zahl ist erstaunlich niedrig im Vergleich zur Zahl der in Konzentrationslagern inhaftierten Polen. Die Pietät der Lebenden für die kostbarsten Andenken an ihre Vorfahren wirkt sich nachteilig auf die erhaltene Korrespondenz aus. Die engsten Familienangehörigen sind sich oft nicht bewusst, dass die Lager- und Gefängnisbriefe ihrer Ahnen in der materiellen Zeit verloren gehen. Dies ist der letzte Moment, um zu versuchen, sie für die Nachwelt zu bewahren. Eine parallele Formulierung findet sich im *Vorwort* zum Band *Wyroki Bożej Opatrzności. Listy z czasu wojny [Die Wege der göttlichen Vorsehung. Briefe aus der Kriegszeit]* und stammt vom Geistlichen Jerzy Myszor, der darauf hingewiesen hat, dass *die Weltliteratur eine Fülle an Gefängnisbriefen bietet. Die in der NS-Gefangenschaft verfassten Texte liegen noch immer in Schubladen der Angehörigen, nur wenige sind veröffentlicht worden*[24]. Eine explizite Darstellung des Alltagslebens, die für die Korrespondenz kennzeichnend ist, hat bei Kommunikationstheoretikern Anklang gefunden, vor allem bei jenen, die Wert auf Authentizität des privaten Nachrichtenaustausches legen. Aber die Briefe der in Lagern und Gefängnissen Inhaftierten verdienen nicht nur wegen ihrer Echtheit Beachtung, sondern auch deshalb, weil sie das Wissen über die besondere Zeit und die außergewöhnlichen Lebenswege erweitern, die sich davon, was vielen Polen damals zuteilwurde, nicht unterscheiden. Einerseits sind sie tunlichst ehrlich, andererseits entbehren sie nicht einer gewissen Vorsicht, lassen sich „zwischen den Zeilen" lesen. Außerdem ist hervorzuheben, dass sie einen Akt des aufrichtigen Glaubens an die Vorsehung Gottes und seinen Schutz darstellen. Das sich aus der Korrespondenz ergebende Bild der Empfänger zeigt sie als Helden, die sich jahrelang für die Gefangenen eingesetzt haben. Sicherlich mussten sie dabei die eigene Verzweiflung

---

24 J. MYSZOR: *Wstęp [Vorwort]*. In: F. BLACHNICKI: *Wyroki Bożej Opatrzności. Listy z czasu wojny [Die Wege der göttlichen Vorsehung. Briefe aus der Kriegszeit]*. Kraków 2003, S. 10.

und viele Nervenkrisen überwinden, im Alltag jedoch gaben sie nicht auf. Sie hielten am Polentum fest und erzogen eine weitere Generation von Patrioten. Sie sind stumme, stille Helden der Korrespondenz, die ihren Angehörigen hinter dem Stacheldraht tatkräftig und engagiert Hilfe geleistet haben. Der Briefempfänger, welcher meistens im Schatten des Absenders steht, erzeugt trotz der Wirren der Zeit und ungeachtet der Turbulenzen des eigenen Schicksals eine Atmosphäre von Glück und Frieden. Das von den Häftlingen auf eine indirekte Art und Weise umrissene Bild des Adressaten enthüllt seine überraschend starke und entschlossene Persönlichkeit. Es werden Menschen dargestellt, die über ihr eigenes Schicksal frei entscheiden können, sich von klaren Werten leiten lassen, die Welt und deren „neue" Regeln erfassen. Die offizielle und inoffizielle Korrespondenz spiegelt noch deutlicher die besondere „Unabhängigkeit" der Empfänger wider. Die Person des „gewöhnlichen", „ganz normalen", aber auf seine Weise heroischen Adressaten taucht immer wieder in den aus dem Vorhof der Hölle versandten Briefen auf. Das ist gewiss ein bedeutsamer Vorteil dieser Korrespondenz, die den Wert des „Lebens als ob"[25] vor einem konkreten historisch-moralischen Hintergrund wiederherstellt.

Man kann nur bedauern, dass viele der von den Häftlingen in ihren Briefen erwähnten Personen und Themen von den Herausgebern nicht entschlüsselt und in einen breiteren familiengeschichtlichen Zusammenhang gestellt werden konnten.

Häftlingsbriefe aus Konzentrationslagern sind oft der Schlüssel zur gesamten Biografie der Gefangenen. Denn bevor die Lagerbriefe zu einem druckreifen Material wurden, bildeten sie einen Teil des Lebens: zuerst des Schreibenden selbst, dann seiner Adressaten, des Herausgebers und schließlich des Lesers. Ihr wichtigster Zweck ist es, eine Spur zu hinterlassen. Ich bin davon überzeugt, dass die „exhumierten" Briefe von Häftlingen aus der schrecklichsten Phase ihres Lebens eine von mehreren Stimmen sind, die bis in unsere Zeit dringen, um den Leser zu bewegen und zum Nachdenken anzuregen. Sie sind jene in Worte gefasste Phase des Daseins eines Gefangenen, die er höchstwahrscheinlich am intensivsten gelebt hat. Auf einem imaginierten Grabstein so manch eines Häftlings könnten folgende Zeilen als eine Art Epitaph aufscheinen: *Und*

25 In der polnischen Erinnerung an die Besatzungszeit ist der Ausdruck „Leben als ob" von Kazimierz Wyka festgehalten, der sich auf die Bedeutungslosigkeit der alltäglichen Existenz unter der Okkupation bezieht. Vgl. K. WYKA: *Życie na niby. Pamiętnik po klęsce [Das Leben als ob. Aufzeichnungen aus dem besetzten Polen].* Kraków 1984.

nun bist du Geschichte geworden, auch wenn es eine Geschichte des Scheiterns ist, mit einem Ausgang, der nicht endgültig abgeschlossen ist, sondern auf ein weiteres Leben im Kreis der Textzeugen wartet, die einander suchen, um eine Erinnerungswelt zu schaffen, in der nichts in Vergessenheit gerät, Scham gebändigt wird, Einsamkeit verschwindet und Worte (diesmal) als Wissen an Bedeutung gewinnen. Schließlich verbindet es sich mit dem so genannten „Ich" und die Schreibfähigkeit macht einen zum Helden der Geschichte, die sowohl ihm gehört als auch über ihn hinausgeht.[26] Der KZ-Häftling hat sein Zeugnis hinterlassen und der Leser muss entscheiden, wie er damit umgehen wird. Wird er, wie es Hans-Georg Gadamer treffsicher formuliert hat, anerkennen, dass *das Subjekt der geschichtlichen Erfahrung [...] immer ein Individuum ist*[27]? Kann eine individuelle, persönliche Perspektive der Wahrnehmung und Darstellung von Ereignissen zur primären Perspektive werden? Das sind die grundsätzlichen, auf die Bereicherung der Geschichte um einzelne individuelle Erfahrungen sowie auf das Erleben von Geschehnissen mit überindividuellem, allgemeinem Charakter bezogene Fragen.

Die Verarbeitung des Krieges (pol. „nicowanie wojny"; ein hervorragender Begriff von Przemysław Czapliński) findet nach vielen Jahren statt, wenn Briefe, Essays und Gedichte hauptsächlich Zeugnisse sind. Als sie entstanden, waren sie Aufzeichnungen, Skizzen, Experimente, Schöpfungen einer neuen Sprache" – so Marta Wyka.[28]

Der zeitgenössische Leser, der am öffentlichen Diskurs teilnimmt, in dem sich Hassrede und Fakenews immer häufiger durchzusetzen vermögen, hat nicht nur in Bezug auf das Genre des Lager- und Gefängnisbriefes etwas zu lernen. Es wäre zu empfehlen, die Verarbeitung des Krieges mit der offiziellen und inoffiziellen Korrespondenz aus den Konzentrationslagern und Gefängnissen zu beginnen. Ein besseres Verständnis der Vergangenheit, aber vor allem die

---

26 L. BERLANT: *Trauma i niewymowność [Trauma und Unaussprechlichkeit]*. Übersetzt von T. ŁYSAK. „Teksty Drugie" 2018, Nr. 3, S. 190.

27 B. KUBIS: *Poznawcze i kształcące walory literatury dokumentu osobistego [Kognitive und pädagogische Aspekte der Literatur des persönlichen Dokuments]*. Opole 2007, S. 12, 25 ff.

28 M. WYKA: *Nowe terytorium. O listach okupacyjnych [Ein neues Gebiet. Briefe aus der Okkupationszeit]*. In: J. ANDRZEJEWSKI, S. BACZYŃSKA, T. GAJCY, K. IRZYKOWSKI, K.L. KONIŃSKI, C. MIŁOSZ, J. TUROWICZ, K. WYKA: *Pod okupacją. Listy [Unter der Okkupation. Briefe]*. Mit Vorwort von M. WYKA. Bearbeitet und mit einem Nachwort des Herausgebers versehen von M. URBANOWSKI. Warszawa 2014, S. 10.

Sensibilisierung der nachkommenden Generationen für die Schrecken des Zweiten Weltkriegs ist eine der Aufgaben des Bildungsprozesses. Die Friedenspädagogik scheint eine Herausforderung zu sein, die darin besteht, das Gute in prosozialen Einstellungen und Verhaltensweisen zu loben, die Achtung der Menschenwürde zu fördern, die Gleichheit der Menschen zu akzeptieren, Maßnahmen gegen die Ungerechtigkeit in der eigenen Gesellschaft und in den zwischenmenschlichen Beziehungen zu unterstützen und die Verantwortung eines jeden Menschen für die Erhaltung des Friedens zu stärken. Die im Zusammenhang mit den genannten Aufgaben behandelten Themen sollten zu einem wichtigen Bestandteil der didaktischen Reflexion werden, die in einen breiten sozialen, kulturellen und historischen Kontext zu stellen ist. Die Zukunft hängt ebenfalls von der Bildung ab, mit der die Hoffnungen unserer Zeit, die als Ära der Zivilisation am Scheideweg bezeichnet wird, verbunden sind. Katarzyna Olbrycht macht darauf aufmerksam, dass die Erziehung eines Menschen eine Erziehung zu Werten sei[29]. *Wenn wir den Frieden als einen autotelischen Wert betrachten, dann bedeutet „Erziehung zum Frieden" genauso viel wie Erziehung zu Werten*[30]. In einer solchen Auffassung wäre der Vorschlag, sich in die Briefe aus Lagern und Gefängnissen zu vertiefen, lediglich eine Einführung in den schulischen Diskurs über die grundlegenden ethischen Begriffe und *die Rolle eines anderen Menschen in unserem „Werdegang", dem Heranwachsen zum Menschsein*[31]. Józef Półturzycki[32] weist darauf hin, dass die Störung des Guten als ein Bruch der allgemein anerkannten Bedeutung des Friedens zu deuten sei.

* * *

29 K. OLBRYCHT: *Prawda, dobro i piękno w wychowaniu człowieka jako osoby [Das Wahre, Gute und Schöne in der Erziehung des Menschen als Person]*. Katowice 2000, S. 197.

30 J. LEEK: *Wychowanie do pokoju wyzwaniem edukacyjnym na XXI wiek … [Friedenserziehung als pädagogische Herausforderung für das 21. Jahrhundert …]*, S. 25.

31 B. CHRZĄSTOWSKA: *Przedmiot, podmiot i proces. Szkice z metodyki kształcenia polonistycznego [Objekt, Subjekt und Prozess. Zur Methodik des Polnischunterrichts]*. Ausgewählt und bearbeitet von M. KWIATKOWSKA-RATAJCZAK, W. WANTUCH. Poznań 2009, S. 156.

32 J. PÓŁTURZYCKI: *Pokój jako naczelna wartość w aksjologii edukacyjnej [Frieden als höchster Wert in der pädagogischen Axiologie]*. In: *Pokój – dialog – edukacja. Materiały z sympozjum naukowego w Płocku [Frieden – Dialog – Bildung. Materialien des wissenschaftlichen Symposiums in Płock]*. Hrsg. von I. MROCZKOWSKI, E.A. WESOŁOWSKA. Płock 2003, S. 164.

Ziel der vorliegenden Arbeit ist es, die Lager- und Gefängnisbriefe unter theoretischen und praktischen Aspekten darzustellen und zu kodifizieren. Der angenommene zeitliche Rahmen des analysierten Materials umfasst die Zeitspanne zwischen dem Ausbruch und dem Ende des Zweiten Weltkriegs. Die in der Arbeit behandelte Korrespondenz entstand in den Jahren 1939–1945 in verschiedenen Konzentrationslagern in Polen und Europa, stammt aber immer – um es pathetisch auszudrücken – von polnischer Hand. Gegenstand der Monografie sind daher fast ausschließlich polnische Lager- und Gefängnisbriefe, die während der sechsjährigen Kriegszeit geschrieben wurden.

Die größte Schwierigkeit bei ihrer Analyse ergibt sich aus der Besonderheit des untersuchten Materials und, wie bereits angedeutet, seinem dokumentarischen Charakter. In der literaturwissenschaftlichen Forschung zur Literatur der Kriegs- und Besatzungszeit werden in der Regel solche Texte berücksichtigt, die neben der kognitiven auch eine ästhetische Funktion haben. Kurzum, sie können als Literatur gelesen und erläutert werden. Dies ist hier nicht der Fall. Die in der Arbeit analysierten Briefe sind in erster Linie eine wichtige soziologische Quelle. Sie bieten viele aufschlussreiche Informationen über die Lebensbedingungen in den Konzentrationslagern und vor allem über die Möglichkeiten des Überlebens. Ihre bedeutendste Rolle, die in der Forschung zum Erbe des letzten Krieges immer noch unterschätzt bleibt, scheint der ethische Aspekt zu sein. Die Autoren verfassten ihre Briefe auf Karten, Wänden oder suchten nach verschiedensten Formen der Verschleierung, um ihren Gedanken Ausdruck zu verleihen, mit dem festen Entschluss, am Leben zu bleiben. Die zutiefst ethische Dimension der Briefe kann als ihr oberster Wert betrachtet werden und steht damit im Gegensatz zu den viel bedächtigeren und wohlüberlegten Literaturwerken, in denen oftmals Verzweiflung generalisiert bzw. katastrophische Gedanken begünstigt wurden, die aber gleichzeitig vom Leser eine äußerst aufmerksame, intellektuelle Reflexion forderten.

Bei den in der vorliegenden Arbeit präsentierten Briefen muss man die Haltung eines geduldigen und sozusagen nicht allzu erwartungsvollen Lesers einnehmen. Nicht immer ist es möglich, aus dem analysierten Material künstlerische Inhalte zu extrahieren – wie das bei den Briefen von Morcinek oder der für *Pożegnanie z Marią [Abschied von Maria]* inspirierenden Korrespondenz von Borowski der Fall ist. Meine Absicht war es, der Forschung zur Literatur der Kriegs- und Besatzungszeit ein wertvolles dokumentarisches Material zur Verfügung zu stellen, dessen grundlegender informativer Wert oft verborgen bleibt – und zwar in doppelter Hinsicht: zum einen im Privatarchiv, zum anderen in der zensierten Struktur des Textes.

Der archivarische Wert der analysierten Korrespondenz und die neue ethische Dimension des Archivs selbst verdienen besondere Beachtung, worauf im Vorwort zu *Notatniki [Tagebücher]* von Aleksander Wat vom Herausgeber des Bandes – Adam Dziadek, hingewiesen wird:

> *Das Archiv ist ein Ort der Tradition, wo die Vergangenheit zur Gegenwart und Zukunft wird. Es ist wahr, dass es mit Verantwortung (Ethik) verbunden ist, einer Verantwortung für die Zukunft, denn es hängt von uns allein ab, welche Form wir dem Archivbestand verleihen. „Archiv" leitet sich von dem griechischen Wort ἀρχή ab, das Anfang bedeutet. Es ist der richtige Ausgangspunkt für die philologische, historische oder soziologische Forschung. Es ist der Ort, von dem die Faktengrundlage für Geschichtsgestaltung und Interpretationsbildung hergenommen wird. Das Archiv steht eng mit dem historischen und ontologischen Prinzip in Verbindung, es ist gewissermaßen der Ort, wo die hermeneutische Arbeit ansetzt*[33].

In Anbetracht der obigen Bemerkungen könnte das Forschungsziel der vorliegenden Arbeit erheblich erweitert werden. Seine Verwirklichung würde dann nicht nur die Darstellung von Lager- und Gefängnisbriefen aus der Kriegs- und Besatzungszeit umfassen, sondern auch ermöglichen, sie vor allem mit Hilfe hermeneutischer Mittel als Material für philologische Studien zu nutzen.

Im ersten Kapitel meiner Arbeit sind Informationen zur Entwicklung des literarischen Briefes enthalten. Ich versuche, ein möglichst vollständiges Bild seiner Veränderungen, verschiedener Standpunkte der aufeinanderfolgenden methodologischen Schulen und der von ihren Vertretern eingesetzten Forschungsstrategien zu zeichnen. Behandelt wird unter anderem die Frage der Literarizität von Lager- und Gefängnisbriefen. Als Grundlage und Bezugspunkt für die Erläuterung ihrer Thematik wird die Stellungnahme von Stefania Skwarczyńska herangezogen. Die paradoxe Ontologie des Briefes spiegelt Schwierigkeiten wider, die sich bei der Übertragung des Praktischen ins Literarische ergeben, und vice versa. Im Kontext der Lager- und Gefängniskorrespondenz scheint der Zusammenhang zwischen Brief und Leben klar erkennbar und offensichtlich zu sein.

Im zweiten Teil der Arbeit wird die offizielle Lager- und Gefängniskorrespondenz einer Analyse unterzogen. Ich weise auf gemeinsame Bezugspunkte, Fragen und Themen in offiziellen Briefen der Häftlinge verschiedener Konzentrationslager und Gefängnisse hin. Ich versuche nachzuweisen, dass man darin auf mehrere Schnittstellen stoßen kann, obwohl jede analysierte

33 A. DZIADEK: *Notatniki Aleksandra Wata z Beinecke Library (Wstęp) [Tagebücher von Aleksander Wat aus der Beinecke Library (Vorwort)]*. In: A. WAT: *Notatniki [Tagebücher]*. Transkription und Bearbeitung von A. DZIADEK, J. ZIELIŃSKI. Warszawa 2015, S. 14.

Lagerkorrespondenz aufgrund des individuellen Charakters ihres Absenders einen etwas anderen Ton anschlägt. Dazu gehören unter anderem: narrative Kompaktheit, innere Struktur sowie ein Netz von gegenseitigen, chronologisch aufeinanderfolgenden Informationen. Besonderer Wert wird auf die semantische und kompositorische Integration der scheinbar separaten Einheiten gelegt. Dabei muss betont werden, dass die Briefe (ähnlich wie die inoffizielle Korrespondenz) als mikroskopisch kleine Ganzheiten auch unabhängig voneinander, getrennt funktionieren können. Dies ist höchstwahrscheinlich darauf zurückzuführen, dass sich der Verfasser dessen bewusst war, dass einzelne Briefe den Empfänger vermutlich nicht erreichen würden. Die Lagerzensur stellte hierfür ein Hindernis dar. Ich habe mich bemüht, aus einigen Dutzend analysierter Briefgruppen ihre literarische Qualität herauszuarbeiten (unter einer Briefgruppe verstehe ich sowohl ein Konvolut von mehreren Briefen als auch einzelne Briefeinheiten; das analysierte Material wurde zuvor veröffentlicht, ich greife nur selten zu Archivdokumenten).

In dem der inoffiziellen Lager- und Gefängniskorrespondenz gewidmeten Kapitel werden Kassiber sowie geheime und illegale Briefe unter die Lupe genommen. Mithilfe der letzteren berichteten die weiblichen Häftlinge des KZ-Ravensbrück ihren Familien über die medizinischen Experimente, welche an jungen Mitgefangenen durchgeführt wurden. Auch in diesem Kapitel konzentriere ich mich ausschließlich auf das bisher veröffentlichte Material.

Die Arbeit schließt mit dem Versuch, die kurz nach dem Kriegsende entstandenen, literarischen Briefe von Gustaw Morcinek[34] als besondere Ergänzung der offiziellen und inoffiziellen Lager- und Gefängniskorrespondenz zu präsentieren. In den literarischen Briefen kommen die Erlebnisse des Schriftstellers zum Ausdruck, die mit seinem Bewusstsein, aus der Hölle des Konzentrationslagers gerettet worden zu sein, in Bezug stehen.

Wie Stefania Skwarczyńska treffend bemerkte, *schafft das Anordnen von Briefen in eine zeitliche Abfolge von Geschehnissen, die in Wahrheit durch die Zeit getrennt und von der Zeit durchtränkt waren, eine Kurzfassung der Wirklichkeit […]*[35]. Der bei jeder Lektüre variierende Ausschnitt aus dem Leben des Häftlings eines Konzentrationslagers oder Gefängnisses hat den Leser zu faszinieren, zu fesseln, zum Nachdenken zu zwingen sowie geistig und intellektuell zu begeistern.

---

34 Vgl. G. MORCINEK: *Listy spod morwy (Sachsenhausen-Dachau) [Briefe von unter dem Maulbeerbaum (Sachsenhausen-Dachau)].* Katowice 1946; IDEM: *Listy z mojego Rzymu [Briefe aus meinem Rom].* Katowice 1947.

35 S. SKWARCZYŃSKA: *Teoria listu [Theorie des Briefes].* Lwów 1937, S. 350.

Erster Teil

Briefe sind mehr als nur Erinnerungen:
sie tragen geronnenes Blut des Geschehenen,
es ist die Vergangenheit, so wie sie war,
erstarrt und auf ewig lebendig[36]

36 B. NOWACKA: *List.* W: *Ilustrowany słownik terminów literackich. Historia, anegdota, etymologia.* [*Der Brief*]. In: [*Illustriertes Wörterbuch literarischer Begriffe. Geschichte, Anekdote, Etymologie.*]. Hrsg. von Z. KADŁUBEK, B. MYTYCH-FORAJTER, A. NAWARECKI. Gdańsk 2018, S. 305.

Der Brief. Die Korrespondenz. Eine Forschungsstudie

Aus der Perspektive der kulturellen Wende stellt die Theorie des Briefes[37] eine komplexe Frage dar, welche vor allem die Lösung der wichtigsten theoretischen Probleme erfordert, die der Brief als Genre den Vertretern der aufeinanderfolgenden methodologischen Schulrichtungen (Formalismus, Strukturalismus, Semiotik) des 20. Jahrhunderts bereitete. Diese Theorie verlangt ebenfalls die Klärung etlicher konstitutiver Fragen, die im Hinblick auf die komplizierte

---

37 Zum Thema Brief wurde umfangreiche Literatur veröffentlicht. Vgl. z.B.: S. SKWARCZYŃSKA: *Wokół teorii listu. (Paradoksy) [Zur Theorie des Briefes (Paradoxa)]*. In: EADEM: *Pomiędzy historią a teorią literatury [Zwischen Geschichte und Literaturtheorie]*. Warszawa 1975, S. 178–186; A. KAŁKOWSKA: *Wprowadzenie w problemy językowej spójności listu [Einführung in die Problematik der sprachlichen Kohärenz des Briefes]*. „Polonica" 1978, Bd. 4, S. 51–71; A. KAŁKOWSKA: *Struktura składniowa listu [Syntaktische Struktur des Briefes]*. Wrocław 1982; J. RYBA: *List [Der Brief]*. In: *Leksykon szkolny. Gatunki paraliterackie, publicystyczne i użytkowe [Schülerlexikon. Paraliterarische, publizistische und Gebrauchsgattungen]*. Hrsg. von M. PYTASZ. Gorzów Wielkopolski 1993; *Słownik rodzajów i gatunków literackich [Wörterbuch der literarischen Gattungen und Genres]*. Hrsg. von G. GAZDA, S. TYNIECKA-MAKOWIECKA. Kraków 2006; R. LUBAS-BARTOSZYŃSKA: *Między autobiografią a literaturą [Zwischen Autobiografie und Literatur]*. Warszawa 1993 (insbesondere das Kapitel: *Funkcje listów w tekstach o charakterze autobiograficznym [Funktionen der Briefe in autobiografischen Texten]*); *Epistolografia w dawnej Rzeczpospolitej [Epistolografie im alten Polen]*. Bd. 1 u. 2. Hrsg. von P. BOREK, M. OLMA. Kraków 2011; *Epistolografia w dawnej Rzeczpospolitej [Epistolografie im alten Polen]*. Bd. 3 u. 4. Hrsg. von P. BOREK, M. OLMA. Kraków 2013; R. KIPLING: *W jaki sposób został napisany pierwszy list? [Wie der erste Brief geschrieben wurde]*. Übersetzt von M. KRZECZOWSKA. Warszawa 1969; Z. SUDOLSKI: *Polski list romantyczny [Der polnische Brief in der Romantik]*. Kraków 1997; *Sztuka pisania. O liście polskim w wieku XIX [Die Kunst des Schreibens. Der polnische Brief im 19. Jahrhundert]*. Hrsg. von J. SZTACHELSKA. Białystok 2000. Theoretische Erläuterungen zum Brief als Genre finden sich auch in: H. ZAWORSKA: *Szczerość aż do bólu: o dziennikach i listach [Ehrlich bis auf die Knochen: über Tagebücher und Briefe]*. Warszawa 1998; S. KRAKOWSKI: *List jako źródło historyczne. Uwagi w sprawie definicji i kategoryzacji [Der Brief als historische Quelle. Anmerkungen zur Definition und Kategorisierung]*. Łódź 1986.

Ontologie des Briefes in theoretischen Ansätzen und interpretatorischer Praxis von Briefsammlungen erörtert wurden. Lucyna Marzec argumentiert, dass

> *der Brief einen proteischen Charakter hat und sein ontologischer Status in der Paradoxität des Briefes als schriftlicher Form besteht*[38].

Stefania Skwarczyńska, die sich als erste auf diese Art und Weise über den Brief äußerte, behauptete, dass sich der paradoxe Charakter des Briefes aus mehreren seiner Merkmale ergibt, wie z.B.: Stilschwankungen zwischen Schriftsprache und gesprochener Umgangssprache, Flüchtigkeit des Inhalts bei seiner schriftlichen Festhaltung, Bedenken hinsichtlich der Zugehörigkeit/Nichtzugehörigkeit zur Literatur, Wechselspiel zwischen Dialog und Monolog, zweideutige Rolle als „Zeitdokument" mit offensichtlichen Fällen einer desinformierenden Korrespondenz, problematische Abgrenzung zwischen „Subjekt", „Erzähler" und „Autor", Spannung zwischen individuellem Ausdruck des Autors und epistolografischer Konvention der Zeit[39].

Der Brief ist eine schriftliche Äußerung unterschiedlichen Charakters, die vom Absender an einen bestimmten Empfänger gerichtet wird. Als eine an einen bestimmten Empfänger adressierte Äußerung ist der Brief ein Dialog[40]. Ursprünglich erfüllte er eine Gebrauchsfunktion und diente der Überbrückung räumlicher Entfernung, die die Menschen trennte und die Verständigung zwischen ihnen erschwerte. Die Definition des Briefes bezieht sich nicht nur auf die räumliche, sondern auch auf die zeitliche, emotionale, informative und expressive Distanz. Sie alle haben einen Einfluss auf die Entwicklung der Struktur dieser Art von Kommunikation. Ohne diesen Vorbehalt könnte jede elektronische Nachricht, wie z.B. eine SMS per Mobiltelefon oder verschiedene

---

38 L. MARZEC: *List [Der Brief]*. „Forum Poetyki. Poetyka po Poetyce" 2015, Nr. 2, S. 96.

39 Vgl. S. SKWARCZYŃSKA: *Wokół teorii listu. (Paradoksy)…[Zur Theorie des Briefes (Paradoxa)…]*

40 Ausnahmen sind offene Briefe, die sich an die breite Öffentlichkeit richten, eine Art Appell, sowie Monologbriefe. In der Antike war der Brief der Rhetorik zugeordnet, da man ihn als Rede definiert hat. Unter Berücksichtigung der Tatsache, dass die Erwartung einer Antwort einem Brief immanent ist, wurde er ebenfalls als Halbdialog bzw. Gespräch bezeichnet. *Ein Brief, ähnlich der Replik eines Dialogs, ist an einen bestimmten Menschen gerichtet, zieht seine mögliche Reaktionen in Betracht* – schrieb M. BACHTIN. Vgl. I. ADAMCZEWSKA: *List [Der Brief]*. In: *Słownik rodzajów i gatunków literackich [Wörterbuch der literarischen Gattungen und Genres]*. Hrsg. von G. GAZDA und S. TYNIECKA-MAKOWSKA. Kraków 2006, S. 385; M. BACHTIN: *Problemy poetyki Dostojewskiego [Probleme der Poetik Dostojewskis]*. Warszawa 1970.

Formen der simultanen Kommunikation via Internet, als moderne Varianten des Briefes betrachtet werden. Sie haben eine schriftliche Form, resultieren aus der Notwendigkeit einer Kommunikation auf Distanz und erfüllen deswegen die gleichen Bedingungen wie ein Brief. Sie unterscheiden sich jedoch in der Geschwindigkeit des Nachrichtenaustausches. Moderne Formen der Korrespondenz ähneln eher einem grafischen Äquivalent eines Telefongesprächs.

Die Nützlichkeit und die sich daraus ergebende Allgemeingültigkeit des Briefes führten zu seiner Konventionalisierung. Von dem antiken Brief[41], einer rhetorischen Form, die den strengen Regeln der *Ars epistolandi* unterworfen war, bis zum Motivationsschreiben[42] lässt sich nachvollziehen, welche funktionalen Veränderungen der Brief in verschiedenen Epochen erfahren hat, dessen Definition als Sendeform in der Struktur des Kommunikats zu finden ist.

Man muss betonen, dass heutzutage Briefe als Dokumente ein wertvolles Material für Historiker, Herausgeber, Philologen, Soziologen und andere Forscher darstellen.

Neben dem Absender ist der Empfänger eine absolut unentbehrliche Instanz im Brief. Die Art der Beziehung zwischen dem Absender und dem Empfänger bestimmt den endgültigen Inhalt, das Thema, den Stil und Ton des Textes, was sich am deutlichsten in privaten, intimen Briefen manifestiert[43].

> *Mit der Person des Empfängers steht immer die Kategorie des Wohlbehagens in Verbindung. Selbstverständlich kann sich das Verhältnis der „Wichtigkeit" zwischen dem Absender und Empfängers unterschiedlich gestalten. In der Form des Bekenntnisbriefes aus dem achtzehnten Jahrhundert zeichnet sich die Figur des Absenders deutlicher ab*[44].

---

41 J. SCHNAYDER: *Wstęp [Vorwort]*. In: *Antologia listu antycznego [Anthologie des antiken Briefes]*. Bearbeitet von J. SCHNAYDER. Wrocław 1965, S. III–CXIV.

42 *List motywacyjny, gatunek praktyczno-użytkowy, w którym ubiegający się o przyjęcie do pracy uzasadnia, dlaczego chce podjąć pracę na danym stanowisku [Das Motivationsschreiben – eine zweck- und gebrauchsorientierte Textsorte, in der ein Bewerber begründet, warum er die Stelle antreten möchte]*. Vgl. E. WOLAŃSKA: *List motywacyjny [Motivationsschreiben]*. In: *Praktyczna stylistyka nie tylko dla polonistów [Praktische Stilistik nicht nur für Polonisten]*. Hrsg. von E. BAŃKOWSKA und A. MIKOŁAJCZUK. Warszawa 2003, S. 319.

43 K. CYSEWSKI: *Epistolografia jako literatura na przykładzie listów Zygmunta Krasińskiego [Epistolografie als Literatur am Beispiel der Briefe von Zygmunt Krasiński]*. „Prace Polonistyczne" 1994, Serie 49; IDEM: *Teoretyczne i metodologiczne problemy badań nad epistolografią [Theoretische und methodologische Probleme der Forschung zur Epistolografie]*. „Pamiętnik Literacki" 1997, H. 1.

44 I. ADAMCZEWSKA: *List [Der Brief]*. In: *Słownik rodzajów i gatunków literackich…*, S. 385.

Die Rollen des Absenders und Empfängers sind austauschbar. Mit dieser Situation hat man es zu tun, wenn man die Interaktion beim Briefeschreiben, ein zyklisches Handeln, analysiert. Dabei kommt der polyphone Charakter der Korrespondenz am stärksten zum Ausdruck. In einem einzelnen Brief wird ein Augenblick, ein konkreter Moment, ein bestimmter Lebensabschnitt festgehalten. In einem Briefwechsel bzw. einer Korrespondenzsammlung ist es wiederum möglich, in einzelnen Momenten die Handlung, den „Puls" sowie die ansteigende Spannung zu erfassen. Zum Vorschein kommt die Kategorie des Erlebens[45].

Eine Vielzahl von Wissenschaftlern verweist darauf, dass die Grenze zwischen dem Gebrauchsbrief und dem literarischen Kunstbrief fließend sei. Sie unterscheiden sich grundsätzlich durch die Intention des Autors als Absender. Jerzy Schnayder stützt sich auf das Wissen und die Erfahrung eines Historikers der antiken Epistolografie und eines klassischen Philologen, und vertritt die Ansicht, dass es unmöglich sei, eine Zäsur zwischen dem privaten und literarischen Brief zu setzen. Er argumentiert, dass eine solche Aufteilung in der Antike unbekannt war und ein gebildeter Mann die von ihm verfassten Briefe immer stilisierte.

> *Briefe bedeutender Persönlichkeiten wurden allmählich zu einer Art Literatur, unabhängig davon, ob ihre Verfasser dabei eine literarische Absicht verfolgten.*[46]

Der Forscher klassifizierte die Briefe nach ihrem Thema und Kontext. Die Quellen der jahrhundertealten Wirkungskraft und des künstlerischen Ausdrucks des Briefes liegen in seiner inhomogenen Herkunft und heterogenen Anwendung. Ein Beweis dafür kann etwa die Geburt des Reisebriefes im 19. Jahrhundert sein, welcher mit der Bedeutung und Entwicklung des Zeitungs- und Zeitschriftenwesens unzertrennlich verbunden ist. Es scheint jedoch, dass die Literarizität[47] der Briefe eher auf die sprachliche Gestaltung der Aussage

---

45 R. NYCZ: *Poetyka doświadczenia. Teoria, nowoczesność, literatura [Poetik der Erfahrung. Theorie, Modernität, Literatur]*. Warszawa 2012.

46 *List antyczny. Antologia [Der antike Brief. Eine Anthologie]*. Bearbeitet von J. SCHNAYDER. Wrocław 2006, S. XXXII. In der Arbeit werden private, offizielle, wissenschaftliche, poetische bzw. fiktive Briefe abgedruckt und erläutert.

47 Die Kategorie der „Literarizität" wurde von der russischen Formalen Schule eingeführt, um eine Reihe von Eigenschaften zu bestimmen, die der Literatur als Kunst des Wortes eigen sind und über deren Irreduzibilität auf irgendeinen anderen Sprachgebrauch zu kognitiven, expressiven bzw. persuasiven Zwecken entscheiden. In seiner synthetischen Darstellung zum Stand der zeitgenössischen Literaturtheorie erwähnt Jonathan Culler die Entdeckung der „»Literarizität« nicht-literarischer Phänomene" durch Wissenschaftler und weist auf eine allmähliche Übernahme

zurückzuführen ist. Denn es unterliegt keinem Zweifel, dass auch die Korrespondenz, die nicht mit der Absicht entstand, veröffentlicht und einem breiteren Publikum zugänglich gemacht zu werden, einen künstlerischen Wert aufweisen kann. Wie von Izabella Adamczewska angedeutet,

> *sollte der Übergang vom Gebrauchsbrief zum literarischen Brief im Privatbrief gesucht werden, insbesondere im Brief an Freunde und Bekannte, der inhaltliche Beliebigkeit zuließ*[48].

Der Text als Emanation der Haltung seines Autors wird zu einer persönlichen Aussage zu einem bestimmten Thema. Auf diese Weise verleiht ihm der Absender zwangsläufig einen axiologischen Sinn. Die Analyse des Briefinhalts bezieht sich in erster Linie auf die darin enthaltenen Informationen. Erst dann richtet sich das Interesse des Forschers auf die Schönheit der Sprache oder Struktur des Textes.

Man darf nicht vergessen, dass die Literarizität als eine Reihe von Voraussetzungen betrachtet wird, die eine sprachliche Äußerung im Rahmen eines bestimmten sozial-literarischen Bewusstseins erfüllen muss, damit sie als ein Werk der schönen Literatur eingestuft werden kann. Die Kriterien und Maßstäbe der so verstandenen Literarizität sind historisch und gesellschaftlich relativ[49]. Hinzuzufügen sei, dass die in der Literatur verwendeten Begriffe in der Regel einen typologischen Charakter haben[50]. Die Auffassung von Literarizität ist eher intuitiv als diskursiv, somit wird es fast unmöglich, eine einzige Determinante für sie festzulegen[51]. Allerdings ist zu bedenken, dass

> *die Frage nach den Grenzen der Literarizität mit der Frage nach der Besonderheit des Ranges eines Werkes verbunden zu sein scheint*[52].

---

der „traditionell verstandenen Literaturwissenschaft" durch die anthropologisch orientierte Kulturwissenschaft hin. Vgl. J. CULLER: *Teoria literatury [Literaturtheorie]*. Übersetzt von M. BASSAJ. Warszawa 1998, S. 27 u. 58.

48 I. ADAMCZEWSKA: *List [Der Brief]*. In: *Słownik rodzajów i gatunków literackich…*, S. 385.

49 M. GŁOWIŃSKI, T. KOSTKIEWICZOWA, A. OKOPIEŃ-SŁAWIŃSKA, J. SŁAWIŃSKI: *Słownik terminów literackich [Wörterbuch der literarischen Termini]*. Wrocław 1988, S. 258–259.

50 H. MARKIEWICZ: *Wymiary dzieła literackiego [Dimensionen des literarischen Werkes]*. Kraków 1984, S. 41.

51 S. DĄBROWSKI: *Zagadnienie określeń i wyznaczników literackości [Zum Problem der Begriffe und Determinanten von Literarizität]*. In: *Problemy teorii literatury [Literaturtheoretische Probleme]*. Bd. 2. Hrsg. von H. MARKIEWICZ. Wrocław 1987, S. 10.

52 D. HECK: *Filologia i (jej) interpretacje [Philologie und (ihre) Interpretationen]*. Wrocław 2012, S. 167.

In Anbetracht der grundsätzlichen Behauptungen über die Struktur des literarischen Kunstwerks[53] wird die Zuschreibung des Merkmals „Literarizität“ im Falle eines bestimmten Brieftextes durch dessen Angepasstheit an die Konstituierung einer Harmonie ästhetischer Qualitäten bestimmt, die in allen Textschichten gleichermaßen auftreten. Im Hinblick auf die gewählten Kriterien sowie aus literaturwissenschaftlicher Sicht[54] weist der Brief eine gewisse Asymmetrie auf: der Schwerpunkt wird auf die semantische Ebene des Textes verlagert, die Ethik geht der Ästhetik voraus[55]. Stefania Skwarczyńska, die den Brief im Bereich der angewandten Literatur (als Gegensatz zur reinen Literatur) verortete, verknüpfte die ästhetische Theorie des Briefes systematisch mit dem Konzept, das dem Utilitarismus und Pragmatismus des Briefes den Vorrang vor seinen literarischen Eigenschaften einräumt, und merkte zugleich an, dass *das Leben, in das der Brief hineinwächst und welches er hervorbringt, den Ausgangspunkt für die ästhetische Bewertung bilden muss*[56]. Nach Ansicht der Forscherin sei der Begriff[57] „Leben” entscheidend und grundlegend, denn

> *der Brief ist ein Teil des Lebens. Er entsteht auf der Ebene des Lebens, steht in direktem Bezug dazu. Damit unterscheidet er sich von den meisten anderen literarischen Formen die in einer Welt der geistigen Abgeschiedenheit geschaffen werden, als bliebe er dem „Trubel“ der unmittelbaren Wirklichkeit fern. […] Der Brief hat eine Linie seiner lebensnahen, praktischen Zweckmäßigkeit, […] strebt nach Wirksamkeit. […] Die Literatur nimmt den Brief erst dann auf, wenn er alle seine Aufgaben gegenüber dem Leben erfüllt hat. Vor dem Hintergrund des Lebens stellt der Brief kein Ziel dar, sondern ein Mittel. Die Beziehung zwischen dem Brief und dem durch ihn strömendem Leben kann mannigfaltig sein. Manchmal ist er ein Rezeptor für Lebenswellen […], kann aber auch ein eindeutiges Argument für das Leben, ein Akt des Lebens sein*[58].

---

53 R. INGARDEN: *Studia z estetyki. O poznawaniu dzieła literackiego [Studien zur Ästhetik. Vom Erkennen des literarischen Kunstwerks]*. Warszawa, 1957.

54 S. SKWARCZYŃSKA: *Wstęp do nauki o literaturze [Einführung in die Literaturwissenschaft]*. Bd. 3. Warszawa 1965.

55 A. STOFF: *Kiedy literatura zdradza człowieka? [Wenn die Literatur den Menschen verrät]*. „Ethos“ 2004, Nr. 65–66, S. 293–313.

56 S. SKWARCZYŃSKA: *Teoria listu [Die Theorie des Briefes]*. Białystok 2006, S. 29–30.

57 Laut Lucyna Marzec wird er *auf Grundlage der Phänomenologie verständlicherweise der „Literatur“ entgegengesetzt, von den Strukturalisten und Kommunikationswissenschaftlern als ineffektiv abgetan und von den Poststrukturalisten, insbesondere den Konstruktivisten, mit Distanz behandelt und kritisch analysiert* […]. L. MARZEC: *List…*, S. 88.

58 S. SKWARCZYŃSKA: *Teoria listu…*, S. 332–333.

Jan Trzynadlowski, ein weiterer leidenschaftlicher Briefforscher, greift das Thema zwar nicht auf, äußert jedoch zugleich die Meinung, dass der Hauptaspekt des Briefes gerade dessen Beziehung zum Leben sei. Er erklärt:

> [...] *der Brief* [...] *als schriftliche Reaktion auf gewisse gegenwärtige Sachverhalte erfasst sie in ihrer wahrnehmbaren oder mutmaßlichen Abfolge, vor allem aber in ihrem „momentanen Zustand“*[59].

Die Nähe oder gar eine spezifische Bindung zwischen Brief und Lebenserfahrung eines Menschen hat zur Folge, dass er als funktionaler Text, der zu allen persönlichen Dokumenten einen unmittelbaren Bezug hat, zu einem literarischen Phänomen wird, welches die Berücksichtigung historischer und sozialer Aspekte erfordert. Außerhalb von ihnen existiert er nicht. Der Wissenschaftler regt an, dass einige mit dem Brief zusammenhängende Fragen im Rahmen anderer Fachgebiete als die Literaturwissenschaft behandelt werden. Gleichzeitig aber behauptet er, dass der Brief

> *sich durch völlige Eigenständigkeit auszeichnet, d.h. er bedarf keines weiteren Textes, sondern nur einer entsprechenden ursächlichen Situation*[60].

Damit fügt sich der Brief in die Formen der „persönlichen Aussage“ ein.

Ähnlich wie Trzynadlowski verknüpfte Małgorzata Czermińska den Brief mit der Autobiografie. Die Forscherin revidierte die Betrachtungsweise des Briefes und führte den Roman als Schlüsselkontext ein. Czermińska sucht nicht nach einer Definition des Briefes und seiner Determinanten, sondern hebt das erzählerische Potenzial der Korrespondenz hervor. Besonderes Augenmerk legt sie auf den gemeinsamen Raum von Roman, Brief und „intimen Schriften“, dank welchem

> [...] *der Prototyp des Briefromans, d.h. ein Briefwechsel, nicht obsolet geworden ist, sondern – ganz im Gegenteil – sich eines wachsenden Interesses in einer Zeit erfreut, wo nach einem latenten Roman außerhalb des Romans gesucht wird und die Autobiografie als Maßstab und Garantie für eine sinnvolle Existenz der Literatur dienen kann*[61].

---

59 J. TRZYNADLOWSKI: *List i pamiętnik. Dwie formy wypowiedzi osobistej [Brief und Tagebuch. Zwei Formen der persönlichen Aussage]*. In: IDEM: *Małe formy literackie [Kleine literarische Formen]*. Wrocław 1977, S. 82.

60 Ebd., S. 83.

61 M. CZERMIŃSKA: *Autobiograficzny trójkąt. Świadectwo, wyznanie i wyzwanie [Das autobiografische Dreieck. Zeugnis, Bekenntnis und Herausforderung]*. Kraków 2000, S. 271.

Kazimierz Cysewski, der zu den Behauptungen Skwarczyńskas eine dezidiert andere Position einnimmt, stellt in seinen zahlreichen Veröffentlichungen zum Thema Brief fest: […] *es ist trügerisch, auf eine konfliktlose Übertragung von Kategorien und Forschungsinstrumenten der Literaturwissenschaft auf die Briefforschung zu hoffen*[62]. Die in viele Bereiche der Literaturwissenschaft (Theorie, Literaturgeschichte, biografisches Schreiben, Dokumentationswissenschaft) reichende Problematik des Briefes weckt ebenfalls das Interesse der Forscher. Wissenschaftler und Wissenschaftlerinnen, die sich mit einem Brief auseinandersetzen, folgen einer der drei Vorgehensweisen: entweder beschränken sie sich auf ein ausgewähltes Motiv oder sie weisen auf die Vielschichtigkeit des Themas hin, oder sie kombinieren die beiden genannten Strategien[63].

Die Autoren der Briefe operieren, in vielen Fällen wohl ohne sich dessen bewusst zu sein, mit emotionsgeladenen Worten, Vergleichen oder mit direkter Anrede an den Empfänger, um ihre Gefühle und Emotionen zum Ausdruck zu bringen.

Laut der Theorie über die Vielschichtigkeit des Kunstwerks

> *soll ein literarisches Werk seinen einzelnen Konkretisierungen, die sich aus unterschiedlichen Lesarten desselben Werkes ergeben, gegenübergestellt werden*[64].

Die Konkretisierung vollzieht sich durch eine Näherbestimmung in der Ebene der schematisierten Ansichten. Das ist zugleich ein Raum für die Erweiterung der literarischen Analyse durch die Einführung einer interdisziplinären Wahrnehmungsebene. Insbesondere in Bezug auf die Briefe scheint dies ein Weg zu sein, der jedem Leser mindestens eine mögliche, bezeichnende und nicht selten mehrdeutige Konkretisierung erlaubt.

Man darf nicht vergessen, dass die Veröffentlichung eines Briefwechsels die bisherige Textsituation verändert. Der Empfängerkreis erweitert sich um den nicht adressierten Leser. Der Herausgeber wird zum Absender, denn er übernimmt die Rolle des Mitverfassers des Briefes und entscheidet beispielsweise über die Anordnung der Texte im Zyklus. Dabei können manche kontextuellen Elemente verschwimmen. Der in den Briefen verwendete

---

62 K. CYSEWSKI: *Teoretyczne i metodologiczne problemy badań nad epistolografią…*, S. 103.

63 Vgl. M. CZERMIŃSKA: *Pomiędzy listem a powieścią [Zwischen Brief und Roman]*. „Teksty" 1975, Nr. 4, S. 28–49.

64 Vgl. R. INGARDEN: *Studia z estetyki…*

Code mit ihren einzelnen Subcode-Bestandteilen kann für den nicht adressierten Leser unleserlich und unklar werden. Gewisse Schwierigkeiten beim Rezipieren authentischer Korrespondenz lassen sich unter anderem auf die Unkenntnis der Gepflogenheiten in der Entstehungszeit des Briefes zurückzuführen. Hierfür erweisen sich die biografischen Anmerkungen des Absenders als relevant. Die Briefe von Czesław Miłosz *sprengen zweifelsohne ihre eigenen Grenzen – auch die Grenzen des Genres*[65]. Das Nachahmen von Wahrheit und Authentizität kann zu einer Art Spiel werden, das der Verfasser mit dem Leser treibt.

Durch die Aufnahme der Privatbriefe in den Leseverkehr beraubt man sie eines ihrer wichtigsten Merkmale: der Vertraulichkeit. Aus der Geschichte der Epistolografie geht hervor, dass sich der private Brief dank der Verbreitung des Papiers entwickeln konnte, weil dadurch die Popularität von dekorierten Karten, auf denen die Korrespondenz verfasst wurde, zunahm. Ein solcher Brief wurde unwillkürlich zu einem sorgfältig aufbewahrten Artefakt. Im Zeitalter der elektronischen Korrespondenz sind die in Form einer E-Mail verschickten Briefe durch Flüchtigkeit gekennzeichnet. In der Gegenwart kehrt der Brief zu seinen Wurzeln zurück und erfüllt vor allem eine Gebrauchsfunktion.

Der Brief als kommunikative Struktur setzt sich über die herkömmlichen Gattungsgrenzen hinweg. Nach Janusz Maciejewski ist der Brief eine transitive, hybride Form, die keiner literarischen Gattung angehört, im Vergleich zu anderen Textsorten unterdefiniert bleibt, aber in Beziehung dazu steht. Der Forscher postuliert nachdrücklich, den Brief aus dem Kreis der Dokumentarität auszuschließen und als literarische Form zu betrachten. Damit führt er also den Brief aus dem Kreis der „Gebrauchsliteratur" heraus. Maciejewski argumentiert:

> [...] *meines Erachtens gehört der Brief im Ganzen dem Bereich der Literatur an. Gemeint ist dabei eben die Literatur und nicht das Schrifttum, selbst wenn die Literarizität oft nicht zur Gänze ausgeprägt ist, sondern sich noch im Embryonalstadium befindet. Im Briefinhalt steckt jedoch immer ein gewisses Potenzial. Wenn bestimmte Voraussetzungen erfüllt sind* [...] *– kann jeder Brief zur Literatur im wahrsten Sinne des Wortes werden*[66].

---

65 M. WYKA: *Miłosz i rówieśnicy. Domknięcie formacji [Miłosz und seine Altersgenossen. Eine Formation wird abgeschlossen]*. Kraków 2013, S. 277.

66 J. MACIEJEWSKI: *List jako forma literacka [Der Brief als literarische Form]*. In: *Sztuka pisania. O liście polskim w wieku XIX [Die Kunst des Schreibens. Der polnische Brief im 19. Jahrhundert]*. Hrsg. von J. SZTACHELSKA, E. DĄBROWICZ. Białystok 2000, S. 213.

Das Wichtigste, was einen Brief zur Literatur macht, ist die konkrete Kommunikationssituation (Interaktion: Absender-Empfänger, welche der Leser als Protagonisten betrachtet) sowie der kulturelle Kontext. Der Forscher schlägt folgende Definition des Briefes vor:

> [...] *eine Gattung, die eindeutig mit den allgemein üblichen genologischen Formen korrespondiert und sich zugleich die Strukturen aller literarischen Textsorten zunutze macht*[67].

Eine vollständige Zuordnung des Briefes zur Literatur beseitigt das Problem seiner Beziehung zum „Leben" und zu den historisch-kulturellen Gegebenheiten, *hebt parallele, theoretische Schwierigkeiten hervor, allerdings auf der Grundlage der Genologie*[68]. Dabei ist anzumerken, dass der Brief offenbar der Sprache einer neuen Genologie bedarf, die für beschreibend-identifizierende Zwecke kognitive Werkzeuge einsetzt[69].

Halten wir fest, dass der Brief als literarischer Text, herausgelöst aus der natürlichen Kommunikationssituation Absender-Empfänger, Möglichkeiten für verschiedene Lesarten schafft, die von den Entscheidungen des Empfängers abhängen. Es ist möglich, den Brief als einen eigenständigen und somit von der Frage nach Wahrheit und Lüge abgekoppelten Text zu behandeln. Darüber hinaus kann der Brief als Dokument gelesen werden, wobei man seinen historischen Hintergrund erforscht und biografische Spuren des Verfassers verfolgt. Bei der Bewertung des literarischen Briefes unter dem Gesichtspunkt seiner Rezeption kommt man zu dem Schluss, dass er nur ein Quasibrief ist.

Ein charakteristisches Merkmal des Briefes ist seine Fähigkeit des Transfers, das Durchdringen aus diversen Diskursordnungen bzw. Erzählformen. Lucyna Marzec schlägt vor, die Vorstellung über den Brief auf den Begriff des Bildmediums zu übertragen. Sie argumentiert:

> *Der Brief ähnelt in vielerlei Hinsicht einem Medium – er ist „ein verkörperter Bote, nicht bloß eine Botschaft"; er stellt ein materielles Kommunikationsmittel dar, eine historisierte und verräumlichte „soziale Praxis", die materiell heterogen (ein Brief kann neben dem niedergeschriebenen Text auch Zeichnungen, Einlagen o. Ä.*

---

67 Ebd., S. 215.

68 L. MARZEC: *List*..., S. 92.

69 Vgl. R. SENDYKA: *W stronę kulturowej teorii gatunku [Auf dem Weg zur kulturellen Theorie der Gattung]*. In: *Kulturowa teoria literatury. Główne pojęcia i problemy [Die kulturelle Theorie der Literatur. Die wichtigsten Begriffe und Fragestellungen]*. Hrsg. von M.P. MARKOWSKI, R. NYCZ. Kraków 2006.

enthalten, kann in eine Holztafel, den Körper des Boten eingraviert, von Hand auf Papier verfasst oder mit einer Schreibmaschine oder auf einer Computertastatur getippt werden) und institutionalisiert (Post, Archive, Bücher) ist; er nimmt eine künstlerische Form an, kann sie aber genauso gut entbehren. Er hat eine mehrdimensionale verursachende Kraft: als „Keimzelle literarischer Gattungen" (der von Skwarczyńska stammende Terminus wurde von anderen Forschern mehrfach angeführt), als „Tat" und „Geste" des Gestalters einer kommunikativen (interpretativen) Gemeinschaft, aber auch dann, wenn er den/die Empfänger erreicht, eine Wirkung hervorruft, zum Handeln anregt[70].

Magdalena Popiel[71], die sich mit den Briefen von Stanisław Wyspiański auseinandergesetzt hat, zählt die Korrespondenz des Künstlers zur Gattung des epistolografischen Erzählens. In Anlehnung an die Überlegungen von Karol Irzykowski, der feststellte, dass *die Veränderungen des durch soziale Institutionen unterdrückten und zugleich von der Wissenschaft und Literatur bloßgestellten und entlarvten Menschen eine Lähmung, eine Missachtung und das Aufgeben des individuellen Lebens zur Folge haben*[72], wendet die Forscherin ihre Aufmerksamkeit dem epistolografischen Erzählen zu, das im Rahmen der breit verstandenen Moderne einen besonderen Platz einnimmt. Sie bezeichnet das Genre als Künstlerbrief und merkt an, dass, wenn man Jan Kott zustimmen würde, dass die Briefe von Zygmunt Krasiński an Delfina Potocka *der größte Roman der polnischen Romantik*[73] sind, dann könnte man Wyspiańskis Briefe als *den größten Roman der polnischen Frühmoderne*[74] bezeichnen. Könnte man folglich nicht davon ausgehen, dass die polnischen Lagerbriefe der größte Roman der polnischen Literatur aus der Zeit des Zweiten Weltkriegs sind? Auch wenn es darin an romantischen Motiven mangelt, bringen sie als Ganzes innbrünstige Gottes- und Nächstenliebe zum Ausdruck. Zum Gegenstand

70 L. MARZEC: *List...*, S. 94.

71 M. POPIEL: *List artysty jako gatunek narracji epistolograficznej. O listach Stanisława Wyspiańskiego [Der Künstlerbrief als Gattung des epistolografischen Erzählens. Briefe von Stanisław Wyspiański]*. „Teksty Drugie" 2004, Nr. 4, S. 115–124.

72 K. IRZYKOWSKI: *Czy list umiera? O zlekceważeniu życia indywidualnego [Ist der Brief zum Sterben verurteilt? Über die Missachtung des individuellen Lebens]*. „Kronika Polski i Świata" 1938, Nr. 28. Zit. nach: M. POPIEL: *List artysty jako gatunek narracji epistolograficznej...*, S. 115.

73 J. KOTT: *Największa powieść polskiego romantyzmu [Der größte Roman der polnischen Romantik]*. In: Z. KRASIŃSKI: *Sto listów do Delfiny [Hundert Briefe an Delfina]*. Ausgewählt und bearbeitet von J. KOTT. Warszawa 1966.

74 M. POPIEL: *List artysty jako gatunek narracji epistolograficznej...*, S. 117.

ihres Begehrens haben die Autoren hingegen die Freiheit des menschlichen Individuums gemacht.

Am Rande sei bemerkt, dass die Forschung zur Epistolografie der Schriftsteller reich an ausführlichen Studien ist und bereits seit langem eine etablierte Position innehat. So wurden beispielsweise die Briefe von Zygmunt Krasiński an Delfina Potocka von Tadeusz Pini[75] herausgegeben, der erste Sammelband mit Briefen aus den Autografen Juliusz Słowackis von Leopold Méyet[76] veröffentlicht, die Briefe von Henryk Sienkiewicz von Maria Bokszczanin[77] zum Druck vorbereitet und die Korrespondenz von Gustaw Morcinek an seine Freundinnen und Verwandten von Krystyna Heska-Kwaśniewicz[78] redigiert.

Die oben genannten Veröffentlichungen sowie andere Ausgaben der Briefe von Schriftstellern haben sich Jahre später nicht nur als eine unschätzbare Wissensquelle über die Künstler und ihre Epoche, sondern auch als eine großartige Lektüre erwiesen.

Wenn man den Überlegungen von Magdalena Popiel folgt und die Worte von Karol Irzykowski als Wegweiser nutzt, kann man zu der Überzeugung gelangen, dass die Briefe von KZ-Häftlingen ebenfalls als Gattung des epistolografischen Erzählens anzuerkennen sind. Sie wurden von Menschen geschrieben, die durch Lagerbehörden, die Besatzungsmacht und den Totalitarismus versklavt und vernichtet wurden. Das Lagerregime hat etliche Häftlinge tiefgreifend verändert, ihres freien Willens beraubt und *zum Aufgeben des individuellen Lebens* geführt. Andere nahmen gegenüber dem Schicksal, das ihnen widerfahren ist, eine entgegengesetzte Stellung ein – sie gaben nicht auf, sondern hielten beharrlich am Leben fest und zeigten ihren Einfallsreichtum

---

75 T. PINI: *Krasiński. Życie i twórczość [Krasiński. Leben und Werk]*. Poznań 1928.

76 *Listy Juliusza Słowackiego [Briefe von Juliusz Słowacki]*. Bd. 1. Aus den Autografen zum ersten Mal herausgegeben von L. MÉYET. Lwów 1899.

77 H. SIENKIEWICZ: *Listy [Briefe]*. Bearbeitet von M. BOKSZCZANIN. Warszawa 1977–2009.

78 Insbesondere zwei Bände der Epistolografie von Gustaw Morcinek bereichern das Wissen über den Schriftsteller: *Gustawa Morcinka „Listów spod morwy" ciąg dalszy. Listy Gustawa Morcinka do Władysławy Ostrowskiej [„Briefe von unter dem Maulbeerbaum" von Gustaw Morcinek: Eine Fortsetzung. Briefe von Gustaw Morcinek an Władysława Ostrowska]*. Vorwort, Bearbeitung und Kommentar von K. HESKA-KWAŚNIEWICZ. Katowice 1985; *Morcinek do Dziewczyny ze Wschodniej Ballady. Listy Gustawa Morcinka do Janiny Gardzielewskiej [Morcinek an das Mädchen aus der Morgenländischen Ballade. Briefe von Gustaw Morcinek an Janina Gardzielewska]*. Vorwort, Bearbeitung und Kommentar von K. HESKA-KWAŚNIEWICZ. Katowice 1983.

beim Verfassen offizieller und inoffizieller Briefe. In diesem Sinne gehört der Lagerbrief, ebenso wie das Tagebuch oder die Autobiografie, zur Literatur des persönlichen Dokuments[79]. Seine Wurzeln liegen – wie im Falle jedes authentischen Schriftstücks[80] – in der Sachliteratur, der Autothematisierung und dem autobiografischen Schreiben. Er scheint ein persönliches literarisches Dokument zu sein, das die Literarizität über ihre Intim- bzw. Privatsphäre definiert. Außerdem bildet er den gemeinsamen Nenner für einen Diskurs zur Beschreibung der Außenwelt (soweit dies in der Lagerrealität möglich war), einen auf die inneren Erfahrungen des Schreibenden bezogenen Diskurs (insbesondere in Kassibern, Abschiedsbriefen oder der geheimen und illegalen Korrespondenz) sowie einen Diskurs, der seinen eigenen Regeln folgt.

Der Häftling schrieb Briefe an seine engsten Familienangehörigen, Verwandten und Freunde sowie an Organisationen (Polnisches Rotes Kreuz) in der Hoffnung auf materielle Hilfe. Briefe wurden ebenfalls verschickt, um die Welt über die Geschehnisse hinter dem Stacheldraht in Kenntnis zu setzen, um die Wahrheit zu bezeugen bzw. durch die in den Briefen angeführten Tatsachen ein breiteres Publikum, die polnische und ausländische Öffentlichkeit, anzusprechen. Die Veröffentlichung einzelner Briefe oder auch ganzer Korrespondenzsammlungen erweitert den Empfängerkreis um die Herausgeber und Leser. Dadurch wird die Kategorie des Adressaten der brieflichen Dialoge umfangreicher. Absender und Empfänger der Lagerbriefe waren gebildete und wenig gebildete Menschen, Handwerker und Arbeiter, Intellektuelle, Geistliche und Laien, Junge und Alte, Männer und Frauen, Dorf- und Stadtbewohner, Widerstandskämpfer und zufällige Opfer von Razzien, Väter und Mütter, Töchter und Söhne. Sie unterscheiden sich nur dadurch, dass die einen gefangen und die anderen frei waren. Der Absender gewährt einen Einblick in die ihn bewegenden Fragen, schreibt darüber, was ihn bedrückt, und macht sich manchmal Vorwürfe, dass er dem Empfänger nicht behilflich sein kann. Er bemüht sich, die Gefühle zu pflegen, die ihn mit dem Adressaten verbinden. Er will, dass sich sein Briefpartner stets wichtig und geliebt fühlt. Wenn also der gesamte Briefinhalt dem Lageralltag und der Befriedigung der Lebensbedürfnisse gewidmet war, bemühte sich der Absender darum, am Briefende

---

79 Laut M. Popiel wurde die Bezeichnung von Roman ZIMAND in seiner Arbeit zu *Dzienniki [Tagebücher]* von Żeromski (*Diarysta Stefan Ż. [Der Tagebuchschreiber Stefan Ż.]*. Wrocław 1990) vorgeschlagen.

80 J. JARZĘBSKI: *Kariera autentyku [Die Karriere des Authentischen]*. In: *Studia o narracji [Narrative Studien]*. Hrsg. von J. BŁOŃSKI, S. JAWORSKI, J. SŁAWIŃSKI. Wrocław 1982.

einen herzlichen, ausschließlich an den Empfänger gerichteten Akzent hinzuzufügen. In der Regel handelte es sich dabei sowohl im Falle des offiziellen als auch des inoffiziellen Briefwechsels um innige Grüße, eine Zusicherung, dass man trotz räumlicher und geografischer Trennung mit dem Adressaten in Gedanken verbunden bleibt (*Ich bin mit Euch in meinem Inneren verbunden*[81]), sowie um Wünsche und nicht selten auch um den Akt, sich der Obhut Gottes anzuvertrauen (*Möge Gott uns Kraft bis zum letzten Tag geben und ein glückliches Wiedersehen schenken!*[82]). Dank Schlussformeln wie diesen wurden die schablonenhaften, offiziellen Lagerbriefe emotional gefärbt. Wenn die Absender über persönliche, fast intime Angelegenheiten berichteten, taten sie es in einer Weise, dass sich der Empfänger durch ihr Bekenntnis ausgezeichnet, geehrt und geschätzt fühlte. In der Lagerkorrespondenz von Morcinek stößt man auf Kurzbeschreibungen der Atmosphäre am Heiligabend, Informationen über den eisigen Winter in Dachau oder sogar Anekdoten über die Eifersucht der Mitgefangenen, als sie das in einem Paket zugesandte Foto der schönen und jungen Verwandten des Schriftstellers, Małgosia, sahen. In manchen Briefen, ganz gleich ob sie zur offiziellen oder inoffiziellen Korrespondenz zählen, kann man eine Anhäufung vieler Einzelangaben bemerken, als würden sie eilig, in einem Atemzug genannt, während in anderen, zum Beispiel bei der Reflexion über heranwachsende Kinder, das Tempo des Erzählens nachlässt und nostalgische, stimmungsvolle, ja sogar lyrische Passagen anzutreffen sind.

Die Absender und Empfänger der polnischen Lagerbriefe bleiben nicht nur durch die geografische Entfernung und den die Grenzen der Lagerhölle markierenden Stacheldraht voneinander getrennt, sondern auch durch die Lebensverhältnisse der Teilnehmer am Briefdialog. Darüber hinaus trennt sie das mangelnde Verständnis für die Bedingungen, unter denen die KZ-Häftlinge ihr Dasein fristen müssen. Selbst die detailreichsten Beschreibungen, die die Adressaten „in Freiheit" erreichten, vermochten nicht, die Lagerwirklichkeit widerzuspiegeln bzw. begreiflich zu machen, was ein Konzentrationslager tatsächlich war. Viele Gefangene schöpfen aus der Trennung Kraft, die ihre innere Motivation zum Schreiben belebt. Durch den Briefwechsel mit konkreten

---

81 Fragment aus dem Brief des seliggesprochenen Pfarrers Emil Szramek an Wilhelm aus dem KZ Dachau vom 10. August 1941. Vgl. *Listy obozowe księdza Emila Szramka (w tłumaczeniu ks. Janusza Wycisły) [Lagerbriefe des Pfarrers Emil Szramek (übersetzt von P. Janusz Wycisło)]*. In: *„Victor – quia Victima". Ksiądz Emil Szramek (1887–1942) [„Victor – quia Victima". Der Pfarrer Emil Szramek (1887–1942)]*. Hrsg. von E. SZCZOTOK, A. LISKOWACKA. Katowice 1996, S. 55.

82 Ebd., S. 50.

Adressaten bietet sich ihnen die Möglichkeit, „ihre“ Welt zu erschaffen, in der sie über sich selbst und den geführten Dialog entscheiden dürfen. Bei dieser Art der Verständigung kann es daher nicht vorkommen, dass der Zensor in irgendwelche Inhalte oder Informationen in einem Medium eingreift, das nur für die Briefpartner verständlich ist.

> *Der Briefwechsel begründet ein neues Weltall, alle bisherigen Beziehungen werden ausgesetzt. Die Lage, in der sich die miteinander korrespondierenden Briefpartner befinden, stellt also einen Akt der Identitätserneuerung in einer einzigartigen subjektiven Konfiguration dar*[83]

– so Magdalena Popiel. Das, was bei dem Briefdialog zwischen einem Lagerhäftling und seinem Adressaten zustande kommt, ist bestimmt durch subjektive Bewertungen, schwer projizierbare Reaktionen sowie verschiedene Weltsichten der Teilnehmer des Briefwechsels, welcher vor allem eine Kunst der Imagination ist[84]. Die Vorstellungskraft war unentbehrlich, sowohl um die von den Gefangenen eingesetzten Codes zu entschlüsseln als auch um bedeutsame Inhalte „zwischen den Zeilen“ eines schablonenhaften, typischen offiziellen Briefes zu erkennen. Empfänger und Absender waren gezwungen, den Briefdialog nach bestimmten, vom Zensor oder sich selbst – um zum Beispiel die Angehörigen nicht zu beunruhigen – aufoktroyierten Regeln miteinander zu führen. Es ist eine Art dramatischen Dialogs, bei dem das Prinzip der Kontinuität eine wichtige Rolle spielt. Falls die Korrespondenz abrupt unterbrochen wurde, stellten sich Unsicherheit und Nervosität ein:

> *Vor einem Monat habe ich Euch einen Brief geschickt. Er war auf kariertem Briefpapier geschrieben. Ich würde gerne wissen, ob er angekommen ist. Ich bin mir nicht sicher, da ich ihn auf einem anderen Weg verschickt habe. Meine Lieben, ich bitte Euch um einen langen, langen Brief*[85].

Die Bereiche der persönlichen Freiheit des Empfängers und Absenders sind definitiv anders. Dank des miteinander geführten Briefdialogs wird es möglich, den Stacheldraht zu überwinden und aus dem Ort der Folter, Qualen und unmenschlicher Arbeit ungestraft zu entkommen. Bei der Brieflektüre ist der Gefangene für wenige Augenblicke dem Adressaten nahe, kann sich für wenige

---

83 M. POPIEL: *List artysty jako gatunek narracji epistolograficznej…*, S. 119.

84 Ebd..

85 Aus dem Brief von Janusz Pogonowski an seine Mutter, an Irena und Jędruś aus dem KZ Auschwitz vom Oktober 1942. In: J. POGONOWSKI: *Listy z Auschwitz [Illegale Briefe aus Auschwitz von Janusz Pogonowski]*. Mit einem Vorwort versehen von F. PIPER. Oświęcim 2017, S. 29.

Augenblicke an der Freiheit, ihrem Hauch und Puls, die sich zwischen den Zeilen des Textes verbergen, erfreuen. Unter anderem ist der Brief in dieser Hinsicht ein Bruchstück des Lebens, ein Medium, sowie ein verkörperter Bote.

Bei dem Versuch, die Frage nach dem Wesen des polnischen Lagerbriefs zu beantworten, darf man sich nicht einzig und allein auf die Bestimmung der Rolle des Absenders und die rhetorischen Merkmale des Diskurses konzentrieren. Am Rande sei erwähnt, dass Zbigniew Sudolski, ein Kenner der romantischen Epistolografie, in den Gedanken des Griechen Demetrios, der darauf bestand, dass der Brief auch *ein Abbild der Seele* seines Autors enthalten sollte, *das grundlegendste Element der Gattung*[86] sah.

In den Lagerbriefen wurde auf eine eigene Art und Weise ein Gesprächsnetz hergestellt – ein gemeinsamer, ausschließlich nur mit Sprache und den für die Absender und Empfänger der Botschaft verständlichen Informationen gefüllter Raum. Es entstand ein Soziolekt, der vor allem einen möglichst exakten Gedankenaustausch zwischen den Korrespondenten ermöglichte, aber auch ein äußerst wichtiger Bestandteil im Prozess der Selbstbestimmung war; eine Bestätigung, dass der Gefangene immer noch zu den Lebenden gehört:

> *...ich bin nur in Bezug auf bestimmte Gesprächspartner ein Subjekt: in einer bestimmten Beziehung zu jenen, die im Prozess meiner Selbstbestimmung eine Schlüsselrolle gespielt haben*[87].

Das Konzept des Lagerbriefs bestätigt die These, dass der Mensch auch in der Gefangenschaft – in einem Lager oder Gefängnis – frei ist. In der Lagerkorrespondenz herrschen verschiedene Stimmungen: von respektvoller Zurückhaltung über herzliche Zuneigung, nahezu eine Manifestation von Dankbarkeit, bis hin zur Nachsicht, Ungeduld oder Verbitterung. Besonders auffällig ist dabei, wie mühelos die Häftlinge auf die Erfahrungen des anderen Menschen – des Adressaten – reagierten. Sie vermochten es, jeden menschlichen Kummer nachzuempfinden, was sie in ihren Briefen entsprechend zum Ausdruck brachten. Der Gefangene macht keine erhabenen Geständnisse, gibt nicht allzu viel

---

86 Z. SUDOLSKI: *Polski list romantyczny [Der polnische Brief in der Romantik]*. Kraków 1997. Zit. nach: B. NOWACKA: *List [Der Brief]*. In: *Ilustrowany słownik terminów literackich… [Illustriertes Wörterbuch literarischer Begriffe…]*, S. 304.

87 CH. TAYLOR: *Źródła podmiotowości. Narodziny tożsamości nowoczesnej [Quellen der Subjektivität. Die Geburt der modernen Identität]*. Übersetzt von M. GRUSZCZYŃSKI, O. LATEK, A. LIPSZYC, A. MICHALAK, A. ROSTKOWSKA, M. RYCHTER, Ł. SOMMER. Warszawa 2001, S. 70. Zit. nach: M. POPIEL: *List artysty jako gatunek narracji epistolograficznej…*, S. 116.

von sich selbst preis, fällt nicht der Gefahr anheim, sein Herz auszuschütten, greift zu keinen Schmeicheleien und ist selten gereizt. Einerseits ist er enttäuscht, denn die vergehenden Tage bringen ihm weder die ersehnte Freiheit noch die Begegnung mit geliebten Menschen. Andererseits kann er zufrieden sein, denn solange er im düsteren Zentrum der Lagerhölle festsitzt, hat er viel über die Lagerwirklichkeit zu erzählen, wodurch er spürt, dass er noch am Leben ist. Die Lektüre der Briefe von KZ-Häftlingen ermöglicht auch eine Einsicht in ihre durch die bewusste Überwindung des Pessimismus geprägte Lebensphilosophie. Selbst das Leiden, von dem hauptsächlich in den Kassibern so viel die Rede ist, kann ihre Lebenseinstellung nicht erschüttern, denn die nach einem Unglück oder Kummer verspürte Freude ist beständiger und tiefer.

> *Die Menschen, und vielleicht sogar die Kirche (ich weiß es nicht genau), behaupten, dass sich der Mensch auf Erden kasteien und bescheiden leben sollte, um das glückliche ewige Leben zu erlangen.*
> *Nein, dem stimme ich nicht zu. Um in der Zukunft des Glücks teilhaftig zu werden, muss man den Boden dafür bereiten. Es reicht hierfür nicht aus, sich selbst darauf vorzubereiten, sondern man muss diese Idee auch an andere weitergeben und darf sich von Misserfolgen nicht entmutigen lassen. Wir müssen ununterbrochen daran arbeiten, ohne auch nur einen Augenblick zu verschwenden, unermüdlich arbeiten mit Überzeugung und festem Willen, dass wir unser Ziel erreichen werden*[88].

Die Worte des Gefangenen gehen konform mit den Überlegungen von Władysław Tatarkiewicz aus seinem Traktat *O szczęściu [Über das Glück]*[89].

Die Identität des Häftlings beruht auf seiner Willensfreiheit und der Liebe, die Menschen in Freiheit für ihn empfinden. Der Aufenthalt im Lager, das Leben unter unmenschlichen Bedingungen können nicht mit psychischer und geistiger Versklavung gleichgesetzt werden. Die Gefangenschaft, so qualvoll sie auch sein mag, betrifft nur den physischen Bereich. Selbst ein aus einem

---

88 Aus dem Brief von Janusz Pogonowski an seine liebe Mutter, an Irena und Jędruś aus dem KZ Auschwitz vom 25. September 1942. In: J. POGONOWSKI: *Listy z Auschwitz…*, S. 24.

89 Władysław Tatarkiewicz hat geschrieben: *Unter den Arten des Optimismus gibt es eine, die alle möglichen Zugeständnisse an den Pessimismus macht, alle Unvollkommenheiten, Schwächen, Sorgen und Leiden, denen ein Mensch zum Opfer fallen kann, konzediert und bestätigt. Ihren Optimismus setzt sie hingegen in die Tiefe der Dinge und in die Tiefe der Seele hinein. Trotzdem liegen alle Schwächen und Leiden doch in der Tiefe der Dinge, während in der Tiefe der Seele – wenn auch unbegreiflich, ungreifbar, unsichtbar – die Harmonie, Vollkommenheit und Lebensfreude fühlbar sind.* W. TATARKIEWICZ: *O szczęściu [Über das Glück]*. Warszawa 1962, S. 388.

Satz bestehender Kassiber wurde als Akt des Lebens interpretiert. Jeder weitere Brief des Häftlings hatte eine große Bedeutung, er war für den Empfänger eine Bestätigung, dass sein Autor in der Lagerhölle noch lebte. Er gab auch Hoffnung auf die Freilassung des Absenders, ein gemeinsames Leben mit ihm, den Sieg des Guten über das Böse sowie auf ein besseres Morgen.

In den Briefdialog, die Ich-Du-Beziehung, die Interaktion zwischen Absender und Empfänger drängen sich zwei Kräfte artefaktischer Natur hinein: Distanz und das oben genannte Medium. Die Entfernung zwischen dem Schreibenden und Briefleser und das Blatt Papier mit den in einem bestimmten Moment niedergeschriebenen Worten bringen *die Tat und Geste des Gestalters einer kommunikativen (interpretativen) Gemeinschaft* zustande. Dem Absender kommt eine wichtige Rolle zu, man möchte sogar sagen: die Rolle seines Lebens. Er muss alles tun, um sie möglichst gut und möglichst lange als innerlich freier Mensch zu spielen/um zu verharren. Von seiner Darstellung hängt der weitere Ablauf des Briefdialogs ab.

> *Der Brief offenbart mit besonderer Kraft die Dialektik der Selbsterkenntnis – durch die Definition der Sphäre des Möglichen und des Notwendigen*[90].

Es ist daher erforderlich, Maßnahmen zu ergreifen, um die Möglichkeiten des Gefangenen als eines freien Menschen zu erkennen.

Die Autoren von Lagerbriefen schreiben selten schlecht über die anderen und überwinden jeglichen Reflex von Abneigung gegen das Lagerleben und die Menschen. Das Briefeschreiben und die Absicht, darin wichtige Informationen zu übermitteln, verlangten von den Gefangenen nicht selten Einfallsreichtum und Kreativität, und die Zustellung der Korrespondenz an den Empfänger – Unternehmergeist. Gemeint sind dabei zum Beispiel Bitten um bzw. Dankesworte für Geldsendungen:

> *5 Mark habe ich ebenfalls dankend erhalten. 20 Mark vom 30.12. [1940] wurden mir am 5.1. [1941] übergeben – ich kann sie gut verwenden. Ich möchte mich für die beiden Geldsendungen und Eure Grüße herzlich bedanken*[91].

---

90 M. POPIEL: *List artysty jako gatunek narracji epistolograficznej…*, S. 116–117.

91 Ausschnitt aus dem Brief des Priesters Józef Czempiel an seine Schwester Marta, Verwandte und Mitpriester aus dem KZ Dachau vom 9. Januar 1941. In: J. MYSZOR: *Listy ks. Józefa Czempiela z obozów koncentracyjnych Mauthausen – Gusen i Dachau (1940–1942). Edycja tekstów źródłowych i komentarz. [Briefe des Priesters Józef Czempiel aus den Konzentrationslagern Mauthausen-Gusen und Dachau (1940–1942). Zusammenstellung der Quellentexte mit Kommentar].* „Śląskie Studia Historyczno-Teologiczne" 1992–1993, Bd. 25/26, S. 363.

Kassiber oder auch geheime und illegale Briefe, deren Schicksal vom Zeitpunkt des Verfassens bis zu der Lektüre durch den Adressaten im Dunklen liegt, enthalten zahllose dramatische Botschaften. In den Briefen berichten die Häftlinge über ihre Lagerexistenz. Die materiellen Spuren des Lebens der Gefangenen konstituieren in ihrer Materie das Dasein des Verfassers von dem Moment an, in dem sie an die Öffentlichkeit gelangen. Es ist nicht zu leugnen, dass die Briefe, ebenso wie die offizielle Korrespondenz, in der Geschichte des Zweiten Weltkriegs fest verankert sind. Die Umstände ihrer Entstehung und ihr Weg aus dem Lager über den Stacheldraht hinweg überraschen oft mit ungewöhnlichen Wendungen. Heute ist es beispielsweise schwierig, die Route des Kassibers von Jan Cupiał aus Trzebinia zu rekonstruieren, der von Agnieszka Kwaśniewska bei der Durchsicht des von ihrem in Skarszew verstorbenen Bruder hinterlassenen Archivs gefunden wurde. Cupiał schrieb:

> *Liebe Mutter, Brüder und Schwestern. Lebt friedlich zusammen und tut meiner Tochter und meiner Frau kein Unrecht. [...]. Wer diesen Brief findet, wird um der Liebe Gottes willen herzlich gebeten, ihn an die auf dem Umschlag angegebene Adresse zu schicken. Es liegt mir viel daran, das ist alles, mein letzter Wunsch*[92].

Mehr als fünfzig Jahre nachdem Jan Cupiał den Brief geschrieben hatte, gelangte dieser endlich in die richtigen Hände, und zwar an die Tochter des Verfassers – Krystyna Kozub aus Chrzanów. Es ist nicht gelungen feststellen, wie die angeführten Kassiber nach Skarszew kamen und warum sie über ein halbes Jahrhundert von einem Bewohner dieser Stadt aufbewahrt wurden.

Zweifelsohne ging das Schicksal mit manchen Kassibern oder geheimen und illegalen Briefen gütig um, mit anderen – nicht. Jene Briefe, die sich zunächst im Besitz von Angehörigen, professionellen Herausgebern und Verlegern befand und später von ihnen bearbeitet wurden, blieben erhalten, sind in der literarischen Kultur präsent und vor dem Vergessen bewahrt. Sie haben ihr Bestehen einer kleinen Gruppe von Menschen zu verdanken, nicht selten den Vertretern nachfolgender Generationen. Der Verfasser rief sie ins Leben, aber sie wurden von anderen am Leben erhalten – manchmal von den Kindern der Adressaten, manchmal auch von nicht verwandten Personen.

Die Lagerbriefe der Häftlinge haben manchmal ein Doppelleben, dienen mehreren Aufgaben und Zwecken. Die in Familienarchiven befindlichen Originale werden Dritten mit größter Achtung und Sorgfalt zur Verfügung gestellt, um das Papier nicht zu beschädigen. Dies zeugt von der Hochachtung

---

92 A. CYRA: *Pozostał po nich ślad... Życiorysy z cel śmierci [Eine Spur von ihnen ist geblieben... Lebensgeschichten aus dem Todestrakt]*. Oświęcim 2006, S. 12.

der Familienmitglieder gegenüber dem Andenken an ihre Vorfahren sowie vom Wert, den die Briefe für sie darstellen. Andere werden unter Berücksichtigung aller konservatorischen Vorgaben dem breiten Publikum in Museumseinrichtungen zugänglich gemacht. Fragmente ausgewählter Briefe, in denen eine dramatische Verflechtung von allgemeinhistorischer Perspektive und privater Dimension eines Individuums zum Vorschein kommt, werden ausgeschnitten, ja präpariert und in wissenschaftlichen, geschichtlichen oder literarischen Arbeiten exponiert. Einige werden Bestandteile von Berichten, Erinnerungen oder Studien. Die sozialen, kulturellen, historischen und ideologischen Aspekte der Gattung Brief stehen gleichberechtigt neben den sprachlichen und literarischen.

Als distinktives Merkmal der Lagerbriefe wird das Erleben der Welt durch die Häftlinge in den Todesfabriken und das Niederschreiben ihrer Erfahrungen angesehen – auch in den Fällen, bei denen es sich um offizielle Briefe handelt, die im Hinblick auf die Person des Zensors ein hohes Maß an Konventionalität aufweisen. Als Zeitdokumente oder persönliche Geschichten, die für manche Forscher wichtige Ego-Dokumente[93] darstellen, werden die Briefe ebenfalls in literarische Monografien[94] aufgenommen. Es kommt hinzu, dass wir dank der Ego-Dokumente den Menschen in der Geschichte näher kommen.

Die Störung des Rhythmus und der Kontinuität des Briefeschreibens löste bei den Lagergefangenen oft Melancholie[95], Enttäuschung oder sogar

---

93 Der Begriff „Ego-Dokument“ wurde zum ersten Mal von Jacques Presser (1899–1970), dem niederländischen Historiker, Schriftsteller und Dichter, verwendet. Von Winfried Schülze stammt der Text mit dem Titel *Ego-Dokumente. Annäherung an den Menschen in der Geschichte (Selbstzeugnisse der Neuzeit Bd. 2)*. In: *Ego-Dokumente. Annäherung an den Menschen in der Geschichte*. Hrsg. von W. SCHÜLZE. Berlin 1996, S. 11–30.

94 Es sei darauf hingewiesen, dass dafür sowohl grundlegende theoretische Kenntnisse der genetischen Kritik als auch die Fähigkeit, das kritische Modell in die Praxis umzusetzen, erforderlich sind. Eine interessante Veröffentlichung zur genetischen Kritik ist *Pracownia Herberta. Studia nad procesem tekstotwórczym [Herberts Werkstatt. Studien zum Texterstellungsprozess]*. Hrsg. von M. ANTONIUK. Kraków 2017.

95 „Weltschmerz“, „jaskółczy niepokój“, „spleen“, „ennui“, „taedium vitae“ – sind nur ausgewählte Bezeichnungen für den Begriff „Melancholie“, der sich in der europäischen Kultur rasch verbreitet hat. Vgl. W. BAŁUS: *Mundus melancholicus. Melancholiczny świat w zwierciadle sztuki [Mundus melancholicus. Melancholische Welt im Spiegel der Kunst]*. Kraków 1996. Vgl. auch: M. BIEŃCZYK: *Melancholia. O tych, co nigdy nie odnajdą straty [Melancholie. Über jene, die Verlorenes nie wieder finden werden]*. Warszawa 1998. Melancholisches Erleben der Welt ist kennzeichnend für Menschen am Ende ihres Lebens. Laut Aristoteles sollte die Melancholie mit der

Gereiztheit aus. Vielleicht hängt das damit zusammen, dass die Gestaltungsmöglichkeiten fehlten oder gänzlich abhandengekommen waren oder damit, dass der Mensch das Gefühl verloren hatte, die Macht und Kraft zu besitzen, um das eigene Leben zu beeinflussen. Die Korrespondenz spiegelt mit ihrem Rhythmus und ihrer Kompaktheit die Grundsätze der Mitgestaltung wider, die den Wert des Lebens ausmachen. Wenn der Absender Maßnahmen ergreift, um Kassiber oder geheime und illegale Briefe aus dem Lager zu schmuggeln, riskiert er sein Leben wie nie zuvor in der Geschichte der Epistolografie. Er misst dem Briefdialog eine außerordentliche Bedeutung bei. Der Briefwechsel wirkt sich aufmunternd auf den Gefangenen aus, er erhebt sich symbolisch wie ein Phönix aus der Asche, gestärkt durch die Worte des Empfängers. An dieser Stelle ist es angebracht, eine längere Passage aus einem Brief von Janusz Pogonowski zu zitieren, der in den Kassibern die Lagerhölle, seine dramatischen Erlebnisse sowie seine jugendliche Sehnsucht nach Freiheit und den geliebten Menschen, von denen er weggerissen worden war, schilderte. Illegale Briefe sind ein erschütterndes Zeugnis, ein Beispiel für die Bestialität der Besatzer gegenüber dem polnischen Volk, wodurch der Friede und das Leben von Millionen Familien zerrüttet wurden. Die Kassiber machen deutlich, wie der Verfasser in Apathie und Einsamkeit versank und mit seiner Sehnsucht und Entfremdung zurechtzukommen versuchte. Der Autor des Kassibers berichtet:

> *… nicht einmal stand ich völlig ratlos da, ließ den Kopf hängen, bemühte mich, gedankenlos zu bleiben, sämtliche Gefühle aus meiner Seele zu verbannen, einem Tier ähnlich zu sein. Tag für Tag fiel ich tiefer und tiefer, in einen Abgrund der Gedankenlosigkeit, aus dem herauszukommen es sehr schwer ist. (…) Und das ging ziemlich lange so – bis ich durch Basia mit Euch eine Verbindung herstellte.*
> *Den Tag, an dem mich der erste Brief von Euch erreichte, werde ich sicherlich nie vergessen. Es war wahrscheinlich der schönste Tag in meinem Leben. Die ersten Worte der Ermutigung klangen so warmherzig, so innig, so liebevoll. Meine Lebensgeister erwachten wieder. Ich begann wieder zu leben. Bis dato hatte ich mich sehr einsam, verlassen gefühlt. Ich war verschlossen, hatte keine Freunde. Ich grämte mich sehr darüber, aber ich hatte niemanden, dem ich meinen Kummer hätte anvertrauen können. Und dann brach eine viel bessere Zeit für mich an. Ich wusste, dass jemand stets an mich dachte*

---

psychischen Veranlagung genialer Personen verbunden sein. Vgl. W. BAŁUS: *Mundus melancholicus…*; A. KĘPIŃSKI: *Melancholia [Melancholie]*. Kraków 2001, S. 101. Man muss hinzufügen, dass bei Józef Tischner interessante Erläuterungen über Kierkegaards Gedanken zur Melancholie zu finden sind. Dem Zustand der Melancholie gehe ein Wahlakt voraus, während sich die Entscheidung selbst auf die Verzweiflung beziehe. Vgl. J. TISCHNER: *Spór o istnienie człowieka. [Der Streit um die Existenz des Menschen]*. Kraków 1998, S. 314–316.

und mich liebte. Es trafen immer mehr Briefe ein und meine Stimmung wurde immer besser[96].

Die dramatischen emotionalen Spannungen in der offiziellen und inoffiziellen Korrespondenz beziehen sich nicht nur auf den Wunsch, freigelassen zu werden. In den Briefen wird in erster Linie zum Ausdruck gebracht, wie ein Mensch, der existenzielle Freiheit schätzt, durch das totalitäre System unterdrückt und in die Enge getrieben wird. Die Lage ist besonders bitter für jene Personen, für die das Zuhause und die Familie besondere und vertraute Orte waren. Die Lagerbriefe liefern einen weiteren Beweis für die Tapferkeit und heroische Haltung der von den Besatzern drangsalierten Menschen, die mit vollem Bewusstsein ihre Ziele, Regeln und Werte pflegen. Das ist ein weiteres Zeugnis für Unerschütterlichkeit, Mitgefühl, Empathie und Glauben – sowohl der Gefangenen als auch derjenigen, die mit ihnen korrespondiert haben.

Die Narration der von KZ-Häftlingen verfassten Briefe hat ihren Handlungsstrang – sie ist geprägt vom Gedanken an die Befreiung. In der Korrespondenz mancher Briefschreiber – wie Gustaw Morcinek, Teodor Musioł oder Janusz Pogonowski – kann man nachvollziehen, wie sie zu dem Schluss kamen, dass eine vorzeitige Entlassung aus dem Lager trotz eifriger (offener und heimlicher) Anstrengungen und Bemühungen der Familie nicht möglich sein würde:

Was die Bemühungen in meiner Sache angeht, so rate ich Euch dringend, damit aufzuhören. In dieser Situation macht es keinen Sinn, es ist schade um das Geld, von dem Ihr wahrscheinlich nicht viel habt[97].

Aus der Analyse der Erzählstruktur von offiziellen Briefen lässt sich schlussfolgern, dass es sich bei den darin geschilderten Ereignissen um offizielle Treffen mit Mitgefangenen, meistens auf dem Lagergelände, das Absenden und Empfangen von Briefen und Lebensmittelpaketen von Angehörigen, Bitten um zusätzliche Geldmittel und Pläne für eine Zukunft „nach dem Lager" handelt. Es gibt dort auch Episoden aus dem Leben der Adressaten, Meinungen und Gerüchte, die den Gefangenen erreichen und das Handlungstempo diktieren. Die in den Briefen angesprochenen Angelegenheiten sind lediglich kleine Wegweiser auf der Karte des Lebens, Signale, wohin das Leben der Adressaten steuert. Sehr interessant kann ein Vergleich des ersten und des letzten Briefes aus

96 Aus dem Brief von Janusz Pogonowski an seine Mutter, an Irena und Jędruś aus dem KZ Auschwitz vom Oktober 1942. In: J. POGONOWSKI: *Listy z Auschwitz…*, S. 26–27.

97 Aus dem Brief von Janusz Pogonowski an seine Mutter, an Irena und Jędruś aus dem KZ Auschwitz vom Oktober 1942. Ebd., S. 29.

der Feder von demselben Häftling (Absender) sein. In diesem Register mangelt es nicht an Höhen und Tiefen der Hoffnung, der Glaube wechselt sich mit dem Unglauben ab, das Gewöhnliche mit dem Außergewöhnlichen, die Nachdenklichkeit mit emotionaler Spannung. Die „Freude am Lesen" wird erst wirklich groß, wenn man aus dem letzten Brief, der meist bereits nach der Befreiung des Lagers verschickt wurde, erfährt, dass der Häftling am Leben geblieben ist, die Hölle überlebt, den Alptraum überwunden hat, dass Gerechtigkeit und Freiheit triumphiert haben. Das Prinzip der linearen und kausalen Abfolge gilt weder für die Lagerbriefe noch für die Kriegswirklichkeit. Obwohl der Absender und Empfänger die wichtigsten Ereignisse akribisch festhalten, können sie nicht sicher sein, ob ihre Arbeit vom Zensor nicht zunichte gemacht wird. Das sorgfältige Erfassen von Ereignissen in den Briefen bringt sie nicht in die richtige Reihenfolge. Die Vorgehensweise der Lagerzensur offenbart das Recht des Zensors zu entscheiden, welche Inhalte gefährlich oder unangemessen für einen privaten Brief sind, was für den Absender und Empfänger nur schwer zu akzeptieren ist. Die körperliche Gefangenschaft wird von der geistigen begleitet (u.a. das Verbot, polnische Bücher zu lesen, insbesondere die mit aufmunterndem Inhalt, und sich an Bildungsmaßnahmen zur Stärkung der patriotischen Gefühle unter den Häftlingen zu beteiligen). Die Häftlinge versuchen, die Lage, in der sie sich befinden, mit der sie sich nicht identifizieren können und die bei ihnen das Gefühl der Ungerechtigkeit auslöst, rational zu begründen. Obwohl sie nicht damit einverstanden sind, in dieser Lage zu verbleiben, lassen sie es in ihren Briefen nicht anklingen, um beim Empfänger weder das Gefühl von Angst noch des Verlustes hervorzurufen. Mithilfe der Korrespondenz versuchen sie, sich in der Welt, in der sie sich plötzlich und wider eigenen Willen befinden, zurechtzufinden. Sie sind weit davon entfernt, passiv zu bleiben oder die Rolle eines Beobachters anzunehmen, verfügen allerdings über keine Möglichkeiten und Mittel zu handeln, abgesehen von dem Brief als einem offiziellen oder illegalen Medium.

Die Lagerkorrespondenz zeigt, dass die Briefe für ihre Verfasser paradoxerweise zu einem Raum der Freiheit geworden sind. Und obwohl der Briefwechsel bloßlegt, in welchem Ausmaß der Gefangene zu einem Objekt degradiert war, wirken sowohl der Akt des Briefeschreibens als auch die Briefe selbst der Freiheitseinschränkung des „Ich" des Absenders entgegen. Sie errichten sozusagen einen Schutzwall gegen die Abgeschiedenheit des briefeschreibenden Menschen, der seine existenzielle Freiheit, vor allem aber seinen freien Willen, über alles schätzt.

Zweiter Teil

Ich bin gesund und es geht mir gut…

Die offizielle Korrespondenz aus Lagern und Gefängnissen

Der Brief sollte *ein Abbild der Seele*[98] des Schreibenden enthalten und somit die Persönlichkeit des Verfassers zum Vorschein kommen lassen. Diese grundlegendste Voraussetzung dieser Gattung konnte von den Absendern der Briefe aus Lagern und Gefängnissen des Dritten Reiches nicht vollständig erfüllt werden. Den KZ-Häftlingen war es nicht gestattet, in der offiziellen Korrespondenz[99] – bestehend aus vier linierten Seiten[100] – über ihr Leben hinter dem Stacheldraht

98 Z. SUDOLSKI: *Polski list romantyczny [Der polnische Brief in der Romantik].* Kraków 1997, S. 9.

99 Man muss darauf hinweisen, dass der Lager- bzw. Gefängnisbrief, der in vier Gattungsformen vorkommen kann, als Gebrauchsbrief mit rein pragmatischen Funktionen einzustufen ist. Zu den charakteristischen Merkmalen der offiziellen Korrespondenz zählten: konkrete Kategorie des Absenders und des Adressanten, welcher oft wichtiger als Absender war; Bezüge auf halbdialogische oder dialogische Ausdrucksformen; schriftlicher Charakter des Briefes, der an die Umgangssprache anknüpft; Vorhandensein mancher Komponenten – Bestandteile des Briefes: die sog. Überschrift, Grußworte an den Empfänger, Datum und Ort der Absendung/Verfassung, Schlussformel (Grüße, Respektsbekundung), Unterschrift des Verfassers usw.

100 Auf der ersten der vier linierten Seiten waren die von dem *Lagerkommandanten* unterzeichneten Anweisungen zur Korrespondenz sowie die personenbezogenen Daten des Häftlings gedruckt. Die Korrespondenz unterlag strengen Anordnungen, die sowohl den Inhalt als auch die Form der Briefe betrafen. Die Korrespondenz musste auf Deutsch geführt werden. Laut einer weiteren Anordnung der Lagerleitung musste die Korrespondenz leserlich und mit Tinte verfasst werden. Im Grunde genommen war alles verboten, insbesondere die Übermittlung jeglicher Informationen über das Lager, die Situation der Häftlinge, Bezichtigungen, Strafen, Arbeit, Hunger, Leiden und Verfolgungen. Aus diesen Gründen gibt die „leichte" Lektüre der Briefe oft nicht die Tragödie wieder, die sich zwischen trivialen Sätzen über das Wetter und die Zusicherungen hinsichtlich des Wohlergehens verbirgt. Die vollständigen Anweisungen zur Korrespondenz (gedruckt auch auf den Briefumschlägen) lauteten folgenderweise:
Konzentrationslager Auschwitz
Folgenden Anordnungen sind beim Schriftverkehr mit Gefangenen zu beachten:
1.) Jeder Schutzhaftgefangene darf im Monat zwei Briefe oder zwei Karten von seinen Angehörigen empfangen und an sie absenden. Die Briefe an die Gefangenen müssen gut lesbar mit Tinte geschrieben sein und dürfen nur 15 Zeilen auf einer

zu berichten. Denn die Lagerordnung hat ihnen das indirekt untersagt. Die Briefe an die Angehörigen wurden auf Deutsch geschrieben, weil die polnische Sprache verboten war[101], zu einer bestimmten Zeit, in der Regel am Sonntag[102],

---

Seite enthalten. Gestattet ist nur ein Briefbogen normaler Größe. Briefumschläge müssen ungefüttert sein. In einem Briefe dürfen nur 5 Briefmarken à 12 Pfennig beigelegt werden. Alles andere ist verboten und unterliegt der Beschlagnahme. Postkarten haben 10 Zeilen. Lichtbilder dürfen als Postkarten nicht verwendet werden.
2,) Geldsendungen sind gestattet.
3.) Es ist darauf zu achten, dass bei Geld- oder Postsendungen die genaue Adresse, bestehend aus: Name, Geburtsdatum, und Gefangenen-Nummer, auf die Sendungen zu schreiben ist. Wenn die Adresse fehlerhaft ist, geht die Post an den Absender zurück oder wird vernichtet.
4.) Zeitungen sind gestattet, dürfen aber nur durch die Poststelle des K.L. Auschwitz bestellt werden.
5.) Pakete dürfen nicht geschickt werden, da die Gefangenen im Lager alles kaufen können.
6.) Entlassungsgesuche aus der Schutzhaft an die Lagerleitung sind zwecklos.
7.) Sprecherlaubnis und Besuche von Gefangenen im Konzentrations-Lager sind grundsätzlich nicht gestattet.
Der Lagerkommandant
Vgl. B. MIELNICKA: *Listy z Auschwitz [Briefe aus Auschwitz].* In: „Archiwariusz Zamojski". Hrsg. von K. CZUBARA, A. KĘDZIORA, B. SZYSZKA. Zamość 2006, S. 82.

101 Die Passage stammt aus dem Brief des Künstlers Zenon Waśniewski an seine Frau Michalina Waśniewska aus dem KZ Auschwitz vom 21. Mai 1944. Vgl. Z. WAŚNIEWSKI: *Kocham! Przez kraty. Listy więzienne i obozowe [Ich liebe Dich! Durch Gitter hindurch. Briefe aus der Gefangenschaft].* Bearbeitet und mit einem Vorwort versehen von R. CZYŻYK. Chełm 2016, S. 95.

102 Henryk Perkowski erinnert sich: *Meistens war ein Sonntag für das Schreiben vorgesehen. Geschrieben haben alle im Lager (sofern man jemanden hatte, an den man schreiben konnte). Wir, aus Białystok hatten nirgendwohin zu schreiben und niemanden, von dem wir Briefe erhalten konnten, weil die Gebiete um Białystok ab der zweiten Hälfte September 1944 von der sowjetischen Armee besetzt waren. Jene, die im westlichen Teil Polens (Großpolen, Krakauer Gegend) lebten, erhielten Briefe und sogar Pakete mit Lebensmitteln oder Kleidungsstücken wie Pullover, Handschuhe, Socken.* H. PERKOWSKI: *Przeżyć każdy dzień. Wspomnienia obozowe 1944–1945 [Jeden Tag überleben. Lagererinnerungen 1944–1945].* Hrsg. von P. SOBIESZCZAK. Łapy 2014, S. 44.
Am Sonntag arbeiteten manche Kommandos, während die übrigen Häftlinge ihre Pflichtaufgaben wie Putzen und Ausbessern der Kleidung bzw. Läuseappell zu erledigen hatten. Auch Briefe durften an diesem Tag geschrieben werden. Dies war die einzige Möglichkeit, mit den Angehörigen zu kommunizieren. Laut der

und mit dem Bewusstsein, dass ein Zensureingriff bestimmte Strafen nach sich ziehen würde, unter anderem das Korrespondenzverbot. Deswegen mussten es die Schreibenden bei schablonenhaften, eindeutigen Formulierungen bewenden lassen. Die Analyse der bisher veröffentlichten Sammlungen von Lager- und Gefängnisbriefen[103] lässt die Schlussfolgerung zu, dass die Korrespondenz eine recht klare Vorstellung vom Lager-Universum hervorruft, in dem die

---

Lagerordnung konnte ein Gefangener einen oder zwei Briefe pro Monat verschicken und mehrere erhalten. Die Lagerbehörden und Blockältesten durften den Versand oder Empfang von Korrespondenz wegen verschiedener Verstöße verbieten. Briefe aus dem Lager wurden von der Postzensurstelle, die mit SS-Funktionären besetzt war, zensiert. Die Lagerordnung verlangte, dass die Korrespondenz in deutscher Sprache auf einem speziellen Briefformular geschrieben werden musste. Auf einer zusammengelegten A4-Seite in Querformat konnte man zwei Spalten mit je fünfzehn Zeilen aufschreiben. Ohne Rücksicht auf den aktuellen Gesundheitszustand des Schreibenden war der Satz: „Ich bin gesund und es geht mir gut" obligatorisch. Wenn ein Häftling versuchte, unangemessene oder verbotene Informationen zu übermitteln, wurden diese von den SS-Zensoren weggestrichen. Oft wurde der Brief gar nicht abgeschickt und sein Verfasser wurde selbstverständlich zusätzlich bestraft. J. KLISTAŁA: *Żołnierze rybnickiego ZWZ/AK, POP, PTOP w obozach koncentracyjnych: Auschwitz-Birkenau, Mauthausen, Gusen, Dachau, Ravensbrück, Buchenwald, Majdanek, Oranienburg, Sachsenhausen, Flossenbürg… i innych [Die Soldaten von ZWZ/AK, POP, PTOP aus Rybnik in den Konzentrationslagern: Auschwitz-Birkenau, Mauthausen, Gusen, Dachau, Ravensbrück, Buchenwald, Lublin-Majdanek, Oranienburg, Sachsenhausen, Flossenbürg… und anderen].* Bielsko-Biała 2008, S. 127–128.

103 Bei den Absendern der bisher veröffentlichten Lagerbriefe handelte es sich um Häftlinge, die aus verschiedenen Gründen oder ohne ersichtliche Ursache inhaftiert worden waren. Die Empfänger der Korrespondenz waren ihre nächsten Angehörigen, an die sie gemäß der Lagerordnung ein- bis zweimal im Monat Briefe schreiben durften. Die Erben, welche in die Veröffentlichung der privaten Briefe einwilligen, müssen darauf bedacht sein, dass das Andenken an ihren im Lager inhaftierten Vorfahren nicht beschmutzt wird. Die offizielle Korrespondenz dokumentiert Versuche, die Hoffnung auf ein Leben im freien Polen auszudrücken; die Schreibenden unterstrichen ebenfalls ihre Liebe zum Heimatland. Die Absender der Lagerbriefe, die sich mehrfach auf Gott beriefen, legten Zeugnis von ihrer Religiosität ab. Die briefeschreibenden Häftlinge hegten Gefühle für die Empfänger, liebten ihre Familien, den Allmächtigen und ihre Heimat. Durch ihre Haltung im Lager blieben sie allen Werten treu, die sie vor der Inhaftierung als maßgebend für ihr Leben in Freiheit gehalten hatten. Das musste nicht immer die Wahrheit gewesen sein. Man muss anmerken, dass in den inoffiziellen Briefen der üblicherweise angerufene Gott sowie der deklarative und postulative Patriotismus seltener zu finden sind.

Häftlinge Beteiligte und Opfer waren. Das Aufzeichnen von Lagererlebnissen in der offiziellen Korrespondenz verlangte von ihnen, die größte Distanz gegenüber dem Lager zu wahren. In den inoffiziellen Briefen wird das Aufzeichnen einerseits zu einem unzensierten Hilferuf, andererseits zum dokumentierten Beweis für Verbrechen. In der literarischen Korrespondenz bietet es hingegen eine vollständigste Botschaft – frei von Zensurbeschränkungen und dem Stillen elementarer Bedürfnisse, wie die Rettung des Lebens. Die offiziellen Briefe aus den KZs und Gefängnissen sind reich an Passagen, die auf eine zensurbedingte Konventionalisierung der Botschaft zurückzuführen sind. Es ist daher unmöglich, diese Korrespondenz als den authentischsten Ausdruck von Anschauungen, Bewertungen und Gefühlen der Gefangenen zu lesen. Die Zensur zwang die Schreibenden, in der offiziellen Lagerkorrespondenz allerhand förmliche Formulierungen zu verwenden:

> [...] *ich danke für Deinen liebevollen Brief vom 5.X* [...]. *Bei mir ist alles beim Alten*[104]; *Soeben ist der ersehnte Brief von Dir eingegangen. Ich bin auch gesund, genauso wie Ihr, und alles ist in bester Ordnung. Es ist sehr gut, dass Du den Brief geschrieben hast, obwohl meiner noch nicht angekommen ist*[105]; *Ich bin völlig gesund. Aber ich weiß nicht, wie es bei Euch läuft*[106],

oder wie in dem kurzen Brief von Henryk Perkowski, der von seiner Schwester aufbewahrt wird: *Ich bin gesund und zufrieden*[107]. Die Briefe enthalten keine Informationen über unmenschliche Körperstrafen, Prügel, Demütigungen, zerstörerische psychische Qualen, überwältigende Angst, Hunger,

---

104 Die Passage stammt aus dem Brief von Marian Serejski an seine Frau Janina aus dem KZ Auschwitz vom 26. Oktober 1941. *Jestem zdrów i czuję się dobrze... Oświęcimskie listy Mariana Henryka Serejskiego [Ich bin gesund und es geht mir gut... Die Auschwitz-Briefe von Marian Henryk Serejski]*. Bearbeitet von K. SEREJSKA OLSZER. Oświęcim 2007, S. 95.

105 Ausschnitt aus dem Brief des seliggesprochenen Priesters Stefan Wincenty Frelichowski an seine Mutter aus dem KZ Dachau vom 28. November 1942. *Błogosławiony ks. Stefan Wincenty Frelichowski. Listy obozowe [Der seliggesprochene Priester Stefan Wincenty Frelichowski. Lagerbriefe]*. Bearbeitet, übersetzt und mit einem Vorwort versehen von M. NĘDZEWICZ. Toruń 2005, S. 109.

106 Ausschnitt aus dem Brief von Henryk Kormański an seine Mutter Elżbieta Kormańska und seinen Bruder Tadeusz aus dem KZ Auschwitz vom 10. August 1941. B. MIELNICKA: *Listy z Auschwitz...*, S. 82.

107 Ausschnitt aus dem Brief von Henryk Perkowski an seine Schwester Helena (Helena hat ihrem Bruder am 24. November 1944 einen Brief geschickt, der nicht erhalten geblieben ist, weil er dem Gefangenen in einem der Lager abgenommen wurde). H. PERKOWSKI: *Przeżyć każdy dzień. Wspomnienia obozowe 1944–1945...*, S. 44.

Todestransporte oder Hinrichtungen. Über das Leiden wird kein Wort verloren, denn erstens – wie bereits erwähnt – wurde der Inhalt der Briefe von der Lagerzensur kontrolliert, zweitens wollten die Gefangenen selbst ihre Angehörigen nicht beunruhigen. Sie verstanden, dass allein das Bewusstsein ihrer Familien, dass sie sich in einem laut NS-Propaganda für die Umerziehung von Sträflingen vorgesehenen Lager befanden, genügend Grund für Kummer und Sorge gab. In der Korrespondenz blieben ihre Ängste, traumatische Erfahrungen, Zusammenbrüche, Niederlagen und Zweifel unausgesprochen, nicht nur, weil niemand darüber schreiben durfte, sondern vor allem, weil es unmöglich war, die Realien des Lageralltags bzw. Lebens in Gefangenschaft in Worte zu fassen: *Davon, was sich hier abspielt, hast Du wohl keine Ahnung. Man muss hier sein, es mit eigenen Augen sehen, um alles zu begreifen*[108]. Wie könnte man es denn seiner geliebten Frau, Mutter, seinen Kindern oder Nächsten klarmachen, dass man täglich grausamen Massenmorden und bestialischen Verbrechen an Menschen zusehen muss? Durfte man den Angehörigen mit der Lagerhölle und dem Grauen des Todes vertraut machen[109]? Die offiziellen Lagerbriefe, mit denen der Absender die Stacheldrahtgrenze überwinden kann, da er sich direkt an den Empfänger wendet, erlauben es, dank ihrer Affektivität und der geballten emotionalen Ladung das Thema der in unserer Zivilisationsgeschichte beispiellosen Barbarei im Umgang mit anderen Menschen näherzubringen. Auch unter den Briefen aus Lagern und Gefängnissen[110] finden sich ergreifende,

108 Ausschnitt aus dem Brief von Wanda Lubelska an Halina Grabowska „Zeta" vom 22. Dezember 1940. W. LUBELSKA: *Listy z getta [Briefe aus dem Ghetto]*. Warszawa 2000, S. 27.

109 *Die Anpassung an das Leben im Konzentrationslager erforderte unter anderem, dass man sich an den Anblick des Grauens des Todes gewöhnte und dabei über die in der zivilisierten Welt herkömmlichen Rituale beim Umgang mit dem Tod hinwegsah.* A. KĘPIŃSKI: *Rytm życia [Der Rhythmus des Lebens]*. Kraków 2012, S. 129.

110 Als Gefängnisbriefe werden von mir Texte bezeichnet, die an einen wirklichen Empfänger (in der Regel an die engsten Familienangehörigen) von einem individuellen Absender gerichtet wurden, der in einem deutschen Gefängnis unter der Aufsicht von Vertretern des Dritten Reiches (z.B. in Berlin) inhaftiert war. Die Verfasser der analysierten Briefe waren Polen, die sich vor ihrer Verhaftung für die Unabhängigkeitsbewegung engagiert, Flüchtlingen aus den besetzten Ländern Hilfe geleistet und an Sabotageaktionen teilgenommen hatten. Die Gefängnisbriefe können als frei formulierte Berichte über einen Gefängnisaufenthalt angesehen werden, die Aufzeichnungen von Beobachtungen, Überlegungen und Kommentaren des Absenders enthalten. Der Brief aus dem Gefängnis – ein spezifisches Dokument, in dem die letzten Monate bzw. Tage des Lebens eines zum Tode Verurteilten festgehalten wurden – bezog sich auf wichtige Lebensfragen des

nicht selten kunstvolle Texte[111]. Sie leben ihr eigenes Leben, ungeachtet dessen, ob der gerührte Leser ihren Verfasser gekannt hat oder nicht. Mittels einiger scheinbar trivialer Worte, ein paar Zeilen über ein gutes Wohlbefinden, wird ein miterlebender Leser-Zeuge geschaffen. Dabei muss man betonen, dass der formale Charakter des offiziellen Lagerbriefs die Wiederholbarkeit seiner mehr oder weniger konstitutiven Bestandteile erzwang. Nichtsdestoweniger ist die in Lagern und Gefängnissen entstandene Epistolografie trotz der sog. objektiven, zensurbedingten Schwierigkeiten als Zeitzeugnis zu betrachten. Der Leser kann in vielen Fällen die Wahrheit über die Lagerwirklichkeit nachvollziehen. Das heißt aber noch lange nicht, dass alle Briefschreibenden ihre wahren Gefühle kundgetan haben. Die Notwendigkeit, zu einem informierenden Brief zu greifen, war durch rein utilitäre, pragmatische Gründe diktiert. Es scheint jedoch, dass das Hauptziel die Darstellung des Lageralltags bleiben sollte, um die belastende Schuld und Verantwortung sowohl für das Leid der Häftlinge als auch ihren Kampf ums Überleben zu verspüren.

Die paraphrasierten Worte über Bücher von Romain Rolland legen die Schlussfolgerung nahe, dass man nie einen Brief liest. Man liest darin sich selbst, um sich selbst zu erkennen oder zu überprüfen. Die objektivsten Briefe führen zugleich am leichtesten in die Irre. Der beste Brief ist nicht der, dessen Inhalt wie eine auf ein Papierband aufgeschriebene Telegrafennachricht im Gehirn nachhallt, sondern ein solcher, der mit einem lebenspendenden Ruf andere Leben weckt, von einem zum anderen seine Flamme überträgt, sie mit vielerlei Inhalten anfacht und als diese zu einem Großbrand wird, von Wald zu Wald zieht[112]. Das Schreiben, aber auch das Lesen von Briefen war möglicherweise ebenfalls ein wirksamer Schutz gegen schwerwiegendere Symptome

---

Gefangenen. Es ist erwähnenswert, dass sich die Soziologie auch heute noch mit den Subkulturen in Gefängnissen befasst. Polonisten wie Czesław Hernas haben sich bereits in den 1980er Jahren mit der Gefängnisfolklore befasst.

111 Mehr über die Interessengebiete von Historikern und Literaturwissenschaftlern bzw. den Unterschied zwischen Aufgabenfeldern der Textologie in den beiden Fachbereichen kann man lesen in: Konrad GÓRSKI: *Tekstologia i edytorstwo dzieł literackich [Textologie und Editionstechnik literarischer Werke].* Warszawa 1975, S. 161–165.

112 R. ROLLAND: *Trzy błyskawice [Drei Blitze].* In: IDEM: *Świadek epoki. Dziennik, publicystyka, krytyka, korespondencja* (auf Deutsch erschienen unter dem Titel: *Die Reise nach innen: Traum eines Lebens).* Ausgewählt und mit einem Vorwort versehen von M. ŻUROWSKI. Warszawa 1965, S. 65.

der sog. „Stacheldrahtkrankheit"[113]. Im Bewusstsein der Unwägbarkeiten des Schicksals, der Wirren der Geschichte sowie der Unmöglichkeit, über das eigene Leben zu entscheiden, kommen die Gefangenen dem, was man Glück nennt, mit Gelassenheit entgegen. Sie wollen nicht in Hirngespinsten leben, obwohl sie sich mit aller Kraft wünschen, dass ihre Träume in Erfüllung gehen. Sie wünschen sich dies für sich selbst und für ihre Angehörigen:

> *Pela, Anfang nächsten Monats ist unser sechster Hochzeitstag. Unter normalen Umständen ist dies eine Gelegenheit für die Eheleute, Glückwünsche auszutauschen. Die Bedingungen unseres Lebens in den letzten Jahren können jedoch nicht als normal angesehen werden. Von den sechs Jahren, die wir verheiratet sind, war ich vier Jahre von Dir getrennt. Ich weiß also nicht, ob ich Dir Glück wünschen oder mein Beileid aussprechen soll. Mir kommt es am besten vor, beides zu tun. Unser sehnlichster Wunsch ist, dass wir in Kürze wieder zusammen sein können. Möge uns die Hoffnung trösten, dass dieser Wunsch vielleicht schon bald in Erfüllung geht*[114].

Józef Kachel[115] erlangte nach der Besetzung Buchenwalds[116] durch amerikanische Truppen seine Freiheit zurück. Nach dem Krieg engagierte er sich intensiv für soziale Belange, vor allem bei den Pfadfindern, u.a. als Kommandant des unabhängigen Pfadfinderkommandos für Oppelner Schlesien, das aus dem

113 Es sei auf folgende Passage aus dem Tagebuch von Marek Sadzewicz hingewiesen: *Wer mehr als ein halbes Jahr im Kriegsgefangenenlager verbrachte, erlag unwiderruflich der sog. Stacheldrahtkrankheit, während ein anderer geradewegs und unverblümt durchdrehte.* Dieses „Durchdrehen" manifestierte sich ebenfalls im Schreiben. Vgl. M. SADZEWICZ: *Oflag II D Gross-Born [Oflag II D Gross-Born].* Warszawa 1977, S. 7 und 13.

114 Ausschnitt aus dem Brief von Józef Kachel an seine Frau Paulina vom 29. August 1943. J. KACHEL: *Listy z Buchenwaldu [Briefe aus Buchenwald].* Zum Druck vorbereitet und mit einem Vorwort versehen von M. LIS. Opole 1988, S. 168.

115 Józef Kachel starb in der Nacht vom 10. auf den 11. November 1983. Seinem Wirken ist es unter anderem zu verdanken, dass 1983 beim Muzeum Czynu Powstańczego [Museum der Schlesischen Aufstände] in Góra Świętej Anny eine Sektion des Związek Harcerstwa Polskiego [Polnischer Pfadfinderverband] in Deutschland zum Gedenken an dessen Beitrag zur Bewahrung des Polentums in Oppelner Schlesien eröffnet wurde. Für seine Verdienste um die Erhaltung des Polentums auf ethnisch polnischen Gebieten, seinen Beitrag zum Wiederaufbau des Lebens nach dem Krieg sowie sein soziales Engagement wurde Józef Kachel mit zahlreichen nationalen und regionalen Auszeichnungen geehrt.

116 Über die Lage, Größe und Struktur des KZ Buchenwald kann man lesen in: Eugeniusz KOGON: *Państwo SS. Organizacja i funkcjonowanie niemieckiego obozu koncentracyjnego [Der SS-Staat. Das System der deutschen Konzentrationslager].* Übers. von I. EWERTOWSKA-KLAJA. Zakrzewo 2017, S. 89–97.

Kommando des Fähnleins Schlesien[117] ausgegliedert wurde. Franciszek Ogon[118] erlebte wie Józef Kachel die Befreiung des Konzentrationslagers Gusen, allerdings war es ihm nicht vergönnt, zu seinen Nächsten zurückzukehren, da er an den Folgen extremer Erschöpfung starb. Wenn man die Schicksalswege der beiden Söhne Schlesiens gegenüberstellt, kann man nur schwer verstehen, warum die Schicksalsgöttinnen Vätern kleiner Kinder einen solchen Lebensfaden gesponnen haben und warum der Lebensfaden von Franciszek Ogon genau dann durchgeschnitten wurde, als bereits bekannt war, dass er die Hölle des Konzentrationslagers Auschwitz, die Evakuierung auf dem Todesmarsch, die Qualen und Leiden in den Lagern KZ Melk und KZ Gusen überstanden hatte. Sein Schicksal erscheint tragisch und unergründlich. Wie viel Hoffnung, Sehnsucht und Liebe birgt in sich das vergilbte Blatt Papier, auf dem Franciszek Ogon am 23. Mai 1945 in Gusen handschriftlich die bedeutungsvollen Worte niederschrieb:

> *Heißgeliebte Gattin, meine lieben Kinder!*
> *Mit größter Freude kann ich Euch mitteilen*[119]*, dass wir am 5. 05.*[120] *von den Amerikanern aus der deutschen Gefangenschaft befreit wurden. Es geht mir gut und ich rechne damit, in Bälde zu Euch zurückzukehren. Ich bin gespannt, wie es Euch geht und ob Ihr alle am Leben seid. Meine Sehnsucht nach Euch ist sehr groß und ich möchte Euch so bald wie möglich umarmen und küssen. Ich sende an alle meine allerherzlichsten Grüße und Dich, meine liebste Marysia und Euch, meine lieben Kinder, umarme und küsse ich tausend Male. Euer sich nach Euch sehnender und Euch liebender Franek.*

---

117 Vgl. Z. KOWALSKI: *Dzieje organizacji młodzieżowych na Śląsku Opolskim (1945–1948) [Die Geschichte der Jugendorganisationen in Oppelner Schlesien (1945–1948)]*. Opole 1986, S. 26.

118 Vgl. J. KLISTAŁA: *Martyrologium mieszkańców ziemi rybnickiej, Wodzisławia Śląskiego, Żor, Raciborza w latach 1939–1945 – słownik biograficzny [Martyrologium der Einwohner von Rybnik, Wodzisław Śląski, Żory, Racibórz in den Jahren 1939–1945 – Biografisches Wörterbuch]*. Bielsko-Biała 2006, S. 239.

119 *Franciszek Ogon war einer von jenen, die die schrecklichen Lagerbedingungen überlebt haben. Nach der Befreiung freute er sich, dass er überlebt hatte und sehnte sich stark nach seinem Zuhause, seiner Frau und seinen Kindern. Durch einen Häftling, der unmittelbar nach der Befreiung in die Nähe von Rybnik zurückkehrte, sandte er an seine Frau einen Brief voller Optimismus und Vorfreude auf seine baldige Rückkehr nach Hause.* J. KLISTAŁA: *Żołnierze rybnickiego ZWZ/AK, POP, PTOP…*, S. 258.

120 Das KZ Gusen wurde am 5. Mai 1945 von einer Einheit der amerikanischen Armee befreit. Vgl. S. Dobosiewcz: Mauthausen-Gusen. Warszawa 1985, S. 7–13.

Man muss hervorheben, dass sich sowohl Józef Kachel als auch Gustaw Morcinek oder Franciszek Ogon sowie andere, auf eine statistische Nummer reduzierten Häftlinge, unter den extrem unmenschlichen Bedingungen einer ständigen Bedrohung, nicht aufgaben. Ebenso wie zahlreiche andere Opfer machten sie es den Nationalsozialisten nicht leichter, ihre Absicht zu verwirklichen, zahlreiche Menschen zu zerstören und auszurotten. In jenen „schlechten Zeiten“[121] haben sie weder ihre Persönlichkeit preisgegeben noch sind sie in ihrem Glauben an die Menschen und an die von ihnen verteidigten Ideale ins Wanken geraten, oder zu Judassen geworden[122]. Viele von ihnen lebten im Lager weiterhin nach den Idealen der Pfadfinder. Dies manifestierte sich unter anderem darin, dass sie Solidaritäts- und/oder Selbsthilfeaktionen[123] organisierten und

---

121 *Es sind schlechte, schlechte Zeiten. Vielleicht nicht schlechtere als andere und auf jeden Fall muss man sie so akzeptieren wie sie sind, mit gutem Willen, mit Bejahung des Leidens, das sie mit sich bringen, hinnehmen, dass man nun mal so zu leben gezwungen ist und nichts dagegen tun kann. Die Zeiten (vielleicht werden sie einst so in Tagebüchern dargestellt), als man betete, obwohl der Himmel leer stand, ohne den Thron von Gottvater, ohne Scharen von Engeln, ohne Donner, der die Bösen zu erschlagen bereit wäre.* Brief-Essay von Czesław Miłosz an Jerzy Andrzejewski vom 22. August 1942. In: C. MIŁOSZ: *Legendy nowoczesności [Legenden der Moderne].* Kraków 1996, S. 163–164.

122 Ich möchte hier auf ein Buch hinweisen, das in hohem Grade mit den niedergeschriebenen Kriegserlebnissen von Gustaw Morcinek in Verbindung steht. Gemeint ist der Roman *Judasz z Monte Sicuro [Judas von Monte Sicuro].* Vgl. G. MORCINEK: *Judasz z Monte Sicuro.* Katowice 1982. In meiner Dissertation mit dem Titel *Szukanie kluczy. O literaturze poobozowej Gustawa Morcinka [Auf der Suche nach Schlüsseln. Zum Nachkriegsschaffen Gustaw Morcineks]* habe ich dem Werk *Judasz z Monte Sicuro* ein Kapitel gewidmet. Darin befasse ich mich mit der Entwicklung und Vertiefung von wiederkehrenden Motiven. In den einzelnen Unterkapiteln werden die Probleme der Authentizität von Personen und Erlebnissen, die Moral in der Kriegszeit, die Einwirkung von Grenzsituationen auf das menschliche Verhalten und schließlich die Symbolik des Romantitels behandelt. Der im Titel enthaltene Name „Judas“ übermittelt ein klares Textsignal. Judas ist eine biblische Gestalt, die eine reiche Symbolik evoziert und viele Interpretationsmöglichkeiten bietet, welche für die späte Schaffensphase Gustaw Morcineks kennzeichnend sind. Vgl. L. SADZIKOWSKA: *Szukanie kluczy. O literaturze poobozowej Gustawa Morcinka [Auf der Suche nach Schlüsseln. Zum Nachkriegsschaffen Gustaw Morcineks].* Katowice 2017, S. 195–234.

123 Vgl. K. DUNIN-WĄSOWICZ: *Ruch oporu w hitlerowskich obozach koncentracyjnych 1933–1945 [Widerstandsbewegung in nationalsozialistischen Konzentrationslagern 1933–1945].* Warszawa 1983, S. 67–70. In Bezug auf die

sich stets umeinander kümmerten, weil sie viele ihrer Mitgefangenen bereits vorher gekannt hatten und mit ihnen befreundet gewesen waren.

Im Kampf ums Überleben müssen zwei Aspekte eine wichtige Rolle gespielt haben: das Gefühl der geistigen Verbundenheit mit der Familie – insbesondere mit der Frau und den Kindern (Józef Kachel und Franciszek Ogon hatten Söhne), die auf ihre Art und Weise das Schicksal des zur Vernichtung verurteilten Vaters und Ehemanns teilten – sowie das Bewusstsein der moralischen Verpflichtung, sozusagen einer besonderen Mission im Kampf um das Recht der Polen auf Freiheit und nationale Identität.

Verfasser und Empfänger der offiziellen Korrespondenz

In den offiziellen Lagerbriefen durften die Häftlinge über verschiedene Aspekte des Lagerlebens nicht offen schreiben. Es ist davon auszugehen, dass auch die Familien der Gefangenen in ihrem Briefwechsel mit den Angehörigen hinter dem Stacheldraht bis zu einem gewissen Grad selektiv vorgehen mussten – vor allem aus Angst, andere zu gefährden. Sowohl die Absender als auch die Empfänger der Korrespondenz bemühten sich, über ihren Kummer und die zu bewältigenden Probleme möglichst wahrheitsgetreu zu berichten. So wurde Józef Kachel von seiner Frau über die ihr drohende Gefahr benachrichtigt, sie als Ehegattin eines KZ-Häftlings weit nach Deutschland hinein zur Zwangsarbeit zu verschleppen oder zu verhaften. Für ihren Mann war dies sicherlich keine gute Nachricht, auf die er folgendermaßen reagierte:

> *Noch nie während meiner langen Abwesenheit ist es mir so schwer gefallen wie heute einen Brief zu schreiben. Seit ich Deinen Brief vom 16. d.M. erhalten habe, bin ich sehr um Dich besorgt. Und obwohl mir Marta drei Tage später ebenfalls einen ausführlichen und sehr netten Brief schrieb, änderte dies gar nichts an meinem Gedankengang in der betreffenden Sache. Ich muss also weitere acht Tage warten, bevor ich etwas Sicheres über Deinen Zustand erfahren kann.* [...] *Wie glücklich wäre ich, wenn Dein Brief meine Befürchtungen als unbegründet ausräumen würde*[124].

Hinter diesen erschütternden Worten verbergen sich einerseits enorme Emotionen, andererseits ein Nachsinnen über die Vergänglichkeit und Hilflosigkeit, aber auch das Bewusstsein, dass das Leben weitergeht und trotz der

---

Widerstandsbewegung in Auschwitz und die inoffizielle Informationsübermittlung sei an die Tätigkeit von Witold Pilecki oder Stanisława Rachwałowa erinnert.

124 Ausschnitt aus dem Brief von Józef Kachel an seine Frau Paulina vom 29. August 1943. J. KACHEL: *Listy z Buchenwaldu...*, S. 168.

Abwesenheit des Absenders alles seinen Lauf nimmt. Die Zukunft lässt sich schließlich nicht vorhersagen.

Die aus der Todesfabrik versandten Briefe wurden von unterdrückten Menschen in dem Bewusstsein geschrieben, dass ihre Korrespondenz von der Zensur gelesen wird. Sie haben einen persönlichen Charakter; berichten über die Gemütsverfassung und gesundheitliche Probleme (weil es sich gehörte), beinhalten an Angehörige gerichtete Warnungen und Ratschläge, drücken emotionale Unterstützung und Gefühle aus:

> *Ein Jahr ist vergangen und in dieser Zeit haben Du und ich so viel erlebt. Das Allerschönste ist die Überzeugung, dass Freundschaft, manchmal namenlose Freundschaft, unser Leben lebenswert macht. Janek und seine Familie, Alfred, Wiktor, Błękitna Janka, Prauska und viele andere, deren Namen hier ungenannt bleiben, sind jene, die unseren Glauben an den Menschen aufbauen und an eine glückliche Zukunft denken lassen. Das ist es, woran ich glaube, meine geliebte Schwester! Mein sehnlichster Wunsch ist es, dass Du stolz und voll Glauben sein mögest. Schone Deine Gesundheit und glaube nach wie vor an ein gutes Ende*[125].

Das Schreiben über Gefühle musste eine schwierige Erfahrung für Männer gewesen sein, die auf eine ganz besondere Art und Weise entrechtet und ihrer Freiheit beraubt waren; umso mehr, als es ihnen bewusst war, dass jeder Brief, bevor er beispielsweise in die Hände der geliebten Frau oder Mutter gelangte, von der Lagerzensur gelesen und einer individuellen Begutachtung unterzogen wurde. Fehlende Briefe der anderen Seite des Briefdialogs sowie absichtliche oder unabsichtliche Auslassungen in der Korrespondenz der Gefangenen schaffen Lücken, die nicht ergänzt werden können.

In den meisten Fällen stehen die Antworten auf die Fragen fest: Wer waren die Absender der bisher veröffentlichten Briefe? Wie war das Leben der Häftlinge vor ihrer Inhaftierung im Konzentrationslager? Nach welchen Werten haben sie sich in ihrem Leben orientiert? Welche Ideale waren für sie von allerhöchstem Wert? Die Herausgeber der Briefsammlungen aus Lagern und Gefängnissen sind Wissenschaftler, deren Forschungsschwerpunkt auf dem Zweiten Weltkrieg liegt, Literaturwissenschaftler oder die nächsten Familienmitglieder (z.B. Krystyna Serejska Olszer, die Tochter von Marian Henryk Serejski). Die Korrespondenz vervollständigt das Wissen über die Häftlinge, veredelt ihre

---

125 Ausschnitt aus dem Brief von Gustaw Morcinek an seine Schwester Teresa Morcinek vom 11. Mai 1941. *Listy z Dachau. Gustaw Morcinek do siostry Teresy Morcinek [Briefe aus Dachau. Gustaw Morcinek an die Schwester Teresa Morcinek].* Vorwort und Bearbeitung von K. HESKA-KWAŚNIEWICZ, L. SADZIKOWSKA. Übers. von M. SZALONEK. Katowice 2016, S. 45.

Charaktereigenschaften und setzt ihrem guten Namen ein Denkmal. Sie nicht mehr da sind, doch ihre Briefe sind erhalten. Darin ist ein Teilchen von ihnen festgehalten, das Inferno des Lagers kann sie nicht mehr berühren.

Die Gefangenen gaben nie vor, jemand zu sein, der sie nicht waren. Sie blieben immer und überall sie selbst, beanspruchten nicht die Aufmerksamkeit anderer, schwelgten nicht in Selbstmitleid, legten ihre Hilflosigkeit nicht offen und in schwierigen Momenten vermochten sie, den gesunden Menschenverstand zu bewahren. Dies zeigt sich unter anderem daran, dass sie auf Vorschläge ihrer Familien oder Verwandten, einen SS-Wachmann zu bestechen, um einen konkreten Häftling zum Beispiel von einem weiteren Transport zu befreien, rational reagierten. Die meisten Häftlinge kannten die Mentalität der deutschen Folterknechte und rieten ihren Angehörigen von dieser Absicht ab. *Sie argumentierten, dass der Krieg zu Ende gehe und es keinen Sinn habe, jemanden zu bestechen, weil man auf einen Eiferer stoßen und die Situation nur verschlimmern könnte*[126].

Die Empfänger glaubten, dass sie in den Briefen dem Verfasser begegnen. Sie übernahmen seine Geheimcodes und verwendeten sie anschließend in ihren Briefen. Sie setzten die Korrespondenz fort, weil sie für beide Dialogpartner eine Art greifbares Lebenszeichen darstellte.

Die Thematik

Die Gefangenen waren in ihrem Leben in Freiheit sehr gute Mütter, Söhne, Töchter, Schwestern, Brüder und Väter – auch geistliche Väter (falls der Häftling ein Priester war):

> *Herzlichen Dank für Deinen Brief mit Wünschen zum Jahrestag meiner Bischofsweihe. Selbst unter diesen Bedingungen war es für mich ein schöner Tag, nach 4 Monaten konnte ich wieder an den Altar. Stell Dir meine Freude vor, wenn ich nun jeden Tag eine Messe halten dürfte. In der Heiligen Messe habe ich in besonderer Weise an meine Wohltäter und Freunde gedacht und werde dies auch weiterhin tun*[127].

Nach der Inhaftierung im Lager hörten sie nicht auf, sich um ihre Familien zu kümmern und erkundigten sich nach deren Leben in Freiheit: nach den Schulleistungen und dem Verhalten der Kinder, nach Problemen und Sorgen,

---

126 J. KLISTAŁA: *Żołnierze rybnickiego ZWZ/AK, POP, PTOP...*, S. 255.

127 Ausschnitt aus dem Brief von Bischof Michał Kozal aus dem KZ Dachau vom 22. August 1941. *Listy biskupa Michała Kozala z obozu koncentracyjnego w Dachau [Briefe des Bischofs Michał Kozal aus dem Konzentrationslager Dachau]*, „Studia Włocławskie“ 2015, Nr. 17, S. 540.

denen sich ihre Nächsten gegenübergestellt sahen. Die Häftlinge glaubten, dass die Schwierigkeiten, mit denen sich ihre Familien auseinandersetzen mussten, überwindbar waren. Sie fragten häufig nach Schulangelegenheiten ihrer Kinder, deren Geigenunterricht, Gesundheit sowie nach erhaltenen Weihnachts- oder Geburtstagsgeschenken. Ihr Interesse widmete sich ebenfalls alltäglichen Problemen wie beispielsweise dem Bau eines Ofens, der Miethöhe, den Schwierigkeiten beim Beschaffen von Brennstoff und Lebensmitteln, Krankheiten oder Beziehungen zur Nachbarschaft. Die Geistlichen interessierten sich für die Angelegenheiten der Gemeindemitglieder und der Pfarre. Die Gefangenen hatten Angst, dass ihre Nächsten einsam und sich selbst überlassen sind.

Bei der Lektüre des Briefwechsels gelangt man zu dem Schluss, dass der Gefangene aus den Tiefen seines Gedächtnisses vor allem Erinnerungen zurückrief, die mit seinem Zuhause, den zu bewältigenden Alltagssorgen, seinen Freunden und seiner Arbeit zusammenhingen. Die Korrespondenz verrät an vielen Stellen manches über das Leben, welches die Gefangenen vor dem Kriegsausbruch mit ihren Familien – Müttern, Vätern, Kindern, Eheleuten, Großmüttern oder Verwandten, zu denen sie enge Beziehungen unterhielten, geführt hatten.

Man kann ohne Übertreiben sagen, dass der grundsätzlich bekenntnishafte Charakter der Briefe über ihre Kompositionsstruktur entscheidet. Das sind hauptsächlich quasi Briefgespräche, bei denen *das Emotionale in den Vordergrund rückt, nicht nur den Ausgangspunkt für einen Brief bildet, sondern sogar seinen Daseinszweck*[128].

Das Einzige, was die Häftlinge wirklich fesselte, war der Wunsch, möglichst bald heimzukehren und ihre Angehörigen wieder zu sehen. Verstärkend konnte dabei eine Nachricht von der Geburt weiterer Kinder oder dem Tod eines nahen Verwandten wirken. Der Gedanke an ein Wiedersehen begleitete die Häftlinge ununterbrochen – bis zur Befreiung oder bis zum Ende ihres Lebens.

Die offizielle Gefängniskorrespondenz kann als Zeugnis eines kollektiven Schicksals und zugleich als Anklage gegen den nationalsozialistischen Totalitarismus gelesen werden, dem Millionen unschuldiger Menschen zum Opfer gefallen sind. Die Briefe von Franciszek Ogon, Marian Henryk Serejski, Gustaw Morcinek und vielen anderen, sei es wegen des Zeitablaufs oder auch weil ihr Ton besonders persönlich ist, da sie sich an die ihnen nächste Person – Ehefrau, Schwester, Mutter – richten, ziehen noch aus einem anderen Grund die Aufmerksamkeit auf sich. Sie heben nämlich jene Haltung der Gefangenen

128 S. SKWARCZYŃSKA: *Teoria listu [Theorie des Briefes]*. Lwów 1937, S. 109–110.

hervor, die sich auf deren gute polnische Erziehung und das Heranwachsen im Geiste der Nächstenliebe stützt[129]. An dieser Stelle muss man wohl hinzufügen, dass für viele Gefangene grundlegende Ehrlichkeit und Gottesglaube kennzeichnend waren[130]. Diese drücken sich in ihren Briefen aus, die persönlich, aber durchaus korrekt sind, eine enorme Sehnsucht offenbaren und doch in keiner Weise von der Schwäche des Absenders zeugen. Was wichtig ist, die briefeschreibenden Häftlinge trachteten nicht danach, die Verantwortung für ihr Schicksal auf ihre Umgebung abzuwälzen. Sie bemühten sich, würdig zu leben, den im Familienhaus beigebrachten Prinzipien treu zu bleiben und mit unterschiedlichem Erfolg die für sie völlig neue Welt, die Menschen und die Mechanismen des Funktionierens zu verstehen. Denn sie wussten, dass man überall leben kann, solange man das eigene Ich nicht verliert und die Hoffnung nicht aufgibt.

---

129 Im *Nachwort* zu *Przeżyłam Oświęcim* von Krystyna Żywulska sind folgende Erinnerungen von ihrem Sohn – Jacek Andrzejewski, zu lesen: *Die Erzählungen meiner Mutter darüber, was ihr Kraft gab, die Kriegszeit zu überstehen – zunächst im Ghetto, dann im Pawiak-Gefängnis und später im KZ Auschwitz und Birkenau – haben mich enorm beeinflusst. Sie hat die Jahre aktiv gelebt – im Ghetto half sie, ihre Familie am Leben zu erhalten, dann war sie in der Untergrundbewegung tätig, auch im Lager. Was ihr Kraft gab, war schlicht die Liebe ihrer Nächsten: sie wuchs in einer Atmosphäre voller Wärme auf, wurde verehrt und wie ein kostbarer Schatz behandelt. Und es stellte sich heraus, dass sie (und nicht die Kinder betrunkener Väter, die vernachlässigt, oft in den Schnee hinausgeworfen wurden und die – wie es scheint – dadurch abgehärtet und viel robuster hätten sein müssen) genau deswegen die Hölle überlebte, indem sie sich an ihren Erinnerungen festhielt und darauf vertraute, dass es doch noch etwas anderes gab als hier und jetzt. Daraus schöpfte sie die Kraft. Sie hat nicht nur weitergelebt, sondern auch Gedichte geschrieben, die viele Frauen auswendig gelernt haben. Sie wurde zu einer angesehenen Person im Lager, weil sie anderen Kraft und Mut gab: sie half zum Beispiel analphabetischen Frauen, indem sie für sie Briefe schrieb.* K. ŻYWULSKA: *Przeżyłam Oświęcim [Ich überlebte Auschwitz]*. Warszawa 1960, S. 314.

130 *Man kann die Feststellung wagen, dass die Gefangenen sich selbst und ihr Schicksal als Teil eines „größeren Plans" Gottes wahrnahmen. Für sie war Gott u.a. die wirkende Kraft, die über das Schicksal der Menschen entscheidet und über die Welt und waltet. Eine solche Denkweise zieht jedoch keinen an Gott adressierten Groll bzw. Zorn nach sich.* M. SUCHANEK: *„Wiem, że żywy stąd nie wyjdę". Listy pożegnalne skazanych na śmierć z więzień i obozów koncentracyjnych [„Ich weiß, dass ich hier nicht lebend herauskomme". Letzte Briefe zum Tode Verurteilter aus Gefängnissen und Konzentrationslagern]*. „Śląskie Studia Historyczno-Teologiczne" 2015, Nr. 48, S. 224.

Die Gefangenen waren sich der enormen inneren Veränderung bewusst, die sich in ihnen vollzogen hatte. Sie erkannten den tiefgreifenden inneren Wandel, wussten, dass sich die Welt ihrer Werte verändert hatte, dass sie nun begannen, all das zu schätzten, was einst selbstverständlich zu sein schien, sowie den Wert der von Mensch zu Mensch fließenden Worte. Es kann nur vermutet werden, dass sich die Häftlinge durch ihren freundlichen und liebenswürdigen Umgang mit ihren Mitgefangenen, die ordentliche Arbeit in den Kommandos sowie durch ihre Heiterkeit den Respekt und die Anerkennung ihrer Leidensgenossen verdient haben. Zahlreiche Berichte, Interviews und Erinnerungen bestätigen die Solidarität unter den Gefangenen.

Darüber hinaus kann man aus den Briefen erfahren, dass die Häftlinge mit ihren Schicksalsgefährten auch Essen teilten. Am ersten Januar 1944 schrieb Franciszek Ogon an seine Frau: *Der Kuchen war köstlich, noch mehr Lob gab es aus dem Munde jener, die ihn aßen.* In dem Fragment des Briefes vom 9. April 1944 lesen wir: *Heute haben wir zum Frühstück Deinen herrlichen Kuchen gegessen. Alle haben ihn überaus gelobt.* Gustaw Morcinek wiederum berichtete seiner Schwester:

> *Bei dieser Gelegenheit muss ich Dir mitteilen, dass von den vielen Paketen auch meine Freunde und Kameraden Nutzen haben, vor allem diejenigen, die nichts von zu Hause zugesandt bekommen*[131].

Die Absender der offiziellen Lagerbriefe idealisierten selbstverständlich weder Dinge noch Personen. Ganz im Gegenteil, sie fragten ohne Pathos und Exaltiertheit nach ihren physischen Merkmalen, kleinen Mängeln und Unzulänglichkeiten. Die Erhabenheit der angesprochenen Themen ergibt sich aus Gefühlen, die das Verfassen der Briefe begleiteten und deren Inhalt bereicherten. Die Gefangenen waren der großen Schar von Menschen, die ihnen Pakete als konkrete Zeichen ihrer Erinnerung und Freundschaft schickten, sehr dankbar:

> *Meinen besten und herzlichsten Dank für Deinen liebevollen Brief und das reichhaltige Paket. Alles, was darin war, kam unbeschädigt an. Ich freue mich unglaublich darüber und bewundere Dich und Deine Bemühungen, dank deren es Deinem Jungen nicht einmal an „Vogelmilch" mangelt (wie unsere Mutter immer zu sagen pflegte).* [...]

---

131 Ausschnitt aus dem Brief von Gustaw Morcinek an seine Schwester Teresa vom 30. Januar 1944. *Listy z Dachau. Gustaw Morcinek do siostry Teresy Morcinek...*, S. 100.

Außerdem erhielt ich ein Paket von Pawełek (Vergelt's Gott!), von „Społem" (Vergelt's Gott!) und zwei Pakete von Frau Ślósarska[132].

Eingehende Pakete und Briefe bauten den Glauben an den Menschen auf, weshalb in der Struktur von Brieftexten ein Gleichgewicht zwischen innerer Bewegtheit, Rührung und dem Alltäglichen beibehalten ist. In der offiziellen Korrespondenz – anscheinend wie auch bei vielen anderen erhaltenen Briefen – wird besonderes Augenmerk auf die für einen bestimmten Gefangenen charakteristischen Themen gelegt, auf die schwierigsten Probleme, die seine Briefe von den anderer KZ-Gefangener unterscheiden. Jeder Häftling erlebte auf eine individuelle Art und Weise die Tragödie der Gefangenschaft, Erniedrigung und Vernichtung in unmenschlichen Zeiten. Es ist nicht möglich, das tragische Schicksal der hinter Stacheldraht und Wachtürmen gefangenen Menschen zu vergleichen, einzuschätzen oder gar mit Worten wiederzugeben. Allerdings kann ich den Gedanken nicht loswerden, dass die Vorfreude auf die Geburt des dritten Sohnes sowie die damit verbundene Sehnsucht und der Wunsch, das neugeborene Kind, ein Symbol der Unschuld, zu sehen, das Leiden des inhaftierten Vaters unvorstellbar vergrößerten. Auf der einen Seite war sich Franciszek Ogon bewusst, dass er trotz der Gefangenschaft und einer übermenschlichen Erniedrigung Vater zweier Söhne war. Auf der anderen Seite durfte er nicht seine Kinder heranwachsen sehen, seine Nachkommen, die ungewollt zu einer neuen Generation von Kriegsopfern geworden sind, großziehen. Sein väterlicher Stolz und seine Freude wurden vom System, Totalitarismus und schließlich von anderen Menschen zunichtegemacht. Das vielfache Unglück der Familie Ogon, das im Briefwechsel seinen Niederschlag findet, scheint ein schockierendes Studium der menschlichen Hilflosigkeit gegenüber der Grausamkeit anderer zu sein. Das darf niemals geschehen, die Welt darf nie wieder solchen Gräueltaten zustimmen.

Besonders hart traf das Schicksal Paulina Kachlowa, die unmittelbar nach der Verhaftung ihres Mannes ein totes Kind zur Welt brachte, da sie nicht rechtzeitig medizinisch versorgt worden war. Ihre Tragödie wurde noch dadurch verschlimmert, dass die Gestapo sie zwang, ihr Haus in Oppeln zu verlassen. Folglich musste sie zu ihrer Mutter nach Beuthen ziehen. Um sich und ihren Sohn zu erhalten, arbeitete sie als Schneiderin und strickte Pullover und andere Kleidungsstücke. Sie hat nicht viel verdient. Verfolgt und bedroht, zur Zwangsarbeit nach Deutschland geschickt zu werden, verteidigte sie sich mit ihrem

132 Ausschnitt aus dem Brief von Gustaw Morcinek an seine Schwester Teresa vom 20. Februar 1944. Ebd., S. 101.

schlechten Gesundheitszustand. Dennoch haben sie die Widrigkeiten des Schicksals nicht gebrochen. Sie vermochte ihr Kind im Sinne des Polentums zu erziehen und ihm ihre Muttersprache beizubringen. Darum kümmerte sich ebenfalls ihr im Konzentrationslager inhaftierter Ehemann, was der Inhalt seiner Briefe erkennen lässt.

Die Briefe von Józef Kachel an seine Frau Paulina aus dem KZ Buchenwald weisen Parallelen zu den Briefen von Franciszek Ogon an seine Frau Maria auf. Sie sind vor allem als ein sehr wichtiges Zeugnis für das Martyrium der polnischen Bevölkerung, der polnischen Familien während des Zweiten Weltkriegs zu lesen. Die Korrespondenz stellt ein unschätzbares Dokument für Literaturwissenschaftler, Historiker und Soziologen dar, denn sie zeigt nicht nur das Schicksal der einen oder anderen Familie, die für den Kampf um das Recht auf ihre nationale Identität engagiert war, sondern auch das Schicksal einer ganzen Gemeinschaft, die vom NS-Regime zum Verlust ihres Nationalgefühls verurteilt wurde.

Dem seiner Illusionen beraubten Häftling war es in schwierigen Momenten mit hoher Wahrscheinlichkeit klar, dass nicht nur er, sondern auch seine Angehörigen leiden. Die schmerzlich erlebte Tragödie der Einsamkeit betraf alle Familienmitglieder, unterschiedlich war lediglich die Art und Weise, wie sich die jeweilige Verwaisung, Verwitwung oder Einsamkeit im Lager verwirklichte. Den Familien der Gefangenen fehlte sicherlich im gleichen Maße die Möglichkeit, sich zu treffen, zusammen zu sein, längere Gespräche über die ihnen am Herzen liegenden Angelegenheiten zu führen.

Im Hinblick auf die Korrespondenz, welche die Individualität jedes Verfassers offizieller Briefe enthüllt, könnte man u.a. die von Tomasz Weiss und anderen Forschern gegen die Epistolografie Zapolskas[133] erhobenen Vorwürfe wiederholen, und zwar dass sie inhaltsarm und oberflächlich sei oder zu viele private und intime Bekenntnisse enthalte. Die Gefangenen dokumentierten darin recht akribisch ihre Bitten oder Wünsche und vergaßen nicht zu erwähnen, dass sie Schlapfen, Tabak, Zitronen und Socken benötigten:

---

133 Vgl. A. JANICKA: *Listy Gabrieli Zapolskiej – lektura w poszukiwaniu biografii niemożliwej [Briefe von Gabriela Zapolska – auf der Suche nach einer unmöglichen Biografie]*. In: *Sztuka pisania. O liście polskim w wieku XIX. [Die Kunst des Schreibens. Der polnische Brief im 19. Jahrhundert]*. Hrsg. von J. SZTACHELSKA, E. DĄBROWICZ. Białystok 2000, S. 420–423.

> [...] *ich möchte um Chinin für meinen Freund bitten und auch um eine Rasierklinge, Rasierschaum und eventuell ein Fläschchen Kölnisch Wasser. Natürlich, sofern Du die Sachen besorgen kannst. Und ein Feuerzeug mit ein paar Zündsteinen!* [134].

Sie stellten keine hohen Anforderungen, ihre Bitten waren sehr bescheiden. Mehrmals ermahnten sie ihre Ehefrauen, Mütter und Schwestern, keine Pakete auf Kosten eigener Entsagungen zu schicken, damit die Familie nicht ihretwegen hungerte. Sie behandelten Sendungen, Lebensmittelpakete als größte Liebesbeweise:

> *Heute habe ich Deinen liebevollen Brief erhalten und Anfang der Woche sind die genehmigten Pakete mit Kleidung und Fett angekommen. Wie kann ich mich für solch eine tiefe, in Deinen Sendungen eingeschlossene Liebe dankbar zeigen? Für all die Beweise Deiner mütterlichen Liebe und Fürsorge*[135].

Außerdem berichteten die Häftlinge über Lagerrituale zur Stärkung ihrer Gesundheit. Die aufeinanderfolgenden Briefe fügen sich überraschenderweise zu einem einzigartigen, ergreifenden intimen Tagebuch zusammen[136]. In jedem Brief bedanken sie sich für die erhaltene Korrespondenz und die Lebensmittelpakete, greifen gern zu Höflichkeitsformeln, senden Grußworte an andere Familienmitglieder und Freunde und wiederholen auch ihre gut gemeinten Ratschläge zur Kindererziehung. Die letzten Briefe der Pfadfinderin Olga Prokopowa (geborene Kamińska) an ihre Mutter und Schwester drücken Liebe zu ihnen und ihre Sorge um das Schicksal des Sohnes aus, den sie im Belgrader Gefängnis zur Welt brachte. Das vier Monate alte Kind wurde ihr für immer fortgenommen und in einem Kinderheim in Wien untergebracht. Kurz vor der Hinrichtung erreichte sie die Nachricht, dass der kleine Marek Bronisław dank Menschen guten Willens an ihre Familie zurückgegeben wurde, die ihn vor einer Germanisierung bewahrte, was die Mutter befürchtet hatte. Ihre Korrespondenz aus dem Gefängnis enthält Worte, die nur das Herz einer Mutter diktieren kann:

---

134 Ausschnitt aus dem Brief von Gustaw Morcinek an seine Schwester Teresa vom 30. Januar 1944. *Listy z Dachau. Gustaw Morcinek do siostry Teresy Morcinek...*, S. 100.

135 Ausschnitt aus dem Brief des seliggesprochenen Priesters Stefan Wincenty Frelichowski an seine „liebe Mutter" aus dem KZ Dachau vom 1. November 1942. *Błogosławiony ks. Stefan Wincenty Frelichowski...*, S. 107.

136 Mehr zu den Parallelen zwischen einer Briefsammlung und einem intimen Tagebuch vgl. M. CZERMIŃSKA: *Autobiograficzny trójkąt. Świadectwo, wyznanie i wyzwanie [Das autobiografische Dreieck. Zeugnis, Bekenntnis und Herausforderung].* Kraków 2000, S. 260–271.

> *Ich freue mich, dass Marek Euch so viel Freude beschert und dass Ihr ihn so herzlich aufgenommen habt. Ich hatte Angst, dass er Euch zur Last fällt. Mein liebes Mütterlein, ich bin Dir und Euch allen, die ihn mit offenem Herzen aufgenommen habt, so sehr dankbar, dass ich es nicht genug ausdrücken kann. Ich bin mir sicher, dass Ihr Marek gut erzieht, denkt nur daran, dass er ein Junge ist und daher kurz gehalten werden muss* [...][137].

Und als klar wurde, dass ihr Gnadengesuch, in dem sie im Namen ihres eigenes Kindes bat, ihn des Kostbarsten und Unersetzlichen im Leben eines jeden Menschen – der Mutter – nicht zu berauben, abgewiesen wurde, verfasste sie ein persönliches Brieftestament:

> *Mareks Geburtstag rückt immer näher. Ich wünsche ihm alles Gute. Du, Mein Geliebter Sohn, sei eine Freude für Deine Großmutter. Sei immer gehorsam und artig. Wenn du eines Tages in die Schule gehst, sei fleißig und lerne viel, so viel wie Du kannst. Das wird Dein Reichtum sein, den Dir niemand wegnehmen kann. Deine Mutter hätte Dir diese Worte gerne selbst gesagt und Dich für Dein zukünftiges Leben gesegnet, aber dies wurde ihr verweigert* [...][138].

Offizielle Lagerbriefe haben den Charakter eines Tagebuches. Diese Tatsache bewegt unter anderem ihre Herausgeber dazu, den Briefwechsel in chronologischer Abfolge zu veröffentlichen. Die familiären, gesundheitlichen oder finanziellen Probleme nehmen in der Korrespondenz viel Raum ein. Nicht ohne Bedeutung sind auch Lebensfragen[139] (Socken, Knorr-Suppen, verschimmeltes Brot, Zwieback). Die Briefe können eher als Ausschnitte aus einem Tagebuch gelesen werden, die man an die Empfänger geschickt hat – Ehefrauen, Kinder, Mütter – mit einem Verweissystem, das nur der Familie bekannt war. Franciszek Ogon berichtet beispielsweise über ein Paket mit Zitronen von seiner

---

137 Ausschnitt aus dem Brief von Olga Prokopowa (geborene Kamińska) vom 19. Dezember 1942. *Śląsk chciał być polski. Wspomnienia młodzieży śląskiej z lat okupacji hitlerowskiej 1939–1945 [Schlesien wollte polnisch sein. Erinnerungen der schlesischen Jugend aus den Jahren der NS-Okkupation 1939–1945]*. Gesammelt, ausgewählt und bearbeitet von M. MITERA-DOBROWOLSKA unter Mitwirkung von K. HESKA-KWAŚNIEWICZ. Katowice 1984, S. 291–292.

138 Ausschnitt aus dem Brief von Olga Prokopowa (geborene Kamińska) vom 14. Februar 1943. Ebd., S. 292.

139 Vgl. T. SZYMAŃSKI: *Tak to pamiętam. O paczkach Międzynarodowego Czerwonego Krzyża dla więźniów Oświęcimia [So habe ich es in Erinnerung. Über die Pakete des Internationalen Roten Kreuzes für Auschwitz-Häftlinge]*. „Za Wolność i Lud" 1965, Nr. 6; Vgl. S. KŁODZIŃSKI: *Paczki Międzynarodowego Czerwonego Krzyża dla więźniów Oświęcimia [Die Pakete des Internationalen Roten Kreuzes für Auschwitz-Häftlinge]*. „Przegląd Lekarski – Oświęcim" 1967, S. 122–125.

Cousine; Zenon Waśniewski bittet um einige Rezepte für den Koch Szymek, und zwar für Zwiebelsoße, Meerrettichsoße, Roulade, Kartoffelnockerln und Spätzle, *aber solche, die ohne Eier auskommen, die hier nicht erhältlich sind*[140]. Es scheint, dass es dem Häftling unbewusst um die intime Arbeit des Gedächtnisses, um die Verwurzelung und Einprägung in das Leben der anderen, die nicht im Lager sind, ging. Es ist, als ob der Absender in der Gefangenschaft, dem die Möglichkeit genommen wurde, in Freiheit unter seinen Verwandten, Bekannten und Freunden zu leben, seine Lebensgeschichte in den Briefen niederschreiben wollte – für seine Nächsten, aber auch für sich selbst. Die Tatsache, dass kein einziger Brief erhalten ist, der von den Empfängern der aus dem Lager gesandten Korrespondenz verfasst wurde, verdeutlicht auf eine dramatische Art und Weise die Selbstreferentialität dieses Briefkomplexes[141].

Jeder Gefangene ist auf seine Art charakteristisch, eigen und individuell. In der Korrespondenz erkundigt er sich nach dem Alltagsleben seiner Kinder, Ehefrau, Mutter oder Geschwister und zeigt zugleich mittelbar deren Sorgen, Probleme und Gefühle auf. Er versteht jedoch, dass ihn dieser Schritt aus dem Marasmus, Elend und der Sehnsucht hinter dem Stacheldraht retten kann. In den Lagerbriefen fallen zahlreiche Fragen nach dem Haushalt, dem materiellen Aspekt des Lebens der Ehefrau, Kinder, Eltern, Geschwister, Cousins, Freunde und Verwandten auf. Der Gefangene, welcher in Freiheit das Oberhaupt und der Ernährer seiner Familie war, fühlt sich in doppelter Weise machtlos und entmündigt. Er wurde der Freiheit beraubt und kann deswegen seiner Rolle als Vater und Ehemann nicht nachkommen. Das musste eine große Tragödie für einen Mann bedeuten, dem Respekt für Werte und Ethos beigebracht worden war:

> *Das Bewusstsein, dass Du so viele Sorgen hast und ich Dir nicht beistehen kann, ist sehr schwer für mich. Aber ich weiß, dass Du durchhalten wirst, denn nach dem Regen kommt immer der Sonnenschein. Ich lebe auch nur mehr durch die Hoffnung, dass ich einst zu Euch zurückkehren und Dir alles vergelten kann, denn das, was ich von Dir erhalten habe, ist die Güte selbst, die belohnt werden muss.* (Brief von Franciszek Ogon vom 24. September 1944).

140 Ausschnitt aus dem Brief von Zenon Waśniewski an seine Frau vom 16. Januar 1944. Z. WAŚNIEWSKI: *Kocham! Przez kraty…*, S. 82.

141 Zum Problem des abwesenden Briefempfängers vgl. E. RYBICKA: *Antropologiczne i komunikacyjne aspekty dyskursu epistolograficznego [Anthropologische und kommunikative Aspekte des epistolografischen Diskurses]*. In: *Narracja i tożsamość (I) [Narration und Identität (I)]*. Hrsg. von W. BOLECKI, R. NYCZ. Warszawa 2004, S. 206.

Der Gefangene, voller Sehnsucht und Einsamkeit, entbehrt hauptsächlich seine Angehörigen, aber auch etwas Endgültiges, was einen freiheitsbeschränkenden Charakter hat, seinen Platz auf der Erde bestimmt, ihn für lange Jahre fesselt und für immer in den Familienkreis einfügt. Die Veränderung seines Lebens bedingte einen Mangel an Zugehörigkeit, riss ihn aus dem Ort der friedlichen Existenz, aus konkreten Orten, aus einem vertrauten, wohlbekannten und geliebten Raum.

Ich möchte anmerken, dass wenn ich die Briefe an eine Ehefrau, Mutter, an Kinder oder die engsten Familienangehörigen wie ein spezifisches Tagebuch lese, dann gehe ich von der Ehrlichkeit des schreibenden Gefangenen aus, denn unter den Bedingungen der äußersten Entwürdigung konnte er sich weder als jemand anderer ausgeben noch hinter einer Maske verstecken. Es besteht kein Zweifel daran, dass die versklavten Häftlinge in den Briefen an ihre Nächsten authentisch waren, obwohl dies wahrscheinlich das Maximum an Offenheit ist, die sie sich angesichts der Lagerzensur erlauben durften. Sie rechneten offensichtlich nicht damit, dass ihre Korrespondenz aus dem Lager jemals das Licht der Welt erblicken würde. Dies zeigt sich u.a. darin, dass außer dem schreibenden „Ich" und dem „Du"- bzw. „Ihr"-Empfänger kein weiterer Leser, empfunden als eine dritte Person, in den Briefwechsel miteinbezogen wurde[142]. Bei der Lektüre der Briefe kann man auf für Außenstehende völlig unverständliche Passagen stoßen, die im Code der familiären Anspielungen oder Redewendungen für immer verschlüsselt bleiben, aber auch auf Zeilen, die derart geheimnisvoll sind, dass sie auch heute noch Interesse und Neugier wecken. Hinzugefügt sei, dass sich die aus der Lagerhölle gesandten Briefe durch eine sehr sorgfältige Form auszeichneten – sie wurden in Schönschrift verfasst und manchmal sogar mit handgefertigten Zeichnungen verziert. In keinem der Briefe haben die Absender auf Höflichkeitsformeln vergessen.

Man kann annehmen, dass jeder Brief eine schwierige Erfahrung für den Häftling war. Er musste, die Zensur im Blick behaltend, die Worte bedächtig wählen und seine brodelnden Gefühle zügeln, um seine Nächsten, die Empfänger, nicht in Trauer zu versetzen. Die Gefangenen haben sich wohl im Zaum gehalten, damit die Trennung und die sie begleitenden Emotionen nicht gewaltsam zum Ausbruch kommen, denn eine Niedergeschlagenheit hätte dramatische Folgen für sie haben können. In allen analysierten Briefen, vom ersten bis zum letzten, war eine lebendige Hoffnung darauf vorhanden, dass sich das Schicksal zum Guten wenden wird. Die Schreibenden glaubten daran, dass

142 Vgl. M. CZERMIŃSKA: *Autobiograficzny trójkąt…*, S. 262–263.

sie am Leben bleiben und heimkehren werden. Die Fachliteratur widmet sich ausführlich der Frage, wie man mit der quälenden Einsamkeit umgehen kann, welche die Gefangenen zu unbedachtsamen Schritten trieb und die schlimmsten Abgründe der Entmenschlichung berührte. Der unerschütterliche Glaube an die Vorsehung Gottes half ihnen, während des Aufenthalts im Lager die von ihnen vertretenen Werte zu bewahren[143], sowie Schwächeren Mut zuzusprechen. Die Auschwitz-Forscher haben darauf hingewiesen, dass für die Gefangenen vor allem der Glaube und ein tiefes seelisches Leben von besonderer Bedeutung waren.

> *Die Bedeutung ideologischer und emotionaler Haltungen im Kampf der Häftlinge um die eigene Menschlichkeit und das Überleben kann kaum überschätzt werden. Das Festhalten an Idealen, der Patriotismus, Glaube an Gott, die Überzeugung vom unvermeidlichen Triumph des Guten über das Böse, von der Niederlage Deutschlands, die Gedanken an die Lieben wirkten Apathie und Depression entgegen, hielten von Selbstmordversuchen ab, mobilisierten dazu, sich aktiv dem Lagersystem zu widersetzen, zum Beispiel durch die Teilnahme an der Untergrundbewegung im Lager oder Hilfe für andere, und in der Folge retteten sie zahlreiche Gefangene vor dem Tod*[144].

Dank der ständigen Sorge um die Nächsten, vor allem um die Ehefrau und Kinder, aber auch – im Falle der Geistlichen – um die Mitglieder ihrer Pfarrgemeinde, um das Schicksal der daheimgebliebenen Freunde, konnten sich die Gefangenen vom eigenen Leiden ablenken. Sie versuchten auch im Gebet Trost zu finden. In ihrer Korrespondenz erkundigten sich die Verurteilten nach dem Schicksal weiterer Verwandter und Bekannter, die Namensliste wurde mit jedem Brief länger. Die immer wiederkehrenden Fragen offenbaren ihre große Sorge um Großmütter, Schwäger sowie die Familie und Freunde aus der Umgebung des Wohnorts. In den Briefen wurde die das finstere Lagerleben erhellende Liebe in den schönsten Farben ausgemalt.

Für Franciszek Ogon war Maria, liebevoll Ija genannt, die Liebe seines Lebens. Aus seinen Briefen ergibt sich das Bild einer starken, auf sich selbst angewiesenen Frau (Brief vom 5. März 1944: *Du bist meine liebste, tapferste und zuverlässigste Gattin, die man für alles, was sie tut, lieben muss*), Mutter von

143 Das Problem der religiösen Werte und ihres Einflusses auf die polnische Gesellschaft in verschiedenen Zeitaltern war Gegenstand separater und komplexer Studien, die vor allem auf folgende Fragen fokussiert waren: religiöse Toleranz, etablierte Paradigmen der Spiritualität, Arten der Askese und Frömmigkeit sowie rituelle Organisation des religiösen Kultes.

144 Z. JAGODA, S. KŁODZIŃSKI, J. MASŁOWSKI: *Więźniowie Oświęcimia [Die Häftlinge von Auschwitz]*. Kraków–Wrocław 1984, S. 140.

drei Jungen, Ehefrau, die zu Lebzeiten ihres Mannes auf eigentümliche Weise „verwitwet" ist. Es besteht kein Zweifel daran, dass die Gefangenschaft der Ehemänner, trotz großer Hoffnungen auf ihre Befreiung, für die Ehefrauen zu oft mit einer unwiderruflichen Trennung durch den Tod des Ehepartners endete. Für Franciszek verkörperte Maria die größte, unschuldige Liebe, sie spiegelte eine Art jugendliche Verliebtheit und Liebesvorstellung wider. Bis an sein Lebensende blieb Ija in Ogons Erinnerungen als zarte Verkörperung von Freiheit, Verliebtheit, Leben und Schönheit. Die Liebe ist nie erloschen, sie wurde sogar – wage ich zu behaupten – durch die Sehnsucht nach der Ehegemeinschaft verstärkt. In Ogons Briefwechsel wiederholt sich oft die Phrase: *Du bist und bleibst für mich alles, was ich habe.*

Die Ija und Franciszek, Teodor und Władziusieńka, Zenon und Myszka, Marian und Janka verbindenden Gefühle werden – wie bereits angemerkt – nur einseitig geschildert. Wenn man den Inhalt der nachfolgenden Briefe des sich sehnenden Ogon, Waśniewski oder Serejski unter die Lupe nimmt, können manche Rückschlüsse auf die jeweilige Empfängerin gezogen werden: sie schreibt regelmäßig, lässt vieles aus, will den Partner wohl nicht beunruhigen, vertraut ihr Schicksal der göttlichen Vorsehung an, zieht tapfer ihre Kinder groß, organisiert Pakete für ihren Mann und hofft stets darauf, dass sie an der Seite ihres Gatten noch glücklich sein wird.

Die Briefe der Häftlinge lassen einen Ausschnitt aus dem Leben ihrer Ehefrauen und Familien rekonstruieren, die sich tatkräftig für das Land und die Unabhängigkeit engagiert haben. Denn bei der Lektüre kommt die besondere Bedeutung der von beiden Partnern des Briefwechsels vertretenen Werte ans Licht, wie auch ihre Bemühungen um deren bewusste Umsetzung in bestimmten Momenten der Geschichte, die es erfordern, eine Wahl zu treffen, eine entschlossene patriotische Haltung einzunehmen. Die Grundsätze des Zusammenlebens, an denen sie sich als Eheleute orientieren, sind Gesetze, die von allen Menschen, der Gemeinschaft des Bezirks, der Stadt oder des Landes beachtet werden sollten. Die Familien Ogon, Waśniewski, Musioł, Kachel und viele andere zeigen sich als überzeugte Verteidiger des Prinzips der Wahrheit und Transparenz in ihren Beziehungen. Sie folgen dem Grundsatz des autonomen Handelns (die von Franciszek gegebenen Ratschläge, dass Maria in der fortgeschrittenen Schwangerschaft die Hilfe ihrer Verwandten, insbesondere Martas, in Anspruch nehmen soll, sind einzig und allein auf die Fürsorglichkeit und Hilflosigkeit des Mannes zurückzuführen), der gegenseitigen Achtung sowie der Tugend des persönlichen Mutes und erliegen nicht der Versuchung, den Ausweg aus einer schwierigen Lage mit dem geringsten Aufwand und aus reinem Eigennutz zu suchen. Sie folgen dem Solidaritätsprinzip – der gegenseitigen Unterstützung und Bereitschaft, auf eigene Wünsche zugunsten der Bedürfnisse eines anderen Menschen – sei es der Ehepartner, Bruder, Sohn, die Schwester, Tochter oder ein Verwandter – zu verzichten. An dieser Stelle soll an solche Personen wie Henryk Perkowski, Krystyna Wituska, Józef Pukowiec oder Krzysztof Radziwiłł erinnert werden, die aktiv nach dem Sinn ihres eigenen Lebens suchten und danach strebten, dieses möglichst bewusst zu gestalten, um sich einem dem Regime und den Mechanismen der Todesfabrik untergeordneten Dasein zu widersetzen. Die Stärke des ehelichen Bandes mag durch reines Gefühl, den gemeinsamen Existenzkampf sowie den ständigen Dialog der Eheleute determiniert worden sein.

Wahrscheinlich war der erste Brief für den Gefangenen aus emotionalen und psychischen Gründen am schwierigsten zu schreiben, da der Autor sich überwinden und das Leiden eines erniedrigten Menschen verbergen musste. Die Häftlinge schrieben wenig und zurückhaltend über sich selbst und teilten meistens nur mit, dass sie gesund seien und es ihnen gut gehe[145]. Diese Formel musste jeder aus dem Lager verschickten Korrespondenz hinzugefügt werden, so dass sie wie ein Refrain in jedem nachfolgenden Brief wiederkehrte. Die Lagerbriefe veranschaulichen nicht nur die von der Lagerzensur auferlegten Inhaltsbeschränkungen, sondern auch die Intensität der Gefühle zwischen dem Gefangenen und seinen Adressaten. In den Briefzeilen verbergen sich Hoffnung, Glaube und Liebe, d.h. drei fundamentale Werte (Tugenden), welche die Grundhaltung der christlichen Existenz definieren[146]. Man findet darin Illusionen, Erinnerungen an das familiäre Zusammenleben, das Versprechen einer Rückkehr ins „Paradies" – nach Rybnik, Opole, Skoczów, Włocławek, Kraków usw., nach Hause, zu Familie und Freunden, aber auch einen Lebenshunger, Enttäuschung, den Glauben an die Rückkehr zur Vergangenheit und die Hoffnung darauf, das durch den Lageraufenthalt unterbrochene Leben fortsetzen zu dürfen. Letzteres geht mit der schmerzlichen Erkenntnis einher, dass es nicht

---

145 *Ich bin gesund und es geht mir gut.* Für negative schriftliche Äußerungen über das Lager und seine Behörden drohten schwere körperliche Strafen. Auch der Empfang von Geld aus nicht genehmigten Quellen unterlag einer Strafe. Briefe, die ausschließlich in deutscher Sprache verfasst werden durften, trafen etwa alle vierzehn Tage ein. Gemäß der Lagerordnung durfte man ausschließlich mit den Angehörigen korrespondieren. Familien und Wohltätigkeitsorganisationen durften Pakete an die Gefangenen schicken.

146 Vgl. *Literatura epistolarna Nowego Testamentu. Cz. 1: Listy Protopawłowe [Epistolische Werke des Neuen Testaments. T.1: Paulinische Briefe].* Hrsg. von J.M. CZERSKI. Opole 2013, S. 119–122

möglich sein wird, die verlorenen, für das Familienleben so wichtigen Tage, wenn die Kinder erwachsen werden, nachzuholen oder wiederzubekommen. Die Gefangenen sind bestrebt, allen Zweifelnden zu beweisen, dass sie künftig in der Lage sein werden, ihre Familien zu erhalten und ihnen all die erlittenen Entsagungen und Kümmernisse während sie selbst im Vernichtungslager waren, zu vergelten. Für die Häftlinge, die nicht durch eheliche Bande verbunden waren, d.h. für eine große Anzahl von Priestern, war das Gefühl der emotionalen Verbundenheit mit der in der Pfarrgemeinde zurückgebliebenen geistlichen Familie und anderen ihnen am Herzen liegenden Personen eines der wichtigsten Aspekte, die das Durchhalten in der Lagerhölle erleichterten. Das Bewusstsein, dass es jenseits des Stacheldrahts Menschen gab, die ihnen nahe und wichtig waren, daheim warteten und sich sehnten, war für viele Gefangene eine starke Motivation im Kampf ums Überleben. Die Sorge um die Kinder, Mütter, Ehefrauen, Ehemänner, Geschwister und zugleich das Bewusstsein, gebraucht zu werden, mobilisierten ebenfalls ihre Lebenskräfte und Abwehrmechanismen, erhöhten die Wachsamkeit und Vorsicht, halfen den Albtraum des Lagerdaseins zu überwinden, sorgten für kurze Entspannungsmomente und schenkten Trost, der immer aus wahrer Liebe zum Nächsten geschöpft wird. Jene Passagen in der Korrespondenz, in denen die Gründe für den Kampf um das Überleben im Lager angesprochen werden, sind in ihrer psychologischen Wahrheit besonders eindrucksvoll, berührend und authentisch. Obwohl Franciszek Ogon in dem Brief vom 24. September 1944 anmerkte, dass *sich die Großmutter Ogon nicht so sehr vor dem Alarm fürchten soll, da es ohnehin unmöglich sei, dem Schicksal zu entkommen*, kommt der Glaube an das Überleben, an den Sieg, an die Freiheit in seinen späteren Briefen immer häufiger zum Ausdruck und, was am wichtigsten ist, bleibt dabei zutiefst aufrichtig. Eine ehemalige KZ-Gefangene, Maria Slisz-Oyrzyńska, Lagernummer 40275, erinnerte sich:

> *Die Liebe meiner Nächsten: ich war in der glücklichen Lage, sie gehabt zu haben. Ihre Liebe erreichte mich auch hinter dem Stacheldraht […]; ich musste überleben, um zu ihnen zurückzukehren. Ich träumte von dem Augenblick, wenn ich an die Tür unseres Hauses klopfe, über die Schwelle trete und sage: »Hier bin ich, ich bin wieder da, eure Liebe hat mir geholfen zu überleben«. Ich habe mir das sehr gewünscht; jemand hat mir einmal gesagt, man muss sich nur etwas ganz stark wünschen, dann geht der Wunsch in Erfüllung – und er ist in Erfüllung gegangen*[147].

---

147 Z. JAGODA, S. KŁODZIŃSKI, J. MASŁOWSKI: *Przetrwanie obozu w ocenie byłych więźniów Oświęcimia-Brzezinki [Das Überleben des Lagers aus der Sicht ehemaliger Häftlinge von Auschwitz-Birkenau]*. „Przegląd Lekarski“ 1977, Nr. 1, S. 89.

Die Lager- und Gefängnisbriefe bieten daher eine interessante Möglichkeit, die Liebe zu studieren. Es scheint, dass, wenn der Gefangene die Ehefrau seiner Gefühle versichert, er gleichzeitig einen Kampf um ihre Liebe austrägt; er „versucht, gut zu sein, lebt in der Liebe“[148]. Der Wunsch, gut zu sein, hat unwiderlegbar christliche Wurzeln und manifestiert sich ebenfalls in der Liebe zum Vaterland und den Bewohnern der „kleinen Heimat“. Der Leser wird gleichsam Zeuge des Aktes einer bewussten und dramatischen Liebeserklärung, eines Gefühls, das vor allem dem Absender ermöglicht, in der apokalyptischen Zeit zu (über)dauern. Es gibt ihm Kraft, als unschuldiges Opfer des Totalitarismus zu funktionieren. Die Analyse dieser Liebe, die auf die gleiche Ebene mit der Elternliebe zu stellen ist, mit all ihren Besonderheiten, die sich aus den äußeren Umständen, aber auch aus ihrer Größe ergeben, ist eine Aufgabe, die jeder Leser der Briefe für sich selbst bewältigen muss. Aus den Dokumenten geht hervor, dass die Liebe Franciszek Ogons verschiedene Namen trägt: Ija, Wenio, Zbyszek, Andrzejek, Rybnik, Polen… Das Gleiche gilt auch für andere Gefangene, deren Verlangen, vor allem geliebt zu werden, und die Sorge um die Angelegenheiten der Familie und der Heimat über jedes Maß hinausgehen. Ihr Patriotismus und ihre Religiosität fußen auf einem soliden und unabhängigen Fundament[149]. Auch wenn sie im Lager versklavt waren, beugten sie sich nicht den pervertierten Lagerregeln, sondern vertrauten als tiefgläubige Menschen voller Zuversicht auf den Willen des Allmächtigen. Obwohl sie viele schmerzhafte Erfahrungen erleiden mussten, neigten sie keineswegs dazu, ihr Leiden zu überzeichnen. Ihr Glaube an den Sieg der Wahrheit war durchaus überzeugend. Die in einfacher Sprache verfassten Briefe sind vom Geist des Evangeliums durchdrungen, denn sie stammen aus der Feder gläubiger Menschen, die

---

148 Der Ausdruck stammt von dem Dichter Kornel Ujejski. In seinem Brief an Zofia Romanowiczówna vom 29. August 1888 schrieb er: *Ich versuche, gut zu sein. Ich lebe durch die Liebe*. Vgl. *Żyję miłością. Korespondencja Kornela Ujejskiego 1844–1897 [Ich lebe durch die Liebe. Die Korrespondenz von Kornel Ujejski 1844–1897]*. Gesammelt, bearbeitet und mit einem Vorwort versehen von Z. SUDOLSKI unter Mitwirkung von O. KRYSOWSKI. Warszawa 2003, S. 296.

149 Laut Papst Johannes Paul II. steht das Vaterland mit dem Begriff und der Wirklichkeit des Vaters im Zusammenhang. Das Vaterland wird mit dem väterlichen Erbe gleichgesetzt, d.h. mit dem Hab und Gut, das man vom Vater geerbt hat. Etymologisch gesehen leitet sich das Wort *Vaterland* von dem Substantiv *Vater* ab. Ursprünglich bedeutete es *väterliches Erbe*. Vgl. JOHANNES PAUL II.: *Pamięć i tożsamość. Rozmowy na przełomie tysiącleci*. Red. pod kier. *[Erinnerung und Identität: Gespräche an der Schwelle zwischen den Jahrtausenden]*. Hrsg. von P. PTASZNIK und P. SARDI. Kraków 2005.

alle Koinzidenzen, irrationale Zufälle, die über das Überleben entschieden, auf göttliches Eingreifen zurückzuführen vermochten. Im Übrigen ist es einer der wichtigsten Faktoren für die Vertiefung der Religiosität bei den Gefangenen[150].

Der KZ-Häftling vergaß nicht, jedem Brief an eine geliebte Person zumindest ein Geständnis der ihn plagenden Sehnsucht und der Liebe beizufügen. Die Botschaften aus dem Lager manifestieren Zärtlichkeit, ein ständiges Bedürfnis nach der Anwesenheit der anderen Person sowie die Hoffnung, dass der Schreibende seiner Ehefrau, Mutter oder Schwester die Mühen der alleinigen Kindererziehung und sämtliche alltäglichen Sorgen um die Existenz der Familie zu vergelten imstande sein wird: *Lass mich bitte wissen, wie das Geschäft mit Holz läuft und wie Tadzio die Sache mit dem Finanzamt geregelt hat*[151]. In den Briefen finden sich Fragmente, manchmal nur ein Satz, die durch Frische, Einfachheit und echte, glühende Liebe bestechen. So heißt es beispielsweise in dem Brief von Franciszek Ogon vom 18. Dezember 1944: *Ich freue mich sehr, dass Dich mein Brief noch vor Weihnachten erreichen wird. Er soll Dir die Botschaft übermitteln, dass meine Gedanken ständig bei Dir und unseren Kindern sind.* Im Wirrwarr von floskelhaften Formulierungen, Verallgemeinerungen

---

150 Im Archiv des Staatlichen Museums Auschwitz-Birkenau werden Berichte von Häftlingen aufbewahrt, die das Lager überlebt haben. Das Motiv des Eingreifens und der Vorsehung Gottes kommt darin häufiger vor, als man annehmen würde. Jan Krakowski (Häftlingsnummer 226) berichtete: *Die Inhaftierung, das Gefängnis und das Lager waren eigentlich meine erste und gleichzeitig unvorstellbar harte Lebensprüfung. Ich glaube, dass ich sie nur dank Gottes Hilfe überstanden habe. Ich weiß besser als viele andere, dass Tausende und Millionen Menschen, die viel würdiger als ich waren, ein grausames Schicksal erlitten haben und im Lager umgekommen sind. Dieses Problem kann mit unseren menschlichen Forschungsmethoden nicht ergründet werden. Die Tatsache, dass es unverschuldetes Leid und Böses in der Welt gibt, lässt sich nur durch die unbegreifliche Ökonomie Gottes erklären, die das menschliche Maß übersteigt.* Dipl.-Ing. Artur Krzetuski (Häftlingsnummer 1003) argumentierte: *Warum habe ich das Lager überlebt? Diese Frage habe ich mir mehrmals gestellt, gründlich darüber nachgedacht und genau analysiert. Die auf religiösen Glauben gestützte Antwort wäre kurz und bündig: „Weil Gott es so wollte". Und das ist nach meinem Ermessen zutiefst wahr, denn Gottes Urteile finden ihre Verwirklichung in einem Aufeinandertreffen von Umständen, die in ihrem Zusammenwirken letztlich über das menschliche Leben entscheiden.* Vgl.: Z. JAGODA, S. KŁODZIŃSKI, J. MASŁOWSKI: *Przetrwanie obozu w ocenie byłych więźniów Oświęcimia-Brzezinki…*, S. 77–108.

151 Ausschnitt aus dem Brief von Henryk Kormański an seine Mutter Elżbieta Kormańska und seinen Bruder Tadeusz aus dem KZ Auschwitz vom 13. September 1941. B. MIELNICKA: *Listy z Auschwitz…*, S. 83.

oder auch chaotischen Wiederholungen kommen in den Briefen der Gefangenen, die nicht besonders wortgewandt waren, edle – einfache und reine – Gefühle mit wunderbaren Worten zum Ausdruck. Józef Kachel und Teodor Musioł lieben ihre Familien und leben nur für sie, folgen dem Rhythmus des Familienlebens, der sich für sie wie die schönste Melodie der Welt anhört. Vor allem aber – und das sei noch einmal betont – machte der Gefangene, da er sich seines weiteren Schicksals nicht sicher sein konnte, die Möglichkeit, der Ehefrau und den Kindern seine große Liebe zu beweisen, vom Ratschluss Gottes abhängig. Er vertraute die gemeinsame Zukunft der göttlichen Vorsehung an. Am 25. Dezember 1944 schrieb Franciszek Ogon:

> *Sobald der erste Stern am Abendhimmel erschien und ich ihn ansah, wanderten meine Gedanken sofort zu Euch, meine liebe Maria, meine lieben Kinder. Durch ihn sandte ich Euch meine Wünsche und bat Gott darum, dass er mich zu Euch zurückkehren lässt und ich mich zusammen mit Euch des Lebens erfreuen kann.*

Ohne nennenswerte Interpretationsprobleme gelangt man zu dem Schluss, dass die angeführte Passage die dramatische Verflechtung der allgemeinhistorischen Dimension mit der privaten Sphäre eines konkreten Menschen explizit verdeutlicht.

In den Lagerbriefen werden auch Erinnerungen an bestimmte Personen wachgerufen, die den Häftlingen mit Lebensmittelpaketen und Briefen halfen. Die Aufmerksamkeit des Lesers richtet sich auf die stets wiederkehrenden Dankesworte des Gefangenen an diejenigen, die ihn und seine Familie unterstützt haben. Die Informationen bleiben dem Grundsatz der Wahrheit im Brief treu, sind gradlinig und aufrichtig formuliert und ermöglichen, dass sich das Schöne im Brief entfalten kann[152].

Die Briefsammlungen von Gustaw Morcinek, Franciszek Ogon, Józef Kachel und Teodor Musioł enthalten eine Vielzahl von Vor- und Familiennamen sowie Tatsachen aus dem Alltagsleben der Familie, die von den zeitgenössischen Herausgebern nicht mehr entschlüsselt bzw. aufgeklärt werden konnten, so dass sich der Leser gezwungen sieht, nur mit wenigen genaueren Hinweisen auszukommen. Die Autoren der Briefe schrieben oft eher oberflächlich über manche Ereignisse, ohne auf die faktografischen Einzelheiten einzugehen, oder sie griffen zu elliptischen Auslassungen bzw. verschlüsselten wahrscheinlich auch ihre Botschaften.

152 Über die Regeln der Inhaltsauswahl im Brief schreibt Stefania Skwarczyńska. Vgl. S. SKWARCZYŃSKA: *Teoria listu…*, S. 143.

Viele Gefangene fielen durch ihr musikalisches oder künstlerisches Talent, die Fähigkeit, Geschichten zu erfinden, ihr Geschick für Hand- oder Gartenarbeit, für Kochen und zahlreiche andere Begabungen auf. Franciszek Ogon war zweifelsohne künstlerisch begabt. Er verschönerte seine Lagerbriefe mit Zeichnungen (in der oberen linken Ecke des Blattes). In dem Brief vom 10. Dezember 1944 zeichnete er beispielsweise einen mit Kugeln geschmückten Weihnachtsbaum, über dem ein Engel schwebt, der ein Herz in Händen hält. Unter der Zeichnung befinden sich die Wünsche für das kommende Weihnachtsfest: GESUNDE FEIERTAGE 1944. In dem Brief vom 30. Juli 1944 zeichnete er wiederum einen Blumenstrauß. Die Sprache war also für die Gefangenen nicht die einzige Form, ihre Gefühle auszudrücken[153]. Besonderes Lob verdient die redaktionelle Arbeit an den zum Druck vorbereiteten Lagerbriefen, bei der die Hervorhebungen der Briefautoren beibehalten wurden, denn

> [...] *es ist wichtig, an die originalen materiellen Korrelate der Schreibpraktiken heranzukommen, anstatt sich lediglich mit dem daraus extrahierten und in eine gedruckte Form überführten Text zu begnügen. Das Geschriebene verhüllt nämlich in seiner Materialität eine Menge an wertvollen Informationen*[154].

Zum Inhalt der Korrespondenz

Die aus den Konzentrationslagern ausgehende Korrespondenz unterlag, wie zuvor angedeutet, der Lagerzensur, deswegen durften nicht alle Informationen im Briefwechsel enthalten sein, manches musste man beim Schreiben

153 Auf der Webseite des Museums Groß-Rosen werden Weihnachtsbriefe der Häftlinge mit eigenhändigen Zeichnungen präsentiert. *Eine von der Lagerbehörde zugelassene Abweichung von den geltenden Korrespondenzregeln bestand darin, die Briefe mit Zeichnungen zu versehen. Die Zeichnungen drückten oft Sehnsucht nach Freiheit und Familie aus und ermöglichten das Überleben. Sie stellten u. a. im Gedächtnis eingeprägte Landschaften, Blumen, Märchenfiguren und Weihnachtsmotive dar.* [...] Die *Zeichenutensilien, d.h. Buntstifte, Farben, Bleistifte, wurden illegal vom „Baubüro" beschafft. Auch die SS-Männer waren an den Kunstwerken interessiert. Besonders beliebt waren bei ihnen Gemälde – Ölbilder und Aquarelle, Visitenkarten, Geburtstagseinladungen usw.* Museum Groß-Rosen: https://www.gross-rosen.eu/bozonarodzeniowe-listy-obozowe/ [Zugriff: 15.09.2017].

154 P. RODAK: *Rzeczy pisane, rzeczy napisane. O materialności praktyk piśmiennych [Geschriebenes und Aufgeschriebenes. Über die Materialität der Schreibpraktiken].* In: *Literatura i „faktury" historii XX (i XXI) wieku [Litaratur und „Fakturen" der Geschichte des 20. (und 21.) Jahrhunderts].* Hrsg. von A. MOLISAK et al.. Warszawa 2014, S. 45.

verschweigen. In den Briefen sind, wenn auch nur geringfügige, Spuren von Zensureingriffen in Form von ausgestrichenen Textzeilen erhalten geblieben. Manchmal wird derselbe Inhalt in den nachfolgenden Briefen wiederholt, was auf eine unmittelbar ausgedrückte Unsicherheit, ob sie tatsächlich den Empfänger erreicht haben, zurückzuführen ist.

Die Korrespondenz von KZ-Häftlingen beinhaltet in erster Linie persönliche Geschichten. Die Briefe spiegeln zumeist die Schicksalswende des Autors in ihrem ganzen tragischen, von Trauer und Demütigung geprägten Ausmaß wider. Der wichtigste Gedanke, der darin immer wieder, fast mantrisch zum Ausdruck kommt, ist die Vision der Rückkehr zur Familie, nach Hause. Damit geht der Glaube an die göttliche Vorsehung einher. In dem Brief vom 7. Januar 1945 schrieb Franciszek Ogon wie folgt:

> *Vielen Dank an Zbysio und Wenio für die paar Zeilen, vor allem aber für die Zeichnung und das schöne Bild, und auch für das Herz. Das habt ihr wunderbar gemacht. Ihr könnt Euch kaum vorstellen, wie viel Freude mir das alles bereitet hat – so sehr bin ich darin bestärkt, dass Ihr mich liebt. Das war ein wunderschönes Geschenk. Es ist herrlich zu wissen, dass man von jemandem geliebt wird. Es berührt mich aufs Tiefste, dass Ihr Tag für Tag zu Gott betet, damit ich bald heimkommen kann. Ja, das wäre schön… Seid also guten Mutes und der liebe Gott wird eines Tages eure Gebete sicher erhören.*

Dank zahlreicher Fragen, die in der Korrespondenz der Häftlinge enthalten sind, ergibt sich aus den Briefen ebenfalls eine interessante Schilderung der Lebensumstände ihrer Angehörigen. Das dramatische Schicksal der Familien Ogon, Kachel und Musioł während der deutschen Besatzung ist in vielerlei Hinsicht repräsentativ für unzählige polnische Familien. Man kann zu der Auffassung gelangen, dass ihre persönlichen Geschichten früher als die Korrespondenz selbst ansetzen, weil die darin enthaltenen Anmerkungen und Aussagen das Bild ihres Lebens vor der Verbringung des Häftlings ins Lager skizzenhaft darstellen. Das persönliche Schicksal der Familie des Briefverfassers lässt sich nicht selten anhand der im Briefwechsel angegebenen Informationen recht genau rekonstruieren. Ein nur oberflächlicher Einblick in den Inhalt der Briefe kann zwar den Eindruck hinterlassen, dass sie geradezu nichtssagend und unverständlich sind, einem aufmerksamen Leser der Korrespondenz wird jedoch die zwischen ihren etwas monotonen und ständig wiederkehrenden Zeilen über das Wohlergehen des Gefangenen und wechselhaftes Wetter verborgene Dramatik nicht entgehen.

Mit größter Sorgfalt werden die zutiefst persönlichen Themen erfasst, wie z.B. Schwangerschaft, Entbindung und Wochenbett der Ehefrau des Häftlings. Die Zeit wird jeweils akribisch gemessen. Der Gefangene teilt seinen

Angehörigen den Zeitpunkt mit, zu dem ihre Pakete und Briefe bei ihm eingegangen sind. Anders erfolgt die Zeitmessung, falls er auf die Geburt seines Kindes wartet. Die reale Zeit wird von der liturgischen Zeit mit den Festen des Kirchenjahres überlappt.

Die persönliche Geschichte setzt sich sowohl aus den in der Korrespondenz von der Ehefrau, den Eltern, Geschwistern oder Angehörigen enthaltenen Informationen (die in den Briefen der Häftlinge nachhallen) als auch aus der Erinnerung an Familienfeiern: Namens- und Geburtstagen einzelner Familienmitglieder, zusammen. Bereits in dem ersten erhaltenen Brief von Franciszek Ogon vom 9. Oktober 1943 wird der letzte Muttertag erwähnt (es sei angemerkt, dass der Autor erst im Brief vom 9. Oktober 1943 auf das im Kalender auf den 26. Mai fallende Ereignis zu sprechen kommt). Zu Geburtstagen seiner Söhne schickte er Wünsche und bat die Jungen immer darum, der Mutter keine Probleme zu bereiten. Auch Wünsche für die Großmutter Ogon sowie für seine engsten Freunde (Marta oder Frau Władysia) wurden der Korrespondenz beigefügt. Durch die in den Briefen wiederholt artikulierten Bitten um Nachrichten von Zuhause oder Fragen nach dem Schicksal der Angehörigen wurde der zwischen dem Absender und dem Empfänger geführte Dialog als ein für die Häftlinge überlebenswichtiger Faktor ständig aufrechterhalten. Das Motiv einer baldigen Heimkehr taucht bereits in den ersten überlieferten Dokumenten der Gefangenen auf und wird während des gesamten Aufenthalts in der Todesfabrik immer wieder angesprochen, denn es hängt mit ihrer ungebrochenen Hoffnung darauf, das Lager zu verlassen und zur geliebten Familie zurückzukehren, zusammen. Insbesondere die letzten Tage der Gefangenschaft bringen einerseits die tödliche Gefahr während der Evakuierung der Konzentrationslager mit sich, andererseits den Glauben an die immer näher rückende Freiheit und Rückkehr in das freie Heimatland.

Die Intensität und Häufigkeit, mit welchen die Worte über die Rückkehr zur Familie in der Korrespondenz wiederkehren, bauen die Spannung des Wartens auf die Verwirklichung dieses Traumes auf. Den Höhepunkt bilden die in den letzten, in der Regel kurz nach der Befreiung aus der deutschen Gefangenschaft verfassten Briefen übermittelten Nachrichten. An dieser Stelle sei daran erinnert, dass es Franciszek Ogon nicht vergönnt war, seine bereits angekündigte Heimkehr zu erleben. Die Einzelheiten seines Todes bleiben leider bis heute ungeklärt. Dabei muss man bedenken, dass in jenen Tagen die Briefe aus den Konzentrationslagern aufgrund der Frontverschiebung und Befreiung weiterer Gebiete durch sowjetische Truppen überhaupt nicht oder nur mit erheblicher Verspätung ankamen. Der letzte Brief von Józef Kachel an seine Ehefrau

Paulina trägt das Datum vom 31. Dezember 1944. In der Endphase des Krieges erhielt Paulina Kachel daher keine Nachrichten von ihrem Mann.

Ein interessanter Aspekt bei der Analyse von Briefen des Gefangenen an seine Ehefrau und seine Kinder sind die Gemütsbewegungen des Verfassers. Der Leser wird mit einer ganzen Palette von Emotionen konfrontiert: die Spannung wird durch die wachsende Sehnsucht gesteigert und die Gefühle der Einsamkeit und Verlassenheit weichen im letzten Brief der Hoffnung auf ein baldiges Wiedersehen: *Meine Sehnsucht nach Euch ist sehr groß und ich möchte Euch so bald wie möglich umarmen und küssen*, so Franciszek Ogon. Den dramatischen Ausklang der Geschichte vertiefen die Worte: *Ich rechne damit, in Bälde zu Euch zurückzukehren*. Das erträumte Glück, seine Liebsten in die Arme zu nehmen und zu küssen, wurde ihm aber nicht mehr zuteil.

Das Motiv der Rückkehr zur Familie wird außer dem Gefühl unausgesprochener Sehnsucht auch von dem Wunsch begleitet, in die kleine Heimat zurückzukehren. Der Gefangene erkundigt sich stets nach dem Schicksal seiner Nächsten, Verwandten, Freunde, Bekannten und Nachbarn, so deutet Franciszek Ogon in seinem ersten Brief an, dass er sich wegen mangelnder Nachrichten Sorgen um das Geschäft macht.

Der im Briefwechsel am häufigsten zum Ausdruck gebrachte Aspekt des Lagerlebens ist die Frage der Nahrungsmittel. Das Thema kehrt immer wieder, kommt bereits in den ersten erhaltenen Briefen der konkreten Sammlung vor und ergibt sich wohl – auch wenn es nie ausdrücklich zugegeben wird – aus dem permanenten Mangel an Lebensmitteln im Lager. Das Essen wird nicht nur zu einem unentbehrlichen Bestandteil des Feierns, sondern vielmehr zu einem Wahrzeichen des Festes überhaupt. Man zelebrierte alle festlichen Anlässe: die privaten (Brief von Franciszek Ogon vom 8. August 1943: *Lieber Zbysio! Dein Geburtstagskuchen war köstlich*; Brief vom 21. November 1943: *Lieber Wenio! Ich habe den Kuchen erst am Montag erhalten, aber Du sollst wissen, dass er köstlich war! Danke, dass Du an mich denkst, Du bist ein großartiger Junge*) und die religiösen (Brief vom 10. Dezember 1944:

> *Weihnachten rückt immer näher. Ich kann nun zum zweiten Mal nicht mit Euch zusammen sein, aber zumindest in Gedanken werde ich mit Euch die traditionelle Oblate brechen;*

Brief vom 25. Dezember 1944:

> [...] *aber zuerst muss ich für das schöne Weihnachtspaket danken. Onkel Karol danke ich für die Früchte. Die Trauben waren eine schöne Überraschung. Ich habe sie mit großem Appetit aufgegessen. Über alles habe ich mich wie ein kleines Kind gefreut. Es war ein wunderbarer Heiligabend).*

Die Schilderungen des Inhalts der zugesandten Pakete sind sehr detailliert, wodurch sie suggestiv auf die Fantasie des Lesers wirken. Nur am Rande sei vermerkt, dass die Hungermahlzeiten der KZ-Häftlinge[155] aus Basisprodukten in sehr bescheidenen Mengen bestanden, obwohl sich die bei der Paketverteilung eingesetzten Gefangenen über einen Mangel an Lebensmitteln eher nicht beschweren konnten. Ein ironischer Unterton schwingt dennoch in folgenden Sätzen mit: *Wir haben hier eine Kantine, wo man alles kaufen kann, wenn man Geld hat. Ich kann bis zu 40 Mark im Monat bekommen*[156]. Aus der Fachliteratur geht hervor, dass Kantinen in Wirklichkeit kaum eine positive Rolle spielten, da sie keine gesunden und nährstoffreichen Produkte anboten.

> *In der Kantine konnte man von Zeit zu Zeit saure Rüben, salzige Schnecken, Mineralwasser und außerdem Zigaretten, Rasierutensilien, Zahnputzutensilien, Lagerbriefbogen, Briefmarken oder andere Kleinigkeiten, die für die Gefangenen von geringem Wert waren, kaufen*[157].

Die Lagerbriefe können als Beispiele für Gebrauchsliteratur angesehen werden, denn sie erfüllten – wie jede schriftliche Ausdrucksform – ihre bestimmten Funktionen. Sie dienten dem Gefangenen dazu, zum einen darüber zu informieren, mit welchen Gedanken er sich herumschlägt, vor allem aber dazu, um den Kontakt zu seinen Angehörigen aufrechtzuerhalten. Jede längere Pause in der eingehenden Korrespondenz von Zuhause wurde sofort in den Briefen berichtet. Franciszek Ogon oder Teodor Musioł verzeichneten mit minutiöser Genauigkeit die Daten, wann die einzelnen Briefe von ihren Ehefrauen sie erreicht haben. Aus diesem eigenartigen Register lässt sich schlussfolgern, dass die Korrespondenz aus Rybnik in der Regel nach sieben Tagen im KZ Auschwitz-Birkenau eintraf (es kommen ebenfalls kürzere, d.h. fünftägige, Abstände vor).

Es unterliegt keinem Zweifel, dass die von den KZ-Häftlingen erhaltenen Briefe für ihre Empfänger zuallererst ein Lebenssignal, ein materielles Zeichen

155 Im Kapitel *Die Häftlinge* (Abschnitt: *Ernährung*) schreibt Tadeusz Iwaszko ausführlich über die Mahlzeiten, ihren Nährwert sowie die Normen für den Wochen- bzw. Tagesspeiseplan für Auschwitz-Häftlinge. Vgl. T. IWASZKO: *Wyżywienie [Ernährung]*. In: W. MICHALAK: *Oświęcim. Hitlerowski obóz masowej zagłady [Auschwitz. Nationalsozialistisches Vernichtungslager]*. Warszawa 1981, S. 73–77.

156 Ausschnitt aus dem Brief von Jan Klistała an seine Ehefrau und seine Kinder vom 9. Mai 1943. J. KLISTAŁA: *Żołnierze rybnickiego ZWZ/AK, POP, PTOP…*, S. 128.

157 *Auschwitz. Nazistowski obóz śmierci [Auschwitz. Nationalsozialistisches Vernichtungslager]*. Hrsg. von F. PIPER und T. ŚWIEBOCKA. Oświęcim 1993, S. 76.

dafür waren, dass der Gefangene *gesund war und es ihm gut ging*. Man darf nicht vergessen, dass

> *der Tag, an dem ein Brief von Euch ankommt, und der Tag, an dem ich einen an Euch schreibe, besonders sind, denn an diesen Tagen bin ich noch intensiver in Gedanken mit Euch verbunden* [...] (Brief von Franciszek Ogon vom 17. Oktober 1943).

Die Häftlinge scheinen der Leserintuition ihrer Adressaten zu vertrauen, glauben, dass die Letzteren imstande sein werden, aus den wortkargen Zeilen der offiziellen Korrespondenz die Wahrheit über ihr sich unter unmenschlichen Bedingungen abspielendes Leben im Lager herauszulesen. Direkte Aussagen werden nicht selten durch Formulierungen „Du weißt ja“ oder „wie Du weißt” ersetzt. Grußkarten und Kurzbriefe kündigen umfangreichere Briefe an, die später nicht ankommen, weil sie nie geschrieben worden sind. Die Schreibenden wiederholen ständig ihre – manchmal flehenden – Bitten um einen Brief. Viele Häftlinge belassen es bei dem kurzen „Schreib mir einfach nur“. Sie sind sich dessen bewusst, dass sich ihr Wunsch nur schwer erfüllen lässt, was indirekt in dem etwas verworrenen Satz: [...] *ich schreibe jetzt nur ein paar Worte, aber du sollst mir viel, sehr viel schreiben*, zum Ausdruck kommt. Ein längeres Schweigen ihrer Briefpartner veranlasst sie manchmal dazu, die Ursachen dafür bei sich selbst zu suchen: [...] *verzeih mir, dass ich Dich mit meinen Fragen quäle und nach Neuigkeiten verlange, aber ich sehne mich nach Nachrichten über Euer Leben*. Manchmal ist es aber lediglich eine Beschwörung, ein ausgesprochener Wunsch, den Briefdialog fortsetzen zu können.

Das Schweigen, das von einem Briefpartner als Folter empfunden, manchmal aber auch mit dem stillschweigenden Einverständnis beider Parteien aufrechterhalten wird, ist ein wesentliches Element in jeder der analysierten Sammlungen von offiziellen Briefen. Die Grenzen einzelner Korrespondenzbestände sind eng mit den Wendepunkten im Leben der KZ-Häftlinge verbunden.

Die offiziellen Briefe weisen von Anfang an maßgebende Merkmale von Freundschaft und Liebe auf – um es allgemein auszudrücken– Gefühlen, welche die Absender und Empfänger der Korrespondenz füreinander empfinden, und, was hervorzuheben ist, diese Empfindungen bleiben bis zuletzt genauso stark und gewichtig. Die zeitliche Distanz verwischt nicht die Erinnerungen der Schreibenden, löscht nicht ihre Gefühle. Ganz im Gegenteil, Sehnsucht und mangelnde Zustimmung zur erzwungenen Trennung fachen die Dynamik der emotionalen Beziehungen an. Das sprechende und liebende „Du“ versucht, dem lesenden Gegenüber seine Dankbarkeit für dessen Treue auszudrücken. Damit wird auch der Leser in die Beziehung zwischen dem Autor und dem ersten, unmittelbaren Adressaten verwickelt. Ohne „Trauer” um diejenigen, die der Vergangenheit angehören, kann der zeitgenössische Leser der offiziellen Lagerkorrespondenz auf seine eigene Weise, subjektiv des Absenders, eines KZ-Häftlings, gedenken, indem er diesen in die Gegenwart transponiert. Nur eine solche Vorgangsweise ermöglicht es dem Leser, dem fremden Autor der Lagerbriefe zu begegnen. Darin zeigt sich die komplizierte Beziehung zwischen dem Leben und dem Brief, der beim Lesen immer wieder aktualisiert werden muss.

Die Begegnung in der realen Welt und durch den Brief wird sehnlichst erwartet und bedeutet für jeden Beteiligten etwas anderes. In ihren eher losen Anmerkungen zu dem, was war, prägen die Häftlinge den Inhalt des Briefes mit Überlegungen dazu, was sein wird, sowie mit unermüdlichen Bemühungen, damit der Adressat auch nach dem als etwas Endgültiges angesehenen Abschied, das heißt dem Tod durch Hunger, Erschöpfung oder in der Gaskammer, eine mögliche Form der Linderung, einen Trost für seine Trauer und Verzweiflung findet. Und es sind eben Briefe, die eine Atempause bringen können, wenn die letzte Schwelle[158] des Lebens überschritten wird. Die kurzen Briefzeilen schaffen einen Bezugspunkt für die Adressaten, schließlich bleibt ihnen nichts anderes übrig als der Umgang mit einem Blatt Papier, auf dem die Hand eines geliebten Menschen die wenigen Worte niedergeschrieben hat. Es ist eine winzige Spur der Anwesenheit oder des Aufenthalts eines Menschen in der Welt zu einer bestimmten Zeit.

Man sieht deutlich, dass die Initiative, den Briefdialog fortzusetzen, hauptsächlich von den Gefangenen ausgeht. Ihre Teilnahme am Briefwechsel ist größer nicht nur in materieller, sondern auch in emotionaler Hinsicht. Trotzdem konzentriert sich die Korrespondenz aus dieser Zeit in erstaunlichem Maße

---

158 *Was ist nun der Tod? – erklärte er mir wenige Tage vor seiner Hinrichtung. Der Tod ist so unglaublich einfach. Für mich bedeutet er das Überschreiten einer Schwelle von einem Raum zu einem anderen. An der Schwelle zögere ich ein wenig, denn ich weiß nicht, was ich in dem anderen Raum vorfinden werde. Aber ich glaube daran, dass es etwas hundertmal Erfreulicheres sein wird, das sich nur schwer in Worte fassen lässt.* G. MORCINEK: *Listy spod morwy (Sachsenhausen-Dachau).* Katowice 1946, S. 83.

Freilich ist der Tod nicht schrecklich. Jemand wird sagen, es sei ein Übergang von einem Raum zu einem anderen, man muss nur den schweren, schwarzen Vorhang, der den Eingang versperrt, zur Seite ziehen. Man muss nur die Schwelle überschreiten, dann ist alles gut. Doch bevor man den Vorhang erreicht, muss man durch die Hölle gehen. [...] *Pater Kolbe weiß, dass man jene Schwelle wie ein Kind erreichen kann, das über eine Wiese läuft.* [...] *jenseits der Schwelle, jenseits des schwarzen Vorhangs, wartet auf ihn ein unermesslich blaues Glück* [...]. IDEM: *Dziewczyna z Champs Elysées [Das Mädchen von den Champs-Elysées].* Katowice 1947, S. 15.

darauf, was sich bei den daheimgebliebenen Nächsten der Häftlinge ereignet. Dabei spielen all die kleinen Dinge und Angelegenheiten, um die sich die Gefangenen zu kümmern versuchen, wann immer sie eine Möglichkeit dazu haben, vor allem in der Zeit seiner Abgeschiedenheit, eine wichtige Rolle. Die offiziellen Briefe der Häftlinge schwanken zwischen einer „romantisch anmutenden" Tonart, die das Verlorene zurückruft, und ihren sehr sachlichen Ratschlägen bezüglich der Haushaltsführung oder Pläne für die Wohnungsanmietung, die nicht selten in einem und demselben Brief zum Ausdruck kommen. Eine Veränderung der Tonart wird sogar gelegentlich in den Briefen selbst angesprochen.

Die Häftlinge bemühten sich um jeden Preis, das Gefühl, das sie mit den Empfängern ihrer Briefe verband, aufrechtzuerhalten, auch wenn sie manchmal nur kleine Lebenszeichen von sich gaben, wie etwa kurze Postkarten mit Wünschen.

Es kommt vor, und es ist keineswegs unhöflich, dass die Adressaten von Lagerbriefen auf die darin gestellten Fragen nicht eingehen. In vielen Briefen wird auf gemeinsame Erlebnisse aus der Zeit vor September 1939 angespielt. Obwohl der Absender hin und wieder die Antwort auf die ihn quälende Frage entbehren muss, stellt er den Briefwechsel nicht ein, sondern führt unermüdlich den Briefdialog weiter. Wie bereits erwähnt, bleibt das Gespräch manchmal einseitig. Jedoch die Tatsache, dass die Häftlinge durch das Ausbleiben einer Antwort verstört sind, bedeutet noch lange nicht, dass ihre Adressaten keine signifikante Inspiration für das Schreiben weiterer Nachrichten aus dem Lager waren.

Es ist schwer, in den offiziellen Briefen der Häftlinge gewaltige Veränderungen im Charakter, Ton oder Stil ihrer Aussagen zu bemerken. Die größte Dramatik ist in jenen erkennbar, aus denen die Ohnmacht gegenüber den hochkommenden Erinnerungen sowie der Sehnsucht nach einem freien Leben spricht. Briefe, die der Häftling in einem solchen „Moment" seines Lebens schreibt, sind materiell und emotional vom Absender dominiert. Sie erreichen eine Intensität, die man in sonstigen Briefwechseln kaum finden kann. Es scheint, dass sich der Schreibende vielleicht zum ersten Mal seinem eigenen „Ich" zuwendet, seinen brodelnden Leidenschaften freien Lauf lässt und über seine äußerst dramatische Existenz nachsinnt. Er erinnert sich an all das Gute, das er in seinem Leben erlebt hat. Bei einer Gewissenserforschung stellt er fest, dass er schöne Gesten nicht immer zu schätzen wusste:

> *Lieber Vater, in den wenigen Zeilen habe ich Deine Schrift sofort erkannt. Sie erinnerte mich an die Zeit, als wir zusammen Rechnungen und andere Papiere geschrieben*

haben. Ich mache mir jetzt oft Vorwürfe, dass ich Dir damals nicht genug geholfen habe, dass ich kein vorbildlicher Sohn war. Und es ist traurig, dass sich Deine fleißig arbeitenden Hände nun noch um mich und meine Familie kümmern müssen[159].

Um der ihn umgebenden, deprimierenden Wirklichkeit und dem inneren Zwiespalt zu entfliehen, fokussiert der Verfasser seine Gedanken auf den Empfänger: er hebt die Feinheit und Einzigartigkeit der Beziehung zu dem Briefempfänger hervor. Das ist das einzige Schöne, die ihn in der Lagergefangenschaft ungestraft begleiten darf. Der Absender zwingt sich Distanz und Schweigen nur dann auf, wenn eine solche Vorgehensweise durch die Notwendigkeit, sich selbst oder die Person, an die sich seine Worte richten, zu schützen, gerechtfertigt ist.

Für den schreibenden Gefangenen wird der Brief zu einer geistigen, ja sogar sinnlichen Erfahrung, weil sich dies – wie es scheint – voneinander nicht trennen lässt. Dasselbe Papier wird vom Absender und Empfänger in die Hand genommen. Das Blatt mit dem amtlichen Aufdruck ist ein spezifischer Träger, der von beiden Partnern des Briefwechsels berührt wird. Es ist ein Bindeglied, das sie trotz der Entfernung und der Stacheldrähte verbindet, und eine flüchtige Berührung vorspiegelt. Die Erinnerungen korrelieren mit dem Textgewebe des Briefes und aktivieren eine gemeinsame Erinnerung an Orte und zusammen erlebte Ereignisse. Manche von ihnen werden zu einer tiefen und ungewöhnlichen Bezugsebene für Erinnerungen. Die offizielle Korrespondenz wird im Rahmen bewährter Beziehungen geführt, in welche ausschließlich der Gefangene und der Adressat eingeweiht sind. Um die wichtigsten Informationen zu übermitteln, bedienen sie sich eines nur von ihnen entzifferbaren Verschlüsselungscodes. Einen unverzichtbaren Bestandteil des Briefdialogs stellen die Gefühle dar. Einige Themen werden manchmal ersatzweise aufgegriffen, da es sich als schwer oder gar unmöglich erweist, den Empfänger direkt anzusprechen, um ihn nicht Repressalien auszusetzen. Jeder Briefpartner hat andere Erwartungen gegenüber dem Briefwechsel: die Gefangenen erwarten allerlei Nachrichten über das Leben in Freiheit, die Adressaten hingegen wollen die Wahrheit über den psychischen und körperlichen Zustand des Häftlings erfahren. Der gemeinsame Nenner ist für beide die erwartete, obwohl nicht direkt ausgesprochene und artikulierte Unterstützung, die in der Korrespondenz enthalten sein kann/sollte. Die Briefe bringen den Leitgedanken jener Themen zur

---

159 Ausschnitt aus einem Brief von Stanisław Sobik an seine Eltern, Schwiegereltern und Geschwister aus dem KZ Auschwitz vom 9. Mai 1943. J. KLISTAŁA: *Żołnierze rybnickiego ZWZ/AK, POP, PTOP…*, S. 322.

Geltung, die den literarischen Dialog bestimmen. Es wäre nicht übertrieben zu sagen, dass jeder Brief einem Testament ähnelte, eine Form emotionaler Abrechnung war, und sein Inhalt nicht selten als Grabinschrift hätte dienen können.

Auch wenn sich die Empfänger jeden Bissen vom Mund absparen müssen, sind sie bereit, das, was ihnen zur Verfügung steht, zu teilen und nach Möglichkeit materielle und geistige Hilfe zu leisten. Die ebenbürtige Teilnahme am Briefwechsel spiegelt sich außerdem in der veränderten Selbstwahrnehmung des Gefangenen wider. Dem Anschein nach engagiert er sich für die Lösung von Problemen seiner Nächsten, die außerhalb des Lagers leben. Er wird auf ihre Probleme aufmerksam und unterstreicht seine Solidarität mit den Empfängern. Er weiß über die alltäglichen materiellen Bedürfnisse Bescheid und über die Probleme des Lebens unter der deutschen Besatzung. Man bekommt den Eindruck, dass die Häftlinge erwarten, dass die Briefadressaten, die für jede Art von Hilfeleistung Anerkennung verdienen, auch ihre Bemühungen zu schätzen wissen, sich durch das nationalsozialistische Regime nicht völlig herabwürdigen zu lassen. Die Absender möchten das Gefühl haben, im Briefdialog ebenso wichtig wie die Empfänger ihrer Briefe zu sein. Immer wieder legen sie ihre aktuelle Situation dar und führen eine bewegende Vielfalt von Themen an, die im Briefwechsel angesprochen werden können.

Die offizielle Lagerkorrespondenz gibt Aufschluss darüber, wie eng die Teilnehmer des Briefwechsels miteinander verbunden blieben, obwohl sie keinen persönlichen Kontakt hatten und obwohl die Häftlinge sich schweigend dagegen wehrten, manche Probleme zur Sprache zu bringen. Die Gefangenen reagierten auf jede Nachricht von ihren Angehörigen – oft mit großem Zorn, Entschiedenheit und Wut über das grausame Schicksal. Ihre kurzen und bewegenden Briefe stellen die Beständigkeit der Beziehung zwischen den Dialogteilnehmern unter Beweis, die trotz aller Hindernisse der Besatzung und ungeachtet der niedergeschriebenen flüchtigen Worte Bestand hatte. Sie zeugen gleichermaßen von der Beharrlichkeit der Schreibenden, sich mit ihren Angehörigen in Verbindung zu setzen. Henryk Perkowski war ebenso verblüfft wie zu Tränen gerührt, als ihn der Brief von seiner Schwester erreicht hat, die auch in einem Konzentrationslager inhaftiert war. Dabei musste ihm die Entschlossenheit ihres Handelns voll bewusst gewesen sein, was in seinen Erinnerungen an jenes Ereignis zum Ausdruck kommt:

> *Ich habe mich gefragt, woher sie wusste, wo ich mich befand, da sie früher vom Gefängnis in Białystok ins Konzentrationslager verbracht worden war.* […] *Erst nach meiner Rückkehr wurde klar, wie sie meinen Aufenthaltsort ausfindig gemacht hatte. Sie wusste nicht genau, ob ich im Lager war, aber sie vermutete es. Von ihren älteren*

Leidensgenossinnen kannte sie die Namen der Konzentrationslager für Männer und für alle Fälle schrieb sie überall hin. Sie bat sogar ihre Kameradinnen, die nicht korrespondiert haben, mir in ihrem eigenen Namen zu schreiben. Schließlich hat sie mich in Groß-Rosen gefunden[160].

Die bisher veröffentlichten Sammlungen der offiziellen Lagerkorrespondenz zeigen in vollem Umfang den literarischen und historischen Charakter der Epistolografie aus der Zeit des Zweiten Weltkriegs. Dabei handelt es sich um symptomatische Dokumente, die als „vielsagende Beispiele“[161] fungieren. Ihr Geheimnis berührt das Problem des Schreibens und Schaffens unter den Bedingungen der Gefangenschaft – der Inhaftierung im nationalsozialistischen Vernichtungslager. Die Problematik ist gewissermaßen bereits in den ersten Briefen der Häftlinge präsent, wird in manchen Kassibern direkt formuliert und führt zum zentralen Motiv der Lagerkorrespondenz. Die Frage nach der privaten und persönlichen Dimension von Briefen erhält in Bezug auf die Briefe der KZ-Häftlinge eine grundlegende existenzielle Aussage, ebenso wie der Topos der als Botschaft in einer versiegelten Flasche begriffenen Literatur. In den Briefen bleibt die einzigartige „Stimme” und „Stummheit“ der Gefangenen bewahrt, sie strahlen Hilflosigkeit und nicht selten auch Resignation aus, sind voller Dramatik und Widersprüche, Schmerz und Liebe. In ihnen ist der Schlüssel zum Verständnis des Schicksals verborgen. Denn man darf nicht vergessen, dass sowohl der Absender als auch der Empfänger durch ihre eigenen Geschichten und Gefühle gekennzeichnet sind. Das Lesen und Schreiben von Briefen wurde für sie zu einer Zuflucht vor der Wirklichkeit, zu einem Weg, der zum inneren Gleichgewicht und Trost führte. In der Zeit des „totalen Krieges“ vermag der Brief Gefängnismauern und Stacheldrähte zu überwinden und sich der mörderischen Politik des Nationalsozialismus entgegenzustellen.

---

160 H. PERKOWSKI: *Przeżyć każdy dzień. Wspomnienia obozowe 1944–1945…*, S. 44–45.

161 Im Gespräch mit Grzegorz Wołowiec stellte Michał Głowiński fest: […] *Sie* [Krystyna Żywulska – L.S.] *veröffentlichte einen Band mit Erzählungen über das Warschauer Ghetto unter dem Titel „Pusta woda“ [„Leeres Wasser“] – literarisch eher schwach, aber als Dokument von außerordentlichem Wert, denn das sind Geschichten über Hunger. Das zeigt, dass auch Veröffentlichungen, die als Literatur wenig bedeutend sind, unter bestimmten Gesichtspunkten wertvoll sein können. Das Buch von Krystyna Żywulska ist ein gutes Beispiel dafür.* M. GŁOWIŃSKI, G. WOŁOWIEC: *Czas nieprzewidziany. Rozmowa-rzeka [Unvorhersehbare Zeit. Ein narratives Interview]*. Warszawa 2018, S. 442.

Ohne Zweifel hat die Lagerzensur den Briefverkehr in erheblichem Maße beeinträchtigt, Worte des Schmerzes und Klagen über die harten Lagerbedingungen im Keim erstickt, offene Anschuldigungen verhindert oder sie bestenfalls in einen für den Zensor unentschlüsselbaren Bereich des Verborgenen verdrängt. Missverständnisse, Interpretationszweifel oder Auslassungen bilden einen wichtigen Bestandteil dieser Korrespondenz. „Danke", „ich denke an Euch", „wenn Gott will" – das sind die Schlüsselphrasen und -wörter des in den Briefen geführten Dialogs, der stets darauf abzielt, den Glauben und die Hoffnung auf Befreiung und ein gemeinsames Leben in Freiheit aufrechtzuerhalten. Die Zusicherungen, mit dem Briefpartner gedanklich verbunden zu sein, nehmen kein Ende, liebevolle Erinnerungen werden zurückgerufen und Visionen einer schönen Zukunft ausgemalt, obwohl die Inhalte aufgrund der im Lager herrschenden, äußeren Bedingungen unterschiedlichsten Modulationen, Variationen, Veränderungen der Intensität und Transformationen unterliegen. In den Briefen finden historische und individuelle Verbrechen ihre Widerspiegelung, denn sie sind Zeugen der „Zeit der Verachtung". Jahrzehnte nach ihrer Entstehung veröffentlicht und einer Analyse und Interpretation unterzogen, werden sie nun zu „sekundären Zeugen". Sie stellen ein Medium dar, das den Leser in seinen Bann zu ziehen vermag.

Die Häftlinge genießen das Glück, sich mit den Empfängern ihrer Briefe in Einklang zu befinden, da sie gemeinsam über die Geschichte ihrer Beziehung, Bekanntschaft oder Verbundenheit reflektieren können und gleichzeitig eine ehrliche, reinigende und stärkende Erinnerung fordern. Dies ist eine unabdingbare Voraussetzung dafür, dass man weiterhin funktionieren, kommunizieren und an ein besseres Morgen glauben kann. Die gegenseitige, durch den aufgenommenen Briefwechsel vertiefte Bindung, gibt Mut und baut die innere Kraft des Gefangenen auf. Einen weiteren Trost gewährt ihm der Gedanke daran, dass seine Briefe erhalten bleiben, auch wenn er nicht mehr da ist.

Der Dialog zwischen den Häftlingen und den Empfängern ihrer Briefe war eine der tiefsten Dimensionen des Lagerdaseins, weil er in ihnen das Gefühl der Verantwortung für sich selbst und den Empfänger, für das Schreiben und Denken weckte. Deutlicher als in den aus zeitlicher Distanz niedergeschriebenen Tagebüchern wird in den Briefen die Wahrheit über die „Zeit der Verachtung" enthüllt sowie der Widerstand der KZ-Häftlinge und ihre Versuche, sich von den Folgen der Erniedrigung im persönlichsten Lebensbereich zu befreien, dokumentiert. Darüber hinaus zeigen sie, wie hilflos und mit sich selbst versöhnt die Schreibenden waren. Da sie am Ende ihrer körperlichen und geistigen Kräfte waren, haben sie die Tatsache akzeptiert, dass sie auf ihr eigenes Schicksal keinen Einfluss haben. Sie rechnen zwar nicht damit, freigesprochen zu werden, aber glauben daran, am Leben zu bleiben. Der Begriff der Schuld funktioniert in ihrem Bewusstsein nicht, Unschuld bedeutet ihnen nichts. Das Geheimnis der Korrespondenz besteht in der akzeptierten und einzig möglichen Nähe der Dialogteilnehmer – einer Intimität im semantischen Raum, in dem zugleich die Grausamkeit des Zweiten Weltkriegs dokumentiert wird. Und es ist eben die Teilnahme am Briefwechsel, die den Status des „Beieinanderseins" erlangt. Im Briefinhalt ist das Glück des scheinbaren Zusammenseins und der Nähe gebannt, mit allen Anliegen und Kümmernissen. Hier steht die Welt frei, offen und wird wieder nah, nachvollziehbar, alles findet zueinander – das Lesen und Schreiben, der Brief und die Antwort darauf. Die Korrespondenz wird als gemeinsamer Raum erlebt.

Die Häftlinge bitten um Briefe und lesen sie als Bestätigung der künftigen Gemeinsamkeit mit dem Adressaten. Das wird ein solidarisches Beisammensein freier Menschen sein. Die Gefangenen betrachten ihre gegenwärtigen Erfahrungen als einen vorübergehenden Zustand, dessen Ende durch die von den Empfängern in Freiheit verfassten Worte näher rückt. Man kann davon ausgehen, dass es für die Gefangenen dank den von ihren Nächsten zugesandten Briefen möglich war, das Wichtigste, Wertvollste und Schönste im Leben festzuhalten. Jedes geschriebene Wort bringt sie dem Leben näher. Davon zeugen unter anderem emotionale Berichte über das Lesen von Briefen, das die Sicht auf die Welt öffnet und sich auf den außerhalb des Stacheldrahts befindenden Verfasser erstreckt. Den Gefangenen liegt sehr daran, dass ihre Augen und Gedanken auf dem vollgeschriebenen Blatt Papier ruhen – und damit auf wunderbaren Bildern vom Alltag ihrer Familien, die sehnsüchtig, aber auch sorgenvoll auf ihre Rückkehr warten. Der Akt des Schreibens und des Lesens bringt die Erfahrung einer Harmonie, auch wenn die auf dem Lagerblatt verewigten Zeilen nicht optimistisch stimmen. Alle in den Briefen der Angehörigen übermittelten Angaben werden zu den eigenen Angelegenheiten des Häftlings und die Tatsache, dass er sich in Gefangenschaft befindet, scheint dabei unbedeutend zu sein. Die Sorgen der Nächsten beanspruchen völlig seine Gedanken und lenken ihn vom eigenen Leid ab. Trotz der räumlichen Trennung kommt eine gemeinsame Zeit zustande. Die Zeit- und Raumunterschiede verschwinden und fügen sich zu einer mit Korrespondenz gefüllten Welt zusammen. Die aus dem Lager verschickten Nachrichten stellten keinen „Schrei der Verzweiflung" dar, lediglich oder vielleicht sogar einen Versuch, sich im Leben zu verankern. Die Adressaten halfen, wo immer sie konnten. Sowohl sie als auch die Häftlinge mussten einen Kampf gegen das grausame Schicksal, gegen das Böse austragen. Die Briefpartner wollten sich nicht gegenseitig betrüben oder mit Problemen belasten. Sie meinen, dass die Zeit der Trennung nicht geeignet ist, sich etwas zu sagen, was nur schwer auszudrücken oder zu beschreiben ist. Obwohl man in den Fragmenten der Korrespondenz hie und da auf Exzerpte stoßen kann, welche auf die Absicht des Schreibenden, die Strapazen seines Lebens offenzulegen, hindeuten mögen, bewegen sie sich eher am Rande von Anspielungen, Andeutungen, Allusionen, Codices oder kreativen Eigenschöpfungen. Ausbleibende Reaktionen, Missverständnisse im Briefwechsel sowie immer wiederkehrende Fragen sind ein deutlicher Beweis dafür. Im Gewebe der verwickelten Inhalte und Worte ragen der Glaube an die gegenseitige Stärkung und der Entschluss, die größten und schwierigsten Lebenserfahrungen zu überstehen, hervor. Die Autoren der Briefe wollen nicht dem in der Welt wütenden Bösen zum Opfer fallen, sondern ihre Sorgen und Kümmernisse gemeinsam tragen – das Drama eines in der Gefangenschaft zum rechtlosen Wesen degradierten Menschen wird zum Leiden seines Nächsten, eines anderen Menschen.

Es ist eine schwierige, aber nicht unmögliche Aufgabe, die offiziellen Lagerbriefe als Nachweis einer psychischen, inneren, weltanschaulichen und geistigen Krise der Häftlinge zu rekonstruieren. Die Schreibenden verbergen ihre wahren Gefühle und Emotionen, weil sie das tun müssen und wollen: einerseits wegen der Zensur, andererseits im Hinblick auf die Sorge um das Wohl des Empfängers. Von Belang ist ebenfalls ein anderer Beweggrund: über die eigene psychische Verfassung zu sprechen oder zu schreiben bedeutet, sich selbst seine Schwäche einzugestehen. Und davon ist nur noch ein Schritt zur Entkräftung, Apathie, Verleugnung des Ichs, zum Stadium des Muselmanns. In den Lagerbriefen werden oft die eigene Identität und das historische Fortbestehen hinterfragt: Wer bin ich? Woher komme ich? Was geschieht mit mir? Das Stellen dieser Fragen kann als ein spezifischer Widerstand des Opfers gedeutet werden, das ununterbrochen bestrebt ist, zu denken, nachzufragen, die Zukunft zu beschwören, das Vergangene ins Gedächtnis zurückzurufen sowie auf die Lebensmotive, Leidenschaften und Freuden der weit entfernten Vergangenheit zurückzugreifen.

Wenn man den in den Briefen der Häftlinge auftauchenden Fragen folgt, so ist die offizielle Lagerkorrespondenz unbestritten als biografisch wahrheitsgemäßes *Curriculum Vitae*, ein fiktives, aus Bruchstücken des Lebens zusammengesetztes Puzzle über Herkunft, Jugend, Familie, Arbeit oder Hobbys anzusehen. Manche Briefe sind Szenarien für eine Selbstprojektion der Identität des Gefangenen oder auch aufgenommene und festgehaltene Standbilder seiner biografischen Wandlungen.

Mit ihrer Liebe, ihrem Gewissen und Überlebenswillen scheinen die Gefangenen an einer anderen, alternativen Wirklichkeit und Geschichte teilzuhaben, die sich in freundlichen Gesten, Fürsorge und Solidarität der Verfolgten und

Leidtragenden sowie im gegenseitigen Verständnis manifestieren. Sie vertrauen ihrem Patriotismus und glauben an Gott. Darin sehen sie ihre Stärke. Sowohl Patriotismus als auch Religiosität sind Gefühle, die von den Häftlingen auf einem festen, stabilen Fundament aufgebaut werden. Sie tun alles Mögliche dafür, um während der Lagerhaft nicht in pessimistische Stimmung zu verfallen.

Sie haben keinesfalls die Absicht, zum willenlosen Werkzeug in den Händen ihrer Henker zu werden. Selbst die Tatsache, dass sie nun die geliebten Menschen entbehren müssen, hält sie nicht davon ab, sich in Geistesfreiheit zu üben. Sie zeigen einen starken Willen zu überleben und glauben fest daran, dass ihre Aufopferung für ihre Heimat einen Sinn hat. Dieselbe Vaterlandsliebe veranlasste die Gefangenen dazu, den Folgen einer zunehmenden Verdrossenheit gegenüber sensibel zu sein, und mobilisierte sie gleichermaßen zum Kampf um die Verteidigung unzerstörbarer Werte. Die Häftlinge vertrauen darauf, dass sie sogar hinter dem Stacheldraht ihre Gedanken- und Gewissensfreiheit sowie Ideale retten können, die – auch wenn sie im Ofen des Krematoriums verbrannt werden sollen – früher oder später wiederauferstehen, wie ein Phönix aus der Asche emporsteigen werden. Die Menschheit kann ohne Ideale einfach nicht existieren. Angesichts der Kriegswirren und der Lagergefangenschaft ist es von grundsätzlicher Bedeutung, die im Elternhaus erworbenen und eingeprägten Werte zu bewahren. Und auch wenn es manchmal naiv oder schwärmerisch erscheinen mag, schätzen die Gefangenen den moralischen, inneren Wert eines Menschen über alles, beurteilen ihre Mitgefangenen nach jenen Werten und es schmerzt sie, dem Egoismus und Werteverfall zusehen zu müssen. Der Abstieg in die Verzweiflung hatte zur Folge, dass sich der Gefangene von der Außenwelt abschottete und so lange in Schweigen verharrte, bis er seinen Glauben wiederfand. Als gläubige Menschen unterwarfen sich die Häftlinge vertrauensvoll dem Willen des Allmächtigen. Sie haben zweifellos ihr Leiden nicht hochgespielt. Ihr Glaube an den Sieg des Guten und Wahren ist durchaus überzeugend. Sie gingen mit einer beinahe kindlichen Zuversicht an das Leben heran und behielten trotz ihrer tragischen Lage die Hoffnung auf ein glückliches Ende ihres bitteren Schicksals. Ihr Dienst an der Wahrheit – meist unbewusst und in der Korrespondenz nicht direkt ausgesprochen – darf nicht in Frage gestellt werden. Die Überzeugung vom inneren Wert des Menschen sowie ihr ehrliches Handeln ließen sie jene außergewöhnliche Kraft spüren und bewahren, die von ihnen ausstrahlte und im Textgewebe ihrer Briefe pulsierte. Stärke gab den Häftlingen hauptsächlich die unzerstörbare und dauerhafte Liebe: zu ihren Brüdern, Schwestern, Ehefrauen, Eltern und zum Vaterland. Sie trugen das Potenzial in sich, da sie bereits vor ihrer Inhaftierung die Menschen und die Welt aufrichtig und bedingungslos liebten, obwohl ihnen eine Menge Enttäuschungen und recht viel Bitterkeit im Leben zuteil geworden waren. Sie liebten ihre Heimat und dienten ihr nach jenen Kräften, die ihnen Gott geschenkt hatte – so lautete die simple Regel ihres Lebens. Die Gefangenen sind zu derselben Erkenntnis wie Fromm gekommen, und zwar, dass man sich stets in Disziplin, Konzentration, Geduld und Interesse üben muss, um lieben zu können[162].

Sie glaubten an die Macht des geschriebenen Wortes, das in ihrem Briefwechsel enthalten war. Von den ersten Zeilen an waren ihre Briefe vom Geist des Evangeliums durchdrungen. Die Nächstenliebe ermöglicht es dem Menschen, Sehnsucht zu fühlen, zu suchen, sich ständig zu entwickeln. Die Entwicklung kann sich aber nicht in Einsamkeit vollziehen, daher ist die Präsenz des Adressaten erforderlich. Briefe können oder sogar sollen Taten sein, was bei der Korrespondenz von KZ-Häftlingen sicherlich der Fall war. Die erschütternde Dramatik ihres Briefwechsels manifestiert sich gerade durch ein heftiges Aufeinanderprallen des tiefen und immer wieder bekundeten Bedürfnisses, den unmenschlichen Bedingungen, der zunehmenden Lebensbedrohung und ihrer Dominanz die Stirn zu bieten, insbesondere, da immer mehr ihrer Leidensgenossen zu Tode kamen. Der Dienst an Gott sowie die Treue zu sich selbst und zu Polen bewogen sie dazu, die Vorstellung vom Tod im Konzentrationslager abzuweisen. Sie strebten nach einem gesunden Kampf um das Leben, das – wenn es nützlich war – auch ihren Nächsten dienlich sein konnte. Manche Häftlinge – „standhaft in ihrer Treue zu Gott und Heimat“[163] – versuchten, die Katastrophen des Lagerlebens zu überwinden. Sie riefen dazu auf, die Reihen zu schließen, baten die Adressaten der Briefe um gute Gedanken, mobilisierten sich für den weiteren Kampf und glaubten fest daran, dass sie zu ihren Lieben daheim zurückkehren würden. Durch Solidarität mit anderen Häftlingen haben sie ihre Not und das Ausmaß des hinter dem Stacheldraht grassierenden Bösen publik gemacht.

Sie waren sich dessen bewusst, dass ihre Briefe und damit auch die Macht des Wortes angesichts des Unheils und der Grausamkeiten des Zweiten Weltkriegs an Wert verloren. Aus diesem Grund betrachteten sie die Korrespondenz als Gebrauchsform und befolgten die von der Lagerzensur auferlegten Regeln. Der Kern der Wahrheit blieb zwischen den Zeilen versteckt und wurde durch

162 Vgl. E. FROMM: *Die Kunst des Liebens*. Frankfurt/Main-Berlin-Wien, 1973. Übersetzt von Günter Eichel. S. 142.

163 Das ist eine Anspielung auf den Titel der Arbeit von Anna JAGODZIŃSKA: *Niezłomni. Wierni Bogu i Ojczyźnie [Die Standhaften. Treu zu Gott und Heimat]*. Łódź 2018.

Inhalte vermittelt, die man nicht direkt zum Ausdruck brachte. Im Geiste des Respekts vor Freiheit forderten sie in den Briefen ihre Nächsten dazu auf, den Alltag mit Liebe, Güte und Solidarität zu erfüllen sowie die untertänige Haltung bedächtig abzulehnen.

Die Autoren der Gefängnisbriefe glaubten an ewige moralische Gesetze. In ihrer privaten Korrespondenz äußerten sie immer deutlicher die Überzeugung, dass sie ihre Freiheit wiedererlangen werden. Sie nahmen mehrfach die Haltung eines Menschen ein, der andere tröstet und mit seinen Adressaten die eifrige Leidenschaft, Zuversicht und Hoffnung auf Befreiung teilt. Die Korrespondenz offenbart die ununterbrochene Beziehung zu ihren Nächsten, ein großes Gespür für die vorhandene Situation sowie eine unermüdliche Suche nach kraftspendenden Worten. Jede Schwierigkeit, mit der die Adressaten in Freiheit zu kämpfen haben, nehmen die Gefangenen als ihre eigene Sorgen wahr; sie fühlen sich davon zutiefst betroffen, der Gedanke daran lässt sie nicht mehr los. Die Häftlinge der Konzentrationslager und Gefängnisse mussten in einer bedrückenden Atmosphäre ihr Dasein fristen, durch die nur ein lebendiges, leidenschaftliches Wort durchdringen konnte. Die Briefeschreibenden wissen das und wählen genau diesen Weg, um mit der Hölle des totalitären Regimes fertig zu werden. Briefe wirken sich auf die Absender und Empfänger aus, spenden ihnen Kraft und Mut zum Handeln. Die Worte in den Briefen sickern in den Lebensfaden jener ein, die sie lesen und jener, die sie schreiben. In Augenblicken der Schwäche und des Zweifels verstummen die Gefangenen manchmal, aber sie hören nie auf, ihren alten Idealen treu zu bleiben. Obwohl sie höchstwahrscheinlich zu erkennen vermögen, dass ihre körperlichen Kräfte durch Hunger, Erschöpfung und Erniedrigung dahinschwinden und der Kampf ums Überleben aussichtslos zu sein scheint und jeden tieferen Sinn entbehrt, setzen sie den Briefwechsel mit ihren Familien fort, als wäre die Korrespondenz eine Prophezeiung, die sich erfüllen würde, wenn ihre Stimmen nicht mehr vernehmbar sind. Obwohl die Gefangenen im physischen Sinne vergehen, zu Asche werden, haben die auf dem Papier – einem paradoxerweise viel zerbrechlicheren Material – festgehaltenen Worte eine Chance, wesentlich länger als ihr Verfasser bestehen zu bleiben. Sie haben die Macht, die Erinnerungen und das Andenken an den Schreibenden wieder aufleben zu lassen. In ihnen wurde der Geist eines jeden Häftlings, der im Abgrund der Lagerhölle einen Briefdialog führte, gebannt, verborgen und schließlich damit auch verewigt.

Unter den lebenden Toten in der Todesfabrik konnten die Absender der Briefe zu den Lebenden gezählt werden, zu jenen, die immer noch fühlten, sich um das eigene Leben kümmerten. Sie konnten sich, wenn auch nur scheinbar, als aktive Teilnehmer des öffentlichen Lebens fühlen, denen das Privileg des

„freien" Gedankenaustausches nicht entzogen worden war, und pflegten daher ständigen Kontakt zu den Empfängern. Sie griffen jede Initiative, jedes angedeutete Thema oder Problem auf, das sie aus der Lethargie der Lagerexistenz herausholen konnte. Darin bestand der Sinn, alle möglichen, detaillierten und dem unbeteiligten Empfänger auf einen ersten Blick belanglos scheinenden Fragen zu stellen. Dadurch brachen sie aus der Abstumpfung aus, regten ihre Fantasie an, um die zerstörte oder vergessene moralische Kraft wiederherzustellen. Auf eine verschleierte Art und Weise nahmen sie immer wieder auf ihre Erinnerungen, auf alte Ideale, Werte, Gebote oder den Dekalog Bezug, um sich zu überzeugen, dass nichts und niemand sie zwingen könne, ihre innere Idee von Freiheit zu verraten. Krystyna Wituska und ihre Mitgefangenen in der Gefängniszelle lasen die Bibel, um für den Fall eines möglichen baldigen Todes eine innere Haltung in sich zu entwickeln. Daraus schöpften sie Inspiration für Diskussionen über Moral, Ethik, Menschenwürde und Patriotismus. Wenn sie sich über den Sinn des Lebens unterhielten, offenbarten sie ihre inneren Dilemmata, aber auch ihre veränderte Denkweise oder Wirklichkeitswahrnehmung, die sie auf dem schwierigen Weg der Gefängniserfahrungen erreicht haben. Trotz allem haben sie ihre jugendliche Frische, ihren Optimismus sowie die unwiderstehliche Lust, sich auch an kleinen Dingen zu erfreuen, nicht verloren. In den Briefen an ihre Mutter schlüpfte Krystyna Wituska oft in die Rolle einer vergnügten Jugendlichen: sie schrieb über Klamotten, Kleider, Haarwäsche und Frisuren. Viele ihrer „Briefberichte" hatten die Mutter zu beruhigen, sollten die Beteuerungen über ihre heitere Stimmung glaubwürdig machen und die Hoffnung auf einen glücklichen Ausgang ihres Gefängnisaufenthaltes aufbauen:

> *In diesen Hemden sehen wir furchtbar ulkig aus, denn sie sind dick, lang und so weit, dass man sich zweimal darin einwickeln kann, ich bin darin gar nicht zu sehen und Olga hat schon wieder Grund zum Lachen. Ich denke dann manchmal an die schöne seidene Wäsche, die ich von Papa bekommen habe – oh, Ironie des Schicksals! Ich trage jetzt den dunkelblauen Rock und die hellblaue Trikotbluse* [...][164].

Der dramatische Charakter der offiziellen Lagerkorrespondenz liegt gerade darin, dass sie ein Zeugnis des ununterbrochenen Kampfes gegen die eigene Schwäche und depressive Stimmung, der Versuche, Ruhe und Trost im eigenen

---

164 Der Ausschnitt stammt aus dem Brief von Krystyna Wituska an ihre heißgeliebten Eltern vom 9. Mai 1943 roku. *Zeit, die mir noch bleibt. Briefe aus dem Gefängnis.* Bearbeitet und mit einem Vorwort versehen von W. KIEDRZYŃSKA. Berlin 1989, S. 67.

Sein zu finden, sowie einer andauernden inneren Manifestation der Treue zu Idealen, Werten und Menschlichkeit ist. Auf der einen Seite verachteten die Häftlinge den Tod, um zu überleben, sie wollten nicht bekunden, wie die erlittene Erniedrigung und das Lagersystem auf ihre Psyche einwirken, auf der anderen Seite wussten sie die unergründliche Tiefe der Liebe, Sehnsucht und Überzeugung, dass: *Polen, das sind doch nicht diejenigen, die heute leben, das Land ist, was es war und was es sein wird!*[165]– zu pflegen. Ihre Lebensweisheit und Motivation, unter äußerst schwierigen Bedingungen durchzuhalten, gründeten sich sowohl auf die Beobachtung der Welt als auch auf den Glauben an die Vorsehung Gottes und die Befreiung der Lager durch Mitmenschen. Die Absender erwachten in jedem ihrer Briefe zum neuen Leben, erquickt jeweils durch den Gedanken, der sie dem passiven Lageralltag entriss und zu ihren Familien, den geliebten Nächsten, zu einer besseren Welt hinübertrug. Ihr klares Denken ging mit Gefühlen, beflügelnden Vorstellungen des Arkadiens der Kinderjahre einher. In den Briefen waren Glaube, Hoffnung, Liebe[166] und Trost enthalten. Die Gefühle und Hinweise auf solche Haltungen findet man in jedem an die Familie oder Freunde gerichteten Brief. Die Gefangenen können und wollen sich nicht mit den neuen Regeln der Gesellschaftsordnung abfinden. Obwohl sie sich der Hoffnungslosigkeit ihres eigenen Schicksals bewusst sind, zusehen müssen, wie die von ihnen vertretenen Ideen bankrottgehen, obwohl sie begreifen, dass eine Verständigung zwischen Menschen verschiedener Nationalitäten und Konfessionen nicht möglich ist, glauben sie stets an eine Genesung der kranken Gesellschaft. Und ihr Heilmittel gegen die Krankheit – dosiert, begrenzt zugänglich und auf den ersten Blick ziemlich bescheiden – stellen die freundlichen Worte der Lagerbriefe dar. Sie schützen, pflegen und stärken die guten Beziehungen des Gefangenen zu Menschen, die lieben, mitfühlen und Empathie empfinden können. Die auf Gleichheit, Brüderlichkeit und Freiheit gestützten Interaktionen sind Bestandteile der Ordnung und eines gerechten Sozialsystems in jeder Generation. Der Leser, welcher bei der

---

165 Ausschnitt aus dem Brief von Kornel Ujejski an Stefan Buszczyński vom 3. April 1877. *Żyję miłością. Korespondencja Kornela Ujejskiego 1844–1897…*, S. 166.

166 Im Sinne des *Hoheliedes der Liebe* aus dem 1. Korintherbrief (1 Kor 13, 4–8, Neues Testament): *Die Liebe ist langmütig, die Liebe ist gütig. Sie ereifert sich nicht, sie prahlt nicht, sie bläht sich nicht auf. Sie handelt nicht ungehörig, sucht nicht Ihren Vorteil, lässt sich nicht zum Zorn reizen, trägt das Böse nicht nach. Sie freut sich nicht über das Unrecht, sondern freut sich an der Wahrheit. Sie erträgt alles, glaubt alles, hofft alles, hält allem stand. Die Liebe hört niemals auf. Prophetisches Reden hat ein Ende, Zungenrede verstummt, Erkenntnis vergeht.*

Lektüre der Lagerbriefe sein historisches Wissen über das Funktionieren von Konzentrationslagern vertieft, wird mit dem ausdrucksstarken und besonders dramatischen Ton der Korrespondenz konfrontiert, in der die Sehnsucht nach Freiheit und die tragische Überzeugung, dass dem unterdrückten Menschen gar keine Wirkungsmacht gegeben sei und er nicht einmal über sein eigenes Leben entscheiden dürfe, immer noch lebendig sind.

Die Häftlinge suchten bei den Adressaten ihrer Korrespondenz Rat und Hoffnung; das geschriebene Wort wirkte anregend, gab ihnen Inspiration, Leidenschaft, mahnte und heiterte die trübe Stimmung auf, die an jenem Ort herrschte, wo die „Technik" des massenhaften und industriellen Tötens von Menschen eingesetzt worden war. Dort, wo das Dritte Reich die zerstörerische NS-Ideologie in die Tat umsetzte und das Verbrechen von jedem Handeln abschrecken sollte, konnten einzig und allein Briefworte, die das Funktionieren der Häftlinge in der Lagerhölle bestätigten eine Flucht oder Rettung sein. Das Wort hat eine therapeutische Wirkung auf die Gefangenen. Die Sprache ist die einzige Schatzkammer von Werten und axiologischen Begriffen[167]. Und obwohl die Struktur des Textes einer offiziellen Korrespondenz „abgedroschene Floskeln" enthalten musste, in denen gezwungenermaßen über einen guten Gesundheitszustand und ein gutes Wohlbefinden berichtet wurde, stellen die Phrasen nach Jahren doch einen erschütternden, aber paradoxerweise zugleich auch den größten Beweis für Heuchelei und beispiellose Grausamkeit im zwischenmenschlichen Umgang in der Geschichte unserer Zivilisation dar.

Es ist gut möglich, dass beim Verfassen von Briefen die Lebensgeister der Häftlinge geweckt, ihr Überlebenswille gestärkt und die Pläne für ein Leben ohne Stacheldrähte, Abneigung und Feindschaft gegen andere Menschen geschmiedet worden waren. Trotz der Strapazen des Lagerlebens malten sie sich beharrlich ihre Zukunftsvorstellungen aus, das Leben weitab vom Ort ihrer Unterjochung. Sie schrieben regelmäßig und, obwohl nur wenige Briefe erhalten geblieben und veröffentlicht worden sind, mag die außergewöhnliche, fast kreative Schreibtätigkeit der Gefangenen erstaunen. In ihren Briefen, in den sich die dramatischen Schicksale einzelner KZ-Opfer widerspiegeln, verliehen die Verfasser ihrem unzerstörbaren Glauben an die Macht des Wortes, der Verbundenheit und des Gedankenaustauschs Ausdruck. Durch die zärtlichsten, an ihre Nächsten gerichteten Worte wollten sie sich dem moralischen Verfall

---

167 Vgl. J. PUZYNINA: *Język wartości [Die Sprache der Werte]*. Warszawa 1992. Por. Vgl. M. JANION: *Płacz generała. Eseje o wojnie [Das Weinen des Generals. Essays über den Krieg]*. Warszawa 1998.

widersetzen und immer neuen Lebensmut schöpfen. Damit kommen wir auf ein weiteres wesentliches Merkmal der Lagerbriefe, und zwar ihren engagierten, die Adressaten unterstützenden und ermutigenden Ton. Die Häftlinge propagierten darin die Solidarität unter Nachbarn, die Förderung der Entwicklung von Kultur, patriotischer Bildung und nationaler Identität bei den Kindern durch das Vermitteln von Ideen der Gedankenfreiheit, von Werten, die mit den Worten der polnischen Nationalhymne *Noch ist Polen nicht verloren* konform gehen. Sie unterstützten tatkräftig jede Form gegenseitiger Hilfe, förderten Einfallsreichtum sowie praktisches und nützliches Denken. In der Korrespondenz kehrt mehrmals das Motiv des Unterrichtens von Kindern wieder – wie man sie zu anständigen Staatsbürgern erziehen, ihr Allgemeinwissen verbessern und das Nationalgefühl bei ihnen wecken kann. Die Gefangenen waren fest davon überzeugt, dass sie den Lebensproblemen der Adressaten, die im Vergleich zu ihren eigenen ziemlich trivial erschienen, mit Verständnis, aber auch mit größter Sorgfalt und Interesse begegnen sollten. Niemals zeigen sie sich gleichgültig oder uninteressiert. Sie bemühen sich inständig, den Briefempfängern Trost zu spenden, Mut zuzusprechen und mit verständnisvollen Worten beizustehen. Zugleich dürfen sie über die unmenschlichen und erniedrigenden Lebensbedingungen im Lager kein Wort verlieren. Bewusst teilen sie mit ihren Nächsten, Freunden und sonstigen Briefpartnern gute Gedanken, Weisheiten und Ratschläge und drängen die eigenen Wünsche an den Rand. Sie konzentrieren sich nicht auf ihre Bedürfnisse (z.B. den Hunger zu stillen), sondern denken stets an die anderen jenseits des Stacheldrahts.

Mit großer Freude reagieren sie auf jede von ihren Nächsten erfolgreich bewältigte Herausforderung. Sie sehen darin die Erfüllung ihrer größten Träume und Hoffnungen, die grausame Zeit zu überstehen. Sie fühlen sich erleichtert, dass sich ihre Nächsten im Daseinskampf durchzusetzen vermögen, tapfer dem Leben standhalten: *Ich freue mich, dass Krysia so schön schreibt und dass Henio bald wieder gesund ist*[168]. Ohne Signale aus der Außenwelt, ohne das Bewusstsein, dass sich die geliebten Menschen nicht klagen und imstande sind, für sich selbst zu sorgen, hätten viele Gefangene ihren Lebensmut verloren, wären in erschreckendem Tempo hinter dem Stacheldraht verkommen und hätten sich keine Mühe gegeben, auf die Befreiung zu warten.

---

168 Ausschnitt aus dem Brief von Marian Serejski an seine Frau Janina aus dem KZ Auschwitz vom 4. Januar 1942. *Jestem zdrów i czuję się dobrze… Oświęcimskie listy Mariana Henryka Serejskiego…*, S. 103.

In den Lagerbriefen offenbarten die Häftlinge (wegen der Zensur oft vernebelt) ihren Patriotismus, wiesen auf die Notwendigkeit hin, um die freie Heimat zu kämpfen, betonten ihre durch Verhaftung nicht beeinträchtigte Unabhängigkeit und Gedankenfreiheit und schrieben zugleich, diesmal direkt, über das schönste und edelste Gefühl – ihre Liebe zu den Adressaten. Der auch in der privaten Korrespondenz betonte ungewöhnliche Versuch der Gefangenen, ihr Missionsgefühl hervorzuheben, die in Worte gefasste Versöhnung mit den Urteilen Gottes sowie ein tiefes Erleben aller Familienereignisse machten sie wirklich zu ganz besonderen Helden. Die Briefe der Häftlinge dokumentieren auf eine hervorragende Art und Weise, wie sich in den aufeinanderfolgenden Tagen des Lageraufenthalts das Muster eines Propheten, eines unerschütterlichen Verfechters und Fürsprechers der gerechten Zeit, die kommen muss, gestaltete. Dieses Muster war jedoch, wie es scheint, einseitig. Der Gefangene tröstete seine Nächsten und versicherte ihnen, dass das Ende der Gefangenschaft bereits in Reichweite ist.

Die Lagerbriefe, sowohl die archivierten als auch die veröffentlichten, stellen ein dramatisches Zeugnis vom Kampf gegen eine ungeschriebene und dennoch verbindliche Konvention dar. Die in Druck erschienenen Briefe der Gefangenen – von Ehemännern an ihre Ehefrauen und Kinder, die nicht selten einen bekenntnishaften Charakter haben, wurden damit vor Vernichtung bewahrt. Sie enthalten in der Regel Bilder von liebenden und mitfühlenden Frauen – Ehegattinnen, Müttern, Schwestern, Freundinnen, kurzum: von irdischen Engeln, denen die Prosa des Lebens nicht fremd ist und die sich durch ihre Tapferkeit und Hingabe auszeichnen:

> *Ich habe alle fünf Pakete erhalten, wofür ich Dir, liebe Hela, und meinen Eltern sehr dankbar bin. Ich bitte Dich, liebe Hela, mir nicht zu viel zu schicken, damit Du Dir und den Kindern nichts vom Munde absparen musst. Ihr habt doch auch wenig und ich brauche nicht so viel wie die Kinder.*[169].

Obwohl sich die Absender der ins Lager gesandten Briefe gezwungen sehen, ihre Bemühungen zu verheimlichen, versuchen sie trotz finanzieller Engpässe, die Häftlinge von den Fesseln der Gefangenschaft zu befreien. Der Gedanke an die geliebte Person hinter dem Stacheldraht gibt ihnen Kraft, sogar unter Einsatz ihres eigenen Lebens um die vorzeitige Entlassung des Gefangenen aus der Todesfabrik zu kämpfen. Der Häftling konnte seine Freiheit wiedererlangen, wenn er die Volksliste unterzeichnete. Meistens lehnte er jedoch ab.

---

169 Ausschnitt aus dem Brief von Jan Klistała an seine Ehefrau Hela vom 20. Juni 1943. J. KLISTAŁA: *Żołnierze rybnickiego ZWZ/AK, POP, PTOP…*, S. 128.

Spuren dieser dramatischen Entscheidungen sind in den Briefen zu finden. Der Gefangene wurde dann vor eine Wahl gestellt: entweder den moralischen und ethischen Normen sowie der Tradition, die er tief verinnerlicht und für richtig gehalten hatte, treu zu bleiben, oder die neue Realität zu akzeptieren und seine bisherige Weltanschauung aufzugeben, zumal eine pragmatische Haltung Vorteile aus einer solchen Verhaltensweise brachte. Die Entscheidung, der Tradition und den ethischen Grundsätzen treu zu bleiben, bedeutete oft, dass man einen Weg zum baldigen Tod beschritt, aber auch, dass man zur „Flucht vor der Freiheit“[170] verdammt wurde. Vieles deutet darauf hin, dass sich Gustaw Morcinek und Teodor Musioł der Möglichkeit bewusst waren, den einfachen, aber schändlichen Weg einschlagen zu können. Dies bestätigen die in die Briefe eingeflochtenen Passagen über einen „störrischen Jungen” (also Morcinek selbst), der die Sache erwogen und sich entschlossen hat, seinem Gewissen zu folgen, d.h. die Volksliste nicht zu unterzeichnen. Nach vier Jahren im Gefängnis und Lager formulierte Teodor Musioł in einem Brief an seine Frau Władysława folgende Worte: *Es lässt sich allerdings nicht leugnen, dass ich den Weg des großen Leidens gewählt habe.* Dabei versuchte er, seine Entscheidung gewissermaßen zu rechtfertigen: *Jeder wählt seinen Weg nach eigenem Ermessen*[171]. Die Lagerzensur vor den Augen, merkte er in einem weiteren Brief Folgendes an: [...] *weil ich einen solchen Weg gewählt habe, kann ich nun nicht anders handeln*, und fügte klarstellend hinzu:

> *Ich weiß, woher ich komme und wohin ich will. Ich sehe keine andere Wahl. Wer am Sinn seiner Mission zweifelt, gibt nicht das Leben auf, sondern wird vom Leben aufgegeben. Ich bin fest davon überzeugt, dass es sehr wichtig ist, dass die Wünsche, nach denen sich das menschliche Herz sehnt, in Erfüllung gehen, aber noch viel wichtiger sind die Dinge, für die man kämpft und leidet.*

Seine Lebensweisheit entsprang folgenden Prämissen:

---

170 Die „Flucht vor der Freiheit“ besteht bei Erich Fromm darin, dass *Menschen [...] Sicherheit suchen, indem sie ihr isoliertes Selbst ausschalten und zu einem Werkzeug in den Händen einer überwältigend starken Macht außerhalb ihrer selbst werden.* E. FROMM: *Die Furcht vor der Freiheit*, http://www.irwish.de/PDF/Psychologie/Fromm/Fromm-Die_Furcht_vor_Freiheit.pdf, S. 80 [Zugriff: 04.11.2022].

171 Brief von Teodor Musioł an seine Frau Władysława vom 13. Februar 1944. T. MUSIOŁ: *Listy z Dachau [Briefe aus Dachau]*. Opole 1984, S. 142.

Würde ich einmal zu der Überzeugung kommen, dass das Leben etwas ist, das man genießen, für sich und seine Nächsten gebrauchen sollte, anstatt sich dem Kampf für eine gerechte Sache zu widmen … wäre ich entsetzt[172].

Die Gefangenen haben aus voller Überzeugung den geraden, an grundlegenden menschlichen Werten orientierten Weg gewählt. Nach ihrer Verhaftung durch die Deutschen nahmen sie von Beginn an die Haltung ein, welche in ihrem Lebens- und Arbeitsumfeld von ihnen erwartet wurde. Bewusst hielten sie daran in der Haft fest und verteidigten ihr Recht, sich als Schlesier zur polnischen Nationalität zu bekennen, und in der Folge ebenfalls das Recht, zum Wohle des Heimatlandes zu arbeiten. Die Wahl des dornigen, allerdings mit den eigenen Idealen konformen Weges bedeutete, dass der Gefangene einen sehr hohen Preis für seine Entscheidung zahlen musste. Er verzichtete jedoch keinesfalls auf den Dienst an der Wahrheit, Solidarität mit seinen Schicksalsgefährten oder Loyalität zu sich selbst und brauchte die eigenen Zweifel nicht zu verdrängen, weil er schlichtweg keine hatte. Er bewahrte seine nüchterne Beurteilung der Wirklichkeit und vernünftige Kritik an den ihn umgebenden Phänomenen. Die Absender der Briefe waren sich dessen bewusst und versuchten es ihren Adressaten auf eine indirekte Art und Weise zu verdeutlichen, dass für sie die Entscheidung, sich entgegen ihrer eigenen Überzeugung den Deutschen anzuschließen, bedeuten würde, die eigene Identität aufzugeben und die Ideologie des Besatzers zu verwirklichen. Durch ihre Haltung blieben sie den traditionellen Werten, dem Ethos und der kritischen Denkfähigkeit, treu blieben dadurch freie Menschen. Sie ließen es nicht zu, in eine anonyme, von Angst und Mechanismen totalitärer Propaganda gesteuerte Menschenmasse eingegliedert zu werden. Sie blieben frei, auch wenn die getroffene Wahl ihr Leben nicht im Mindesten leichter oder einfacher machte. Zum Preis einer solchen Entscheidung äußerte sich Zbigniew Herbert folgendermaßen:

Selbst jetzt, wo wir uns einig sind, dass wir uns damals auf die Seite der Wahrheit und Freiheit hätten stellen müssen, klingt das irgendwie peinlich. Aber es gab und gibt keinen anderen Weg. Freiheit ist immer tragisch, ein freier Mensch ist ein einsamer Mensch, ein Außenseiter, wie ein Schwerkranker, Wahnsinniger, Anachoret[173].

---

172 Brief von Teodor Musioł an seine Frau Władysława vom 30. April 1944. Ebd., S. 149.

173 Z. HERBERT: *Wypluć z siebie wszystko [Alles aus sich rauslassen].* In: J. TRZNADEL: *Hańba domowa. Rozmowy z pisarzami [Die Hausschande. Gespräche mit Schriftstellern].* Lublin 1990, S. 203

Nirgendwo anders kommt der bekenntnishafte Charakter der Briefe der KZ-Häftlinge so stark zum Vorschein wie in ihrer Lagerkorrespondenz. Wie hartnäckig der Kampf gegen das erbarmungslose und unmenschliche System war, veranschaulichen am besten die wenigen verschlüsselten Verweise auf Ereignisse oder Situationen, über die man offiziell nicht schreiben durfte. Mithilfe der Briefe an die Familie und an die Freunde kann man rekonstruieren, auf welch dramatische und verwirrende Weise sich die Häftlinge bemühten, die Glut der mit Liebe erfüllten „Lyrik" dieser Briefe zu entfachen, zu nähren und aufrechtzuerhalten. Der Briefwechsel zwischen Franciszek Ogon und seiner Frau Ija liefert ein hervorragendes Zeugnis für den Kampf des Absenders gegen die Verbote der Lagerverwaltung. Dabei darf nicht übersehen werden, dass die Zeit der Besatzung und Gefangenschaft für beide Partner des Briefdialogs äußerst schwierig war, denn sowohl der Adressat als auch der Absender, obwohl sie sich nichts haben zuschulden kommen lassen, wurden mit einer Strafe belegt, die sie des Rechts auf ein Leben in Freiheit sowie darauf, Gefühle zu empfinden, in der Nähe der geliebten Menschen zu sein, aufs Brutalste beraubte.

Die Häftlinge haben nur dem Anschein nach die Zensurvorgaben befolgt. Viele von ihnen schrieben sog. „Schachtelbriefe". Als hervorragendes Beispiel dafür kann der Brief von Gustaw Morcinek an seine Schwester Teresa vom 20. September 1942[174] dienen, in dessen Struktur der Schriftsteller eine Nachricht für Janek Kuglin verschlüsselt hat. Den Korrespondenzregeln zuwider fügte Morcinek in den Brief an die Schwester einen weiteren ein, der an seinen Freund adressiert war:

> *Schreib mir wieder viel, Tereska, und sei mir aufs Herzlichste gegrüßt. Dein Gustlik. // für Janek. Mein lieber Janek! Du kannst Dir gar nicht vorstellen, wie groß meine Freude war, als Tereska mir schrieb, wie sehr Du, Aniela und Deine Kinder mich unterstützen!*

Die Briefabsender kritisieren unbewusst jegliche Abweichung von den Grundprinzipien des ethischen Kanons. Das Evangelium und der Dekalog werden für sie zu einem Kodex mit richtungsweisenden Anhaltspunkten für die engste Familie, die Gesellschaft und das ganze Volk. Auf dem Weg der Liebe und im gegenseitigen christlichen Einvernehmen wird es nach Ansicht der Gefangenen möglich sein, die an der Menschheit zehrende Krankheit auszumerzen.

Der solidarische Zusammenhalt der Familien gilt in den Briefen als der erste heilige Bund, aus dem der solidarische Zusammenhalt der Nation hervorgeht; dieser hingegen wird zur Wiedergeburt des Humanismus, der Menschlichkeit

---

174 Vgl. *Listy z Dachau. Gustaw Morcinek do siostry Teresy Morcinek...*, S. 71.

und einer Zivilisation des Guten führen. In der Korrespondenz kommt das christliche Gebot der Nächstenliebe immer wieder zum Ausdruck, das für alle zum verbindlichen Wegweiser werden soll: von der kleinsten Familieneinheit bis hin zu großen nationalen Gemeinschaften. Nicht direkt, aber mit unvergleichlicher Gewissheit und Intensität wird von den Absendern die Bedeutung einer solidarischen Haltung betont, die unentbehrlich ist, um die Menschheit vor der totalen Zerstörung zu bewahren. Das Verhalten der Gefangenen im Lageralltag lässt sich im Allgemeinen auf die in ihrem Briefwechsel abgegebenen Erklärungen sowie die an die Adressaten gerichteten Appelle, anständige Menschen zu bleiben, zurückführen. Zugleich liefern sie auch eine Antwort auf die Frage, warum sich viele Häftlinge entschlossen haben, die Volksliste nicht zu unterschreiben, um aus dem Lager freigelassen zu werden. Damit wird die komplexe Grundlage für ihr Bekenntnis, dass sie um der Liebe willen nicht zusammenbrechen, deutlich.

Der Briefwechsel mit den Gefangenen war keine einfache Sache, weil sie selten einen angemessenen, für eine sichere Korrespondenzführung notwendigen Chiffrierschlüssel zu finden vermochten. Ihre Briefe hatten einen funktionellen Charakter, waren auf rein praktische Zwecke ausgerichtet. Es gibt darin keinerlei romantischen, emotionalen Exhibitionismus. Die lang andauernde Lebensbedrohung löste in manchen das Bedürfnis aus, ihre irdischen Angelegenheiten in Ordnung zu bringen, den letzten Willen kundzutun. Bei anderen stellten sich hingegen eine völlige emotionale Blockade und die Unfähigkeit ein, über die letzten Dinge zu sprechen:

> [...] *da man unaufhörlich gezwungen ist, dem Tod ins Auge zu sehen, dessen Arm sich jeden Tag gnadenlos nach mir ausstreckt, setze ich mich mit meinem ganzen Willen und Geist zur Wehr*[175].

Für einige zum Tod Verurteilte wurde der Wunsch, die irdischen, materiellen und zwischenmenschlichen Fragen zu ordnen, zum vorherrschenden Gedanken in der Lagerhaft. Als Beispiel dafür kann ein Brief von Antoni Kasowski angeführt werden:

---

175 Im weiteren Teil des Briefes appelliert Wacław Stacherski an seine Frau und die engsten Familienangehörigen, nach der Niederlage Deutschlands Polen wieder aufzubauen. Er wies sie darauf hin, dass dies eine Notwendigkeit und ihre Pflicht sei. Vgl. W. STACHERSKI: *Materiały ruchu oporu [Dokumente der Widerstandsbewegung]*. Bd. XXIX, S. 109 [Archiv des Staatlichen Museums Auschwitz-Birkenau].

> […] *vielleicht möchtest Du in Deinen Heimatort ziehen, dann verkaufe alles. Und was meine Familie betrifft, soll sie ein Stück von meinem Feld an Dich abtreten.* […] *Ich habe Euch ein trautes Heim hinterlassen*[176].

Manche geringwertigen Gegenstände, die keine materielle Sicherheit für die Familie boten, hatten einen emotionalen Wert (ein Medaillon und ein Rosenkranz für die Mutter[177]). Sie konnten für die Nächsten des Gefangenen zum unschätzbaren Andenken werden. Wenn ein Häftling, der sich im Lager pragmatisches Handeln angewöhnt hatte, eine solche Möglichkeit sah, wollte er die Zukunft der Familie absichern.

> *Ich habe noch einige Wünsche, nämlich dass mein Kelch an Vikar Gasz verschenkt wird. Möge der Kelch ihn oft an seinen Freund erinnern. Gebt ihm auch mein altes Brevier, das ich hier im Gefängnis mithabe. Über das andere Brevier könnt Ihr nach Eurem Ermessen verfügen*[178]

– lauten die denkwürdigen Worte eines Geistlichen.

Die psychische Veranlagung, Briefe zu schreiben, zu schweigen, oder das Bedürfnis, jemandem seinen Kummer anzuvertrauen, durften im Lager keine Rolle spielen. Die Gefangenen überwanden oft ihren Widerstand bzw. ihren Widerwillen, Briefe zu schreiben, und verfassten tapfer die wenigen Zeilen, die für ihre Angehörigen ein Signal waren, dass sie immer noch lebten:

> *Obwohl ich bereits wusste, wer den Brief geschrieben hatte, blieb mein Erstaunen ungebrochen. Ich habe mich gefragt, wie es dazu kam, dass ich plötzlich einen Brief von Dir erhalten habe. Aber auch das hat sich bald geklärt.*
> *Und nun wird dieser Brief Dich überraschen, denn Du kennst wohl mein Schreibvermögen*[179].

---

176 Ausschnitt aus einem Brief von Antoni Kasowski. A. OMILJANOWICZ: *Listy spod gilotyny [Briefe von unter der Guillotine]*. Lublin 1963, S. 43.

177 Die Gegenstände werden in einem Brief von Tadeusz Lutostański erwähnt. Vgl. Ebd., S. 62.

178 Brief des Priesters Jan Macha vom 2. Dezember 1942. *Żyłem krótko, lecz cel swój osiągnąłem. Ks. Jan Macha (1914–1942) [Ich habe zwar kurz gelebt, aber mein Ziel erreicht. Hochwürden Jan Macha (1914–1942)]*. Vorwort und Bearbeitung von D. BEDNARSKI. Katowice 2014, S. 267.

179 Der Brief von Franciszek Blachnicki an seine Tante Mieze wurde mit dem Kassiber an seine Schwester Ada vom 15. November 1942 übermittelt. Vgl. F. BLACHNICKI: *Wyroki Bożej Opatrzności. Listy z czasu wojny [Gottes Wege sind unergründlich. Briefe aus der Kriegszeit]*. Übersetzt von G.M. SKOP. Kraków 2003, S. 124.

Sehr oft schrieben die Gefangenen über ganz belanglose Dinge, behielten das Wichtige für sich und bemühten sich, ihre brodelnden Emotionen und Gefühle nicht zu Papier zu bringen. Es scheint jedoch, dass allein der Akt des Schreibens, selbst wenn es sich dabei um Zwiebeln, Geld oder Socken handelte, es dem Schreibenden ermöglichte, seinen inneren Sturm zu beruhigen. Er brachte Trost, erfüllte den Häftling mit Hoffnung und stärkte zugleich seine Liebe zum Adressaten.

Die offizielle Lagerkorrespondenz stellt eine hervorragende Selbstcharakterisierung der einzelnen Absender dar und gibt Aufschluss nicht nur über die Entstehung der Briefe, sondern auch – was besonders wichtig ist – über die Situation im Lager und die Verfassung der Häftlinge. Indirekt enthält sie auch Angaben über die Empfänger der Briefe. Gefangene, die sich in Krisenzeiten in sich zurückzogen, sich keine Momente der Schwäche erlaubten und die Angehörigen mit ihren Sorgen nicht belasten wollten, neigten gleichzeitig dazu, in Augenblicken einer seelischen Stärke Worte der Liebe und Freundschaft zu formulieren. Eine solche Haltung erklärt die grundlegend moralistische Tendenz in ihrer Korrespondenz. Für den Schreibenden war es wahrscheinlich notwendig, sich innerlich zurückzuziehen. Leider kam es auch vor, dass Taten, die vom Niedergang der Menschheit zeugten, den hinter dem Stacheldraht Gefangenen so stark niedergeschlagen machten, dass er nicht mehr darüber nachdenken, schreiben oder das Geschehene analysieren wollte. Vermutlich bedeutete eine solche Reaktion für diese Gruppe von Häftlingen, dass sie sich mit dem nahenden Tod abfanden und alle Hoffnung verloren. [...] *ich will mich anderen nicht mehr anvertrauen und kapsle mich immer mehr ab, denn die Konzentration ist notwendig für jemanden, der sich darauf vorbereitet, ins Jenseits hinüberzugehen*[180] – gestand Kornel Ujejski in einem seiner Briefe.

Für Häftlinge, die an ihren Tod dachten, war es von großer Bedeutung, dass sie in ihrem Heimatland ruhen. Dieses Motiv kehrt in den Briefen recht häufig wieder. Es scheint, dass jene Häftlinge, die in Konzentrationslagern auf dem polnischen Gebiet inhaftiert waren, einen Vorteil hatten. *Ich bin ganz gesund und glücklich, wieder die Luft meiner Heimat atmen zu können.*[181] Sie betonten,

---

180 *Żyję miłością.. Korespondencja Kornela Ujejskiego 1844–1897...*, S. 350.

181 Die Passage stammt aus dem Brief von Krzysztof Radziwiłł an seine geliebten Kinder vom 28. Dezember 1941. J. MOZDZAN: *Postgeschichte des Konzentrationslagers Lublin-Majdanek. Über das Lager, Briefe und Menschen.* Manching 2010, S. 168. Nach einigen Monaten im KZ Buchenwald wurde Krzysztof Radziwiłł am 1. Dezember 1941 ins KZ Majdanek überstellt. Im Zuge der Evakuierung dieses Lagers kam er im April 1944 ins KZ Groß-Rosen nach Schlesien und dann nach Mauthausen, wo er die Befreiung erlebte. Nach dem Ende der Quarantäne, am

dass ihr Land gastfreundlich sei und die Ideale der Liebe, der Einheit und des Glaubens in jenen Boden eingedrungen waren, wo sie gelebt, gearbeitet und die nachfolgenden Generationen erzogen hatten. Sie glaubten an den Sieg ihrer Heimat und wollten, dass ihre sterblichen Überreste dort ruhen. In ihren Briefen äußerten die Verurteilten ihre Wünsche in Bezug auf den Bestattungsort. Der Priester Jan Macha, der sich dessen bewusst war, dass die Familie seinen Leichnam nicht erhalten wird, schrieb:

> […] *Ich kann zwar nicht beerdigt werden, aber richtet mir bitte eine stille Ecke auf dem Friedhof ein, damit von Zeit zu Zeit jemand an mich denken und das „Vaterunser" für mich beten kann*[182].

Für Barbara Grzesiak war es hingegen wichtig, dass auf ihrem Grab […] *Blumen blühen können*[183].

Die Sprache der Korrespondenz

Die Briefe der Gefangenen können ebenfalls als eine Art „Tagebuch der Liebe"[184] betrachtet werden, weil darin alles enthalten ist, was an Gefühlen ausgedrückt werden kann. Die offiziellen Briefe aus dem Lager stellen einen wunderbaren Beweis der Liebe dar, die für den Absender hinter dem Stacheldraht und den

---

28. Dezember 1941, schrieb er in deutscher Sprache seinen ersten Brief aus Majdanek an seine Kinder. Es wurde ihm erlaubt, mit den Kindern zu korrespondieren, aber nicht mit seiner Frau, die in Ravensbrück inhaftiert war. In seinen Erinnerungen stellt Krzysztof Radziwiłł fest: *In Majdanek durfte ich vom ersten Tag an lange Briefe nach Hause schreiben und ab April 1943 – sogar auf Polnisch. Wie sie durch die Lagerzensur kamen, habe ich keine Ahnung. Selbstverständlich darf man nicht vergessen, dass die Briefe so verfasst wurden, dass sie die Präventivzensur der SS durchlaufen, und deswegen darin auch vieles ausgelassen und verschwiegen werden musste.* K.M. RADZIWIŁŁ: *Pamiętniki. Od feudalizmu do socjalizmu bezpośrednio. Listy z Majdanka II 1942–IV 1944 [Tagebücher. Vom Feudalismus direkt zum Sozialismus. Briefe aus Majdanek Februar 1942 bis April 1944].* Białystok 2008, S. 122.

182 Ausschnitt aus dem Brief des Priesters Jan Macha vom 2. Dezember 1942. *Żyłem krótko, lecz cel swój osiągnąłem…*, S. 266.

183 Ausschnitt aus dem Brief von Barbara Grzesiak, in dem sie ihren Eltern verspricht, *Gott darum zu bitten, dass es* [ihnen – L.S.] *auf Erden gut gehe.* Vgl. *Letzte Briefe zum Tode Verurteilter aus dem europäischen Widerstand 1939–1945.* Hrsg. von P. MALVEZZI und G. PIRELLI. Vorwort von T. MANN. München 1962, S. 261

184 Das ist eine Anspielung auf den Titel der Gedichtsammlung von Stanisław WYGODZKI *Pamiętnik miłości [Tagebuch der Liebe]* aus dem Jahre 1948.

Adressaten in der Freiheit eine Anregung zum Nachdenken über sich selbst, den Ehepartner, die Familie, den Sinn und Zweck des eigenen bzw. des gemeinsamen Lebens sowie ein wichtiger Faktor für das Überleben in der Gefangenschaft war. Man kann darin einen Ansturm von besonderen Emotionen spüren, die losgelassen werden wollen. Dabei kann man vermuten, dass diese Gefühle sowohl durch die emotionale Nähe der Adressaten (zu seiner Ehefrau und den Kindern, der Mutter und dem Vater, den Geschwistern, den nächsten Angehörigen oder Freunden) sowie durch den instinktiven Versuch zu überleben, ausgelöst wurden. Für viele wurde das Schreiben von Briefen zu einem Mittel, in einer jeglicher Werte, Normalität und jeglichen Alltags beraubten Welt das seelische Gleichgewicht aufrecht zu erhalten. Die Rezeption der Korrespondenz von Teodor Musioł, Józef Kachel, Franciszek Ogon, Gustaw Morcinek, Janusz Pogonowski, Marian Henryk Serejski, dem seliggesprochenen Priester Stefan Wincenty Frelichowski, Priester Franciszek Blachnicki, Olga Prokopowa geborene Kamińska, Zenon Waśniewski, Henryk Perkowski, Józef Pukowiec, Stanisław Sobik, Jan Klistała, Henryk Kormański, Hochwürden Jan Macha, Hochwürden Józef Czempiel, Bischof Michał Kozal, dem Kleriker Joachim Gürtler, Marian Tubacki, Wacław Stacherski, Barbara Grzesiak, dem seliggesprochenen Emil Szramek bzw. Krzysztof Radziwiłł bereitet keine größeren Probleme, auch wenn die Umstände, unter denen ihre Briefe entstanden sind, bei dem Leser ein gewisses Unbehagen bzw. Distanz wecken können. Für den zeitgenössischen Leser mag es wohl schwierig sein, sich das allgegenwärtige Böse vorzustellen, das in den Todesfabriken triumphierte:

> *Da uns alles genommen wurde, so dass uns buchstäblich nichts mehr geblieben ist und wir das anziehen mussten, was einmal ordentliche Kleidung hätte sein können, schreibe ich teilweise im Dunkeln und ohne meine Brille, also krakelig und ohne die Möglichkeit, das Geschriebene zu überprüfen.* [...] *Die Situation sieht so aus, dass Brot heute notwendiger als alles andere ist, und natürlich auch Fette.* [...] *Ich habe die Seife bekommen (hier ist es überhaupt nicht erlaubt, sich zu waschen, nur heimlich während der Arbeit).*[185].

---

185 Ausschnitt aus dem Brief von Zenon Waśniewski an seine Frau Michalina Waśniewska aus dem KZ Lublin vom 5. September 1943. Z. WAŚNIEWSKI: *Kocham! Przez kraty...*, S. 55. Kurze Passagen aus der Korrespondenz von Zenon Waśniewski werden von Krystyna Mart in ihrer biografischen Skizze zum Leben und Werk des Künstlers angeführt. Vgl. K. MART: *Szkic o życiu i twórczości Zenona Waśniewskiego i Władysława Ukleji [Zum Leben und Werk von Zenon Waśniewski und Władysław Ukleja].* In: *Artyści lubelscy i ich galerie w XX wieku [Lubliner Künstler und ihre Galerien im 20. Jahrhundert].* Hrsg. von L. LAMEŃSKI. Lublin 2004.

Man muss betonen, dass die offizielle Korrespondenz der Gefangenen inmitten der Kriegswirren verfasst wurde. Aus heutiger Sicht machen es die im Lager herrschenden Bedingungen und Regeln unmöglich, die Texte zur Gänze zu verstehen. Die Briefe beziehen sich auf Personen, zu denen die Häftlinge in familiären, verwandtschaftlichen oder freundschaftlichen Beziehungen standen oder mit denen sie bekannt waren. Vor dem Hintergrund alltäglicher Probleme, der Prosa des Lebens, trivialer Fragen der Gefangenen, spielen sich „Liebesgeschichten" ab. Sie drehen sich um die erzwungene Trennung, aber auch um den Glauben an ihr baldiges Ende.

Die Lektüre der aus KZ-Lagern versandten Briefe regt in vielerlei Hinsicht zum Nachdenken an. Die manchmal kleinen Briefsammlungen der KZ-Häftlinge werden zu einem ungewöhnlichen, tragischen Ausschnitt aus der Lebensgeschichte der Einwohner verschiedener polnischer Städte: Warschau, Opole, Rybnik, Katowice, Krakau und viele andere. Die Korrespondenz zeichnet sich durch einen rührenden Kontrast zwischen der Schlichtheit (der scheinbaren Schlichtheit und deren Suggestivität) und Kürze aus, mit welcher der Gefangene über seine Lagerexistenz berichtet, und der Ausführlichkeit und Tiefe seiner Liebesgeständnisse oder Gefühlsbeteuerungen. Dabei darf der literarische Wert dieses Briefwechsels nicht außer Acht gelassen werden. Der Wert ergibt sich sicherlich aus der Sprache, die etwas archaisch klingt, aber einen feinen Sinn für Humor aufweist: *Ihr müsst brav sein, um Mutter nicht zu verärgern, sonst wird sie den kleinen Andrzejek* [Verkleinerungsform von Andreas – Anm. des Übers.] *verkaufen* (Brief von Franciszek Ogon vom 7. November 1943).

Die offiziellen Lagerbriefe, die der Zensur unterlagen, wurden nicht selten (ganz oder teilweise) verschlüsselt, um den Zensor irrezuführen. Józef Kachel verwendete Pseudonyme aus der Vorkriegszeit, vor allem seine eigenen (Ligendza bzw. Ligenza) und das seines Bruders Franciszek (Gromotka). Um seine Frau darauf aufmerksam zu machen, dass ihre Briefe ebenfalls die Lagerzensur durchliefen, bediente er sich recht eigenartig der deutschen Grammatik, indem er zwischen den deutschen Wörtern eine Warnung auf Polnisch einfügte:

> *Ich danke auch für die Grüsse von Frau Wanda, von Alois, Ostatni. List, von meinen und Deinen Geschwistern und bitte Dich sie ebenfalls alle von mir herzlichst zu grüssen. Auch grüsse mir herzlich Paul, August, Podarli und alle Verwandten und Bekannten* [Hervorhebung – L.S.][186].

186 Ausschnitt aus dem Brief von Józef Kachel an seine Frau Paulina vom 21. April 1940. J. KACHEL: *Listy z Buchenwaldu…*, S. 77.

„Dein Junge" oder „unser Junge" – so bezeichnete Gustaw Morcinek sich selbst in der Korrespondenz an seine Schwester, wenn er bei der Zensur den Anschein erwecken wollte, dass es sich um eine andere Person von jenseits des Lagerzaunes handelte. Es war ein schlaues und erfolgreiches Manöver, denn bei einem Außenstehenden erweckte es den Eindruck einer unbedeutenden, belanglosen Mitteilung, während es für seine Schwester Teresa eine konkrete und klare Botschaft enthielt. Morcinek äußerte sich darin eher scherzhaft über die Bemühungen seiner Schwester, ihn aus dem Lager zu befreien (er nannte sie „eine Pilgerfahrt" und die Befreiung – „ein sonniges Wunder"): *Ich freue mich sehr, dass Du nach der Rückkehr von Deiner Pilgerfahrt nach Kattowitz und Teschen ein sonniges Wunder erwartest. Ich glaube nicht daran. Man muss schon äußerst fromm sein, um zu glauben, dass eine solche Pilgerfahrt von Erfolg gekrönt sein könnte.*[187] Im Briefwechsel mit seinen Angehörigen griff Teodor Musioł – was von Michał Lis in *Słowo o autorze [Über den Autor]*[188] hervorgehoben wird – zu spezifischen poetischen Versen, was besonders bemerkenswert ist, da man darin einen Ansturm ungewöhnlicher Gefühle erkennen kann, die eines gehobenen Ausdrucks zu bedürfen scheinen.

Alle Textdokumente weisen die Struktur eines traditionellen Briefes auf. Sie enthalten eine Anrede, Schlussformeln sowie eine Unterschrift – meistens den Namen des Verfassers in der im Familienkreis üblichen Verkleinerungsform: Franek, Gustlik, Zenek, Janek.

Zum Katalog der als Anrede verwendeten Formen gehören folgende Wendungen:

Meine Lieben!
Meine Liebsten!
Meine geliebte Frau! Meine geliebten Kinder!
Meine Geliebten!
Liebe Ija! Liebe Kinder! Meine liebe Janka und liebe Kinder!
Mein Lieber!
Liebe Maria/Pela. Liebe Kinder!
Meine geliebten Maria, Zbysio, Wenio und Andrzejek!
Meine Liebsten!

---

187 Ausschnitt aus dem Brief von Gustaw Morcinek an seine Schwester Teresa Morcinek vom 11. Mai 1941. Vgl. *Listy z Dachau. Gustaw Morcinek do siostry Teresy Morcinek…*, S. 52.

188 M. LIS: *Słowo o autorze [Über den Autor]*. In: T. MUSIOŁ: *Listy z Dachau*. Opole 1984, S. 17.

Liebes Mäuschen! Liebes Mäuslein!
Liebe Maria! Liebe Kinder!
Meine geliebte, tapfere Maria und liebe Kinder!
Meine Lieben!
Meine heißgeliebte Maria/Pela! Liebe Kinder!
Meine geliebte Frau und liebe Kinder!
Meine geliebte Maria/Pela. Meine geliebten Kinder!

Falls sich die Anrede auf einen kollektiven Adressaten bezieht, betreffen die verwendeten Bezeichnungen entweder die zuerst genannte Person – das war immer die Ehefrau – oder die gesamte Personengruppe (Ija, Wenio, Zbysio, Andrzejek). Die verwendeten Diminutiva und Bezeichnungen, die sowohl in der Anrede als auch im Inhalt der Korrespondenz aufscheinen, lassen die Beziehungen zwischen den Absendern und Empfängern nachvollziehen und zeugen von einer überaus positiven emotionalen Haltung des Absenders den Adressaten gegenüber; sie zeugen von Nähe, Zärtlichkeit, Liebe, Herzlichkeit, Respekt und Vertrauen, die für Familienmitglieder kennzeichnend sind. Die dem Empfänger zugeschriebenen Attribute lassen zweifellos erkennen, welche Gefühle der Gefangene für ihn tatsächlich hegte. Die Analyse der Stilmittel sowie sonstiger Bezeichnungen, die von den Schreibenden in ihren Texten verwendet wurden, ermöglicht einen eingehenden Einblick in die Gefühlswelt der Briefautoren. Auf der Grundlage von Adjektiven und Substantiven lässt sich feststellen, wie sich die Beziehung des Häftlings zu seinen Angehörigen gestaltete. Am häufigsten – was nicht überraschen sollte – kommt das Adjektiv „lieb" und seine Ableitungen vor. Das Adjektiv „geehrt" ist hingegen sehr selten zu finden. Die sich auf die Angehörigen beziehenden Substantive werden in der Regel in der Verkleinerungsform verwendet.

Die offiziellen Briefe aus Lagern und Gefängnissen lassen sich nur schwer mit irgendeinem anderen Briefwechsel vergleichen. Sie liefern ein schönes Beispiel für Menschlichkeit in einer extremen Lebenslage. Schon ein flüchtiger Blick auf die Eröffnungs- und Schlussformeln der Lagerkorrespondenz verrät eine gewisse Regelmäßigkeit: obwohl die Briefe oberflächlich, ja gleichgültig wirken mussten, um die Aufmerksamkeit des Zensors nicht zu erregen, hatte jeder der schreibenden Gefangenen sein eigenes Repertoire an Anredeformen. Sie sind sehr persönlich und stark emotional geprägt. Sowohl Väter als auch Mütter wandten sich mit gleicher elterlicher Liebe und Fürsorge an ihre Kinder. Es ist deswegen schwierig, geschlechtsbezogene Unterschiede im Charakter der Korrespondenz festzustellen.

In Erwartung des Todes

Am Vorabend seiner Hinrichtung schrieb Józef Pukowiec[189], der trotz unmenschlicher Foltern im Gefängnis von Katowice weder irgendeinen Namen noch den Organisationsplan preisgab, einen erschütternden Abschiedsbrief[190] an seine Nächsten, in dem sein letzter Wille enthalten war. Wir lesen darin:

> *Ich möchte Euch allen für die guten Wünsche recht herzlich danken und Euch alle zum letzten Mal grüßen. Ich wünsche Euch alles Gute, bleibt versöhnt mit dem Willen Gottes. Ich scheide aus der Welt mit Gott versöhnt, ruhig, ohne Gewissensbisse, ohne das Gefühl, jemandem Leid zugefügt zu haben, mit dem Gedanken an Euch, liebe Eltern, Brüder und Schwestern. Sollte ich jemanden von Euch beleidigt haben, verzeiht mir bitte. Und ich denke, dass auch Ihr mir alles vergebt. Ich scheide in der Überzeugung, dass ich meine Pflichten als Sohn und Bruder erfüllt habe, soweit es in meinen Kräften lag. Wenn Ihr diesen Brief lest, bin ich nicht mehr da, aber ich werde immer bei Euch bleiben. Ich bitte Euch, für meine arme und sündige Seele zu beten. Ich hinterlasse kein Testament, denn alles, was ich besaß, war meine heiße Liebe zu Euch, meine Brüder und Schwestern, und daran werdet Ihr nie zweifeln. Richtet auch Maria meine Abschiedsworte aus.* [...] *Ich grüße Euch zum letzten Mal, lebt in Gottesfurcht mit der Hoffnung, im Jenseits im Schoße Gottes wieder vereint zu werden, im Glauben an ein besseres Morgen. Bleibt unerschütterlich, bleibt trotz dieses starken Schicksalsschlags ungebrochen, bis zur Wiedervereinigung. Holt meine Asche heim und setzt sie entweder in Pszczyna oder in Ćwiklice bei, eine Dornenkrone als Grabmal ist genug.*[191]

---

189 Józef Pukowiec – geboren am 14. September 1904 in Świętochłowice, starb am 14. August 1942. 1939 wurde er Kommandant der regionalen Pfadfindergruppe von Katowice des Polnischen Pfadfinderverbandes. Im Oktober 1939 gründete er in Katowice die konspirative Zelle der Pfadfinder „Birkuty". In den Folgemonaten wurde unter seiner Leitung ein Plan für die Untergrundtätigkeit der schlesischen Pfadfinder entwickelt. Er verwendete die Pseudonyme „Chmura" und „Pukoc", war Herausgeber der Untergrundzeitschriften „Zryw" [„Aufbruch"] und „Świt" [„Morgengrauen"], stand an der Spitze der polnischen Untergrundgruppe der Pfadfinder, war Mitglied der Bezirksleitung der polnischen Untergrundarmee. Am 18. Dezember 1940 wurde er von der Gestapo verhaftet und nach Auschwitz deportiert. Bemerkenswert ist, dass neben Józef Pukowiec auch Franciszek Blachnicki als Gründer der schlesischen Organisation der polnischen Pfadfinder genannt wird, die unter dem Namen „Polnische Aufstandsorganisation" [Polska Organizacja Powstańcza] tätig war. Vgl. J. NIEKRASZ: *Z dziejów AK na Śląsku [Aus der Geschichte der Polnischen Heimatarmee in Schlesien]*. Katowice 1993, S. 63.

190 Der Ausdruck stammt aus dem Artikel von Mikołaj SUCHANEK: *„Wiem, że żywy stąd nie wyjdę...*, S. 219–232.

191 Ausschnitt aus dem Brief von Józef Pukowiec an seine Nächsten vom 13. August 1942. J. KLISTAŁA: *Żołnierze rybnickiego ZWZ/AK, POP, PTOP...*, S. 267–268.

Der Pfadfinderführer Józef Pukowiec verstand es, im Kampf gegen den Feind sowie im Angesicht des drohenden Todes die Ideale der Pfadfinderbewegung mit Würde zu vertreten, seinem Vaterland treu zu bleiben. Im Moment der schwersten Prüfung gelang es ihm, seine innere Unruhe zu bewältigen und seine Nerven unter Kontrolle zu halten. Er suchte nach Worten, die imstande wären, jenen Menschen, die aus seinem Brief über den Tod ihres Sohnes und Bruders erfahren sollten, Trost und Hoffnung zu spenden. Der Inhalt des Abschiedsbriefes, der selbst die verstocktesten Herzen zu bewegen vermag, weist auf viele Eigenschaften eines Mannes hin, der Gott und Polen ergeben ist: innere Stärke, Strukturiertheit, Religiosität, Treue gegenüber den eigenen Idealen. Jahre später erinnerten sich[192] ehemalige Auschwitz-Häftlinge gerührt an einen von Józef Pukowiec organisierten Heiligabend, an dem Weihnachtslieder gesungen wurden.

Die Abschiedsbriefe der verurteilten Häftlinge aus Gefängnissen oder Konzentrationslagern sind stark emotional geprägt und haben einen sehr persönlichen Charakter. Es war für sie die letzte und zugleich die einzige Möglichkeit, nach der Verurteilung ihren Willen zu äußern. Diese Briefe zeugen auch davon, dass die Verurteilten sich heroisch mit dem ungerechten Urteil abgefunden haben. Wie in einem Spiegel wird darin ihre Gemütslage reflektiert, welche zeigt, dass sie vor allem bestrebt waren, ihre Angelegenheiten in Ordnung zu bringen: sie äußerten ihre Bitten im Hinblick auf religiöse Aspekte, gaben Empfehlungen für die Erziehung ihrer Kinder und sprachen, wenn auch äußerst selten, die Fragen der Verwaltung ihrer Habe und ihres Vermögens an. Diese Angelegenheiten standen für sie an erster Stelle. Die letzten Lebenstage der Verurteilten waren von Angst um die Adressaten überschattet, deren Leid nur durch die Worte des Abschiedsbriefes gelindert werden konnte. Neben Zeilen voller Schmerz und Resignation, in denen sich die Ausweglosigkeit der Lage ausdrückte, enthalten die Briefe auch heroische Versuche, sich den Eltern für ihre Erziehungsbemühungen dankbar zu erweisen. Die Häftlinge bitten ihre Angehörigen um Verzeihung für das Leid, das sie ihnen zugefügt haben, und bedauern, dass ihre Nächsten nach deren Tod in Verzweiflung versinken. Im Prinzip war dies für sie der einzige Grund für Kummer und Trauer. Nicht der Tod, den sie ausschließlich als Ende ihres irdischen Daseins betrachten, sondern eben das leidende Herz der Mutter und des Vaters, das nach dem Verlust ihres Kindes in tausend Stücke zerbrechen wird.

192 Ebd., S. 268.

In einem ähnlichen Ton, wenn auch jeweils anders, auf eine dramatische Weise, wurden Briefe von Gefangenen verfasst, die wussten, dass sie am selben oder am folgenden Tag hingerichtet werden. Mit scheinbar ruhigen Worten, in die sie Erinnerungen an ihre Kindheit einflechten, vermögen sie aufzuzeigen, wie sich ein Mensch vor der totalen Versklavung des Geistes schützen kann. Krystyna Wituska tut dies beinahe poetisch, als sie einen lateinischen Leitspruch von Plautus anführt: *Quem di diligunt, adolescens moritur.* Wituska machte sich Sorgen darüber, wie ihre Nächsten nach ihrem Tod weiterleben würden. Sie wandte sich mit moralischen Hinweisen an ihre Eltern, so als würde sie die Rolle einer Erzieherin übernehmen. Sie hat gewissermaßen die Richtung der zu vermittelnden Weisheit geändert: es war die Tochter, die ihre Überlegungen und ihr Wissen, das aus einem lang andauernden Umgang mit dem Tod resultierte, mit ihrer Mutter und ihrem Vater teilte. Am 26. Juni 1944 schrieb sie aus dem Gefängnis in Halle an ihre geliebten Eltern:

> *Wie schwer wird es mir, diesen letzten Brief an Euch zu schreiben! Aber glaubt mir – nicht die Furcht vor dem Tode, nicht Bedauern um mein Leben, sondern einzig und allein der Gedanke daran, wie sehr ich Euch betrübe, bedrückt die letzte Stunde meines Lebens. Ich möchte Euch noch einmal für Eure Liebe und Sorge danken, für Deine grenzenlose Hingabe, meine allerteuerste Mama! Es ist mir nicht gegeben, für all das meinen Dank abzustatten, was Ihr für [mich] getan habt, für meine fröhliche, sorglose Kindheit! Weine nicht, Mami, möge Gott Dich trösten! Ich weiß, daß Du mir längst allen Kummer und alle Ungelegenheiten verziehen hast, die ich Dir bereitet habe. Ich suche nach Worten, mit denen ich Euch trösten könnte, aber ich finde nur den einen Satz, mit dem Frau Wanda sich nach dem Verlust Loleks getröstet hat: „Die von den Göttern Geliebten sterben jung".*
> *Ich bin vollkommen ruhig, glaubt mir, ich werde ruhig sein bis zum letzten Augenblick. Meine letzte Pflicht Euch und Polen gegenüber ist es – tapfer zu sterben!*
> *Geliebter Papa, teuerste Mama, Ihr seid heute hier bei mir, und heute begreife ich, wie sehr ich Euch geliebt habe. Euch weihe ich meinen letzten Gedanken.*
>
> *Seid tapfer! Lebt wohl!*[193]

In den letzten Augenblicken des Lebens denken die Verurteilten nicht an sich selbst, sondern richten gute Gedanken an ihre Nächsten. Es quält sie das Bewusstsein, dass ihr Tod ihren Eltern großes Leid zufügen wird: *Ich verlasse diese Welt nicht mit Trauer. Ich bin nur traurig, dass ich Dich in dieser Welt allein lassen muss*[194] – schreibt Adela Gadomska an ihre Mutter. Ebenso dramatisch

---

193 *Zeit, die mir noch bleibt…*, S. 175.

194 Ausschnitt aus dem Abschiedsbrief von Adela Gadomska an ihre Mutter. A. OMILJANOWICZ: *Listy spod gilotyny…*, S. 26.

ist der Brief von Olga Prokopowa, geborene Kamińska, der 21-jährigen tapferen Mutter des kleinen Marek. Auch sie war sich dessen bewusst, dass ihr Tod unausweichlich ist, und sah nicht die geringste Chance auf eine Rettung. Bevor sie auf dem Galgen endete, hatte sie einen liebevollen Brief an ihren Sohn und ihre Mutter geschrieben:

> *Dieser Brief ist der letzte. Heute Abend wird mein Urteil vollstreckt. Das schmerzt mich, aber ich kann nichts dagegen tun* [...].
> *Mit diesem Brief möchte ich mich von der ganzen Familie, allen Verwandten und Freunden verabschieden. Der liebe Gott möge mit Euch sein. Denkt ab und zu an mich. Wenn es ein Leben nach dem Tod gibt, werde ich alles Mögliche tun, damit es Euch gut geht, damit Ihr glücklich lebt und friedlich sterbt. Dir, Mamilein, und Marek wünsche ich das Allerbeste auf der Welt.*
> *Und nun meine letzten Worte an Marek: er soll auf Dich hören, Mami, und Dir Dein Kind ersetzen. Er soll Dir meine Liebe ersetzen. Für mich selbst bitte ich nur um ein Gebet. Meine Sünden waren nicht so groß, dass ich heute an meinen Eingang in das Himmelreich zweifeln würde. Ich gehe zum Vater und zu denen, die uns bereits verlassen haben.*
> *Bleibt mit Gott und denkt bitte an Marek.*[195]

Olga übergab ihrer Mutter die elterliche Obsorge für ihren Sohn und äußerte dabei den Wunsch, ihn zu einem anständigen Menschen zu erziehen, ihn davor zu bewahren, germanisiert zu werden, ihn von Deutschen zu einem Deutschen zu erziehen. Allerdings enthält der Brief keine konkreten Anweisungen, z.B. in Bezug auf die Ausbildung oder finanzielle Absicherung der Zukunft ihres Kindes.

Die Sorge um die Erziehung der Kinder drücken auch die Worte von Stanisław Wydornik aus: *Mein Sohn soll so durchs Leben gehen wie ich*[196], und von Andrzej Dziczkowski: [...] *lebe für Deine Söhne, denen Du im Leben noch beistehen musst.*[197]

Mit ihrem tief verwurzelten Gefühl der Verantwortung und des Stolzes schrieb die junge Irena Piwarska aus dem Gefängnis in Königsberg:

> *Ich bitte Euch nur um eins – seid jetzt so stark, wie ich es bin. Das wird mir Linderung verschaffen.* [...] *Vergebt mir, wenn ich Euch Anlass zur Sorge gegeben habe.*[198]

---

195 Ausschnitt aus dem Brief von Olga Prokopowa (geborene Kamińska) vom 9. März 1943. *Śląsk chciał być polski...*, S. 292.

196 Ausschnitt aus dem Brief von Stanisław Wydornik. Vgl. A. OMILJANOWICZ: *Listy spod gilotyny...*, S. 20.

197 Ausschnitt aus dem Brief von Andrzej Dziczkowski. Ebd., S. 53.

198 Ebd., S. 29.

Die Homöostase, die aus der Wahrung der Menschenwürde angesichts von Repressionen resultierte, hatte zur Folge, dass die Gefangenen nicht von einer „Physiologie der Angst“[199] erfasst wurden.

> *Ich hatte das Glück zu erfahren, bevor ich sterben muss, dass Ihr beide sehr tapfer seid. Bleibt tapfer – vor allem Du, meine liebe Mama. Ich umarme dich aus tiefstem Herzen. Meine armen Lieben! Ich habe mich nicht vor dem Kampf gedrückt, das wisst Ihr ja. Ich werde bis zum Ende tapfer bleiben*[200]

– schrieb am 8. Februar 1943 im Gefängnis von Fresnes Jacques Baudry – einer der fünf Märtyrer vom Lycée Buffon.

Krystyna Wituska und Olga Kamińska Prokopowa – zwei junge Frauen, die einen bestialischen und unwürdigen Tod erlitten haben, erwiesen heldenhafte Tapferkeit, als sie mit großer Würde vom Leben Abschied nahmen.[201]

Alle Autoren der oberhalb zitierten Abschiedsbriefe eint ein grausames Schicksal – sie wurden von NS-Gerichten zum Tode verurteilt. Die Schreibenden fühlen sich nicht als Helden, aber die Hingabe ihres Lebens wird für sie zu einer Notwendigkeit, zu einem Opfer, das gebracht werden muss. Für sie ist der Tod nicht die schlimmste Strafe, die von der Besatzungsmacht verhängt wird. Sie glauben fest daran, dass die Erinnerung an sie fortdauern und stets lebendig bleiben wird, weil die körperliche Dimension des Lebensendes nicht so wichtig ist wie die geistige Dimension. Und diese kann der Feind nicht in Gefahr bringen, wenn der Gefangene nicht seine Zustimmung dazu gibt. Der Glaube an eine bessere Welt und an den Sieg des Guten über das Böse beruhigte die Häftlinge hinsichtlich ihres eigenen Schicksals und jenes ihrer Nächsten. Zuweilen wurde Gott durch die Heimat und ihre Freiheit ersetzt, ein anderes Mal auch durch den Glauben an eine gute, gerechte und aus diesem Grund bessere Welt.

---

199 Der Begriff wurde von Henryk Vogler in seinem Buch *Ocalony z otchłani* verwendet. Vgl. H. VOGLER: *Ocalony z otchłani. Opowiadania. [Vor dem Abgrund gerettet. Erzählungen].* Katowice 1957, S. 7.

200 *Listy rozstrzelanych. Czerwona księga francuskiego ruchu oporu [Briefe der Erschossenen. Das rote Buch der französischen Widerstandsbewegung].* Übersetzt von M. WISŁOWSKA. Warszawa 1952, S. 21.

201 Hochwürden Konstanty Michalski schreibt über die verschiedenen Arten von Tapferkeit (Mut) und unterscheidet unter anderem die heroische Tapferkeit. Vgl. K. MICHALSKI: *Między heroizmem a bestialstwem [Zwischen Heroismus und Bestialität].* Częstochowa 1984 […] *wer aber seinen Nächsten mit der Blutgier eines Raubtieres der Folter aussetzt, sündigt nicht nur gegen das Recht, sondern wendet sich auch von Menschlichkeit ab und nimmt eine untermenschliche Haltung ein („modus infrahumanus“).* Ebd., S. 175.

Üblicherweise richteten die Verurteilten in den letzten Stunden ihres Lebens Abschiedsworte und Abschiedgedanken an die Angehörigen, an die wichtigsten Menschen in ihrem Leben, an diejenigen, von denen sie sich verabschieden wollten. Sie verfassten nur einen Brief, obwohl es manchmal mehrere Adressaten des Abschieds gab.

> *Der Häftling wählte nicht nur die Person, die ihm am meisten am Herzen lag, sondern auch Personen, die seine Worte und Informationen über sein Schicksal an jene Menschen weitergeben konnten, die wissen wollten, was mit ihm geschehen war und worum sich die Gedanken des Verurteilten gedreht hatten*[202].

Es scheint, dass die Gefangenen in den letzten Augenblicken ihres Lebens meist an ihre Familien gedacht haben. Die Verurteilten wandten sich persönlich an einen bestimmten, in der Regel mit ihnen verwandten Korrespondenzempfänger oder schickten einen Brief an einen kollektiven Adressaten (*Umarmt Mireczka für mich*[203]; *So sei es, meine Geliebten.*[204]; *Liebe Eltern und Geschwister! Es fällt mir sehr schwer, Euch diese Worte zu schreiben!*[205]).

Die Verurteilten stellten tiefe und interessante Reflexionen über ihr bisheriges Leben und den Sinn ihrer eigenen Existenz an. Dabei wiesen sie stoische Ruhe aus. Sie waren vor allem über ihre Mütter und Väter besorgt. Polnische Gefangene, die der katholischen Kirche angehörten, befassten sich insbesondere mit den Fragen nach Gott, dem Jenseits sowie damit, was nach ihrem Tod geschehen würde. Dabei vertraten sie die Überzeugung, dass sie ihre Nächsten nach deren Tod wiedersehen werden können. Sie hofften, dass sie nach ihrem Ableben in der Lage sein würden, für die auf der Erde Zurückgebliebenen zu sorgen. Sie widmeten viel Zeit und Aufmerksamkeit den Betrachtungen über die Religion, Gott, das Gute und Böse. [...] *es gibt einen Gott, auch wenn es heute so schwer ist, daran zu glauben, und sein Wille geschehe.*[206] Die Analyse der Abschiedsbriefe lässt die These zu, dass die Dauer der Inhaftierung einen Einfluss auf die Stärke der Religiosität von Verurteilten hatte – je länger sie nach der Verkündung des Urteils auf die Vollstreckung warteten, desto stärker fühlten sie und desto mehr verstanden sie das Mysterium. Die in den Briefen

202 M. SUCHANEK: „*Wiem, że żywy stąd nie wyjdę*“..., S. 220.

203 Ausschnitt aus dem Brief von Barbara Grzesiak. *Letzte Briefe zum Tode Verurteilter aus dem europäischen Widerstand 1939–1945*..., S. 261.

204 Ausschnitt aus dem Brief von Sylwester Tubacki. Ebd., S. 255.

205 F. BLACHNICKI: *Wyroki Bożej Opatrzności. Listy z czasu wojny*..., S. 85.

206 Fragment eines Briefes von Wacław Stacherski aus dem KZ Auschwitz. W. STACHERSKI: *Materiały ruchu oporu*..., S. 109.

der Häftlinge enthaltenen Geständnisse zeichnen sich durch Reife und eine Vielzahl von Bezügen zu Glaubensfragen aus: es finden sich darin nur wenige Worte über die Zustimmung zum Tod, aber Worte über Bewahrung des Glaubens (Sylwester Tubacki kommentierte sein Urteil mit den Worten: *Dies ist Gottes Wille*[207]) oder Schilderungen mystischer Erfahrungen, zum Beispiel jene von Libertas Schultze-Boysen:

> [...] *Was ich in diesen letzten Tagen erleben durfte, ist so groß und wunderbar, daß es Worte kaum mehr schildern können... Ich weiß jetzt auch um die letzten Dinge des Glaubens und ich weiß, dass Du in dem Bewusstsein unserer ewigen Verbundenheit stark bist und froh. Dein Engel, der den Bösen erstickt (Du schicktest ihn mir zum Geburtstag) steht vor mir...*[208]

Die Verurteilten fügen häufig in ihre Abschiedsbriefe religiöse, moralische oder ethische Ratschläge und Anweisungen ein, in denen sie ihre Nächsten auffordern, sich in Gottes Obhut zu begeben. Die in einem oder zwei Sätzen formulierte Bitte betraf in der Regel ein fürbittendes Gebet und die Abhaltung einer Messe (*Lass eine Messe lesen und bete*[209]; *Liebe Kinder, betet oft für meine Seele*[210]). Die Worte, mit einer konkreten Aufforderung, hatten keine Befehlsform. Ihre Schärfe ergab sich aus den tiefgründigen Gedanken des Verurteilten über das Leben sowie aus seiner Erkenntnis, was wichtig ist und was nicht[211]. Die zum Tod Verurteilten zeigten keine Angst vor dem Tod, fürchteten sich nicht davor, was nach der Hinrichtung geschehen würde, denn sie hatten das Wesen des Lebens im evangelischen Geist verarbeitet. Daher ist es nicht verwunderlich, dass man dem Tod, dem Moment der Befreiung von irdischen Sorgen, von Leid und Schmerz, beinahe freudig entgegensah.

---

207 Ausschnitt aus dem Brief von Sylwester Tubacki. *Letzte Briefe zum Tode Verurteilter aus dem europäischen Widerstand 1939–1945...*, S. 255.

208 Ausschnitt aus einem Brief von Libertas Schultze Boysen. Ebd., S. 74.

209 Ausschnitt aus einem Brief von Mikołaj Romanowski. A. OMILJANOWICZ: *Listy spod gilotyny...*, S. 48.

210 Ausschnitt aus einem Brief von Helena Dziczkowska. Ebd., S. 38.

211 Brief von Franciszek Blachnicki vom 10. Juni 1942. F. BLACHNICKI: *Wyroki Bożej Opatrzności. Listy z czasu wojny...*, s. 85–90. Der Abschiedsbrief wurde von Blachnicki im Voraus geschrieben und für den Tag der Vollstreckung des Todesurteils aufbewahrt, der jederzeit hätte kommen können. Am 14. August 1942 erfuhr Franciszek Blachnicki, dass er durch eine Entscheidung des Justizministeriums in Berlin begnadigt worden war.

Die Bedeutung der offiziellen Korrespondenz

Alle bisher veröffentlichten offiziellen Lagerbriefe offenbaren eindeutig die Andersartigkeit dieser Korrespondenz[212]. Es gibt hier keine großen Briefsammlungen, die mit literarischen Absichten sowie mit dem Wunsch, die Abgründe der eigenen Seele und den inneren Kampf zu offenbaren, verfasst wurden. Die Korrespondenzdialoge sind mit ihrem Pragmatismus im Wesentlichen einem Zweck untergeordnet: sie sollen dem Dialogpartner die Gewissheit geben, dass der Schreibende noch lebt und in der Todesfabrik nicht zugrunde gegangen ist. Gleichzeitig werden die analysierten Briefe zu einem Zeugnis der Lebenstragödie der KZ-Häftlinge, sie spiegeln nicht selten ein menschliches Drama wider, bezeugen, dass ein körperlich versklavter Mensch imstande ist, seine geistige Freiheit zu bewahren. Sehnsucht, Sorge um irdische Angelegenheiten der Familie und Informationen über die Schwierigkeiten bei der Zustellung von Lebensmittelpaketen vermischen sich darin mit verschlüsselten patriotischen Inhalten.

> *Vorgestern, am 17. Dezember, fand hier in Berlin mein Prozess statt. Ich habe mich gut gehalten, so dass man mir sagte, dass ich Respekt verdiene. Das gab mir eine gewisse Befriedigung*[213].

---

212 *Einen Sonderfall stellen die in Form eines Appells oder eines Berichts verfassten Briefe dar. Sie wurden von Juden unter ganz besonderen Umständen geschrieben und sind entweder an andere Juden oder implizit an die Öffentlichkeit adressiert. Dazu gehört der Brief von Ester Srul, der in den Ruinen der Synagoge in der Stadt Kowel gefunden wurde, wo 10.000 Juden ermordet worden waren. Ein weiteres Beispiel ist der Brief von Mordechai Tamarov Tenenbaum, den man in den Ruinen des Ghettos von Białystok fand. Es ist möglich, dass die Verfasser der Briefe keine Familie mehr hatten oder dass ihre Nächsten zusammen mit ihnen umgebracht wurden.* M. SUCHANEK: *„Wiem, że żywy stąd nie wyjdę"…*, S. 221.
Der Appell von Tenenbaum, dem Anführer des Ghettoaufstands in Bialystok, an die freie Welt lautete: *Hilfe SOS! Wenn Ihr die Zeugen der furchtbarsten Tragödie, die die Geschichte kennt, nicht retten könnt, beschwören wir Euch: Für das von unseren Kindern vergossene Blut, für unsere gemarterten Mütter, für unsere entehrten Heiligtümer – rächet uns! Verflucht sei, der Mitleid predigt! Rache! Die Sterbenden grüßen Dich!* In: *Letzte Briefe zum Tode Verurteilter aus dem europäischen Widerstand 1939–1945…*, S. 259. Die Katholiken riefen in ihren Briefen nicht zur Rache auf. Die Erfahrung des Holocausts löste im Autor dem zitierten Fragment ein großes Verlangen nach Rache aus. Er wollte, dass künftige Generationen das Leid der Juden nicht vergessen.

213 Ausschnitt aus dem Brief von Olga Prokopowa (geborene Kamińska) vom 19. Dezember 1942. *Śląsk chciał być polski…*, S. 291.

Bis zum letzten Augenblick hielten die Gefangenen tapfer durch, bewahrten innere Ruhe und zeigten sogar im Angesicht des Todes Demut. Ihren Folterknechten gegenüber verhielten sie sich mit einer gewissen Überlegenheit und Verachtung. In den Briefen kommt die Weltanschauung der Inhaftierten zum Ausdruck: es dominiert ihr unerschütterlicher Glaube an den Menschen, an den Sieg des Guten über das Böse, an die Vaterlandsliebe, die historische Gerechtigkeit und vor allem daran, dass das Opfer einer erschütternd großen Zahl von Menschenleben den Grundstein für ein neues, besseres Morgen legen wird. Die inmitten der Vorhölle verfassten Briefe der Häftlinge liefern einen unwiderlegbareren Beweis für ihre außergewöhnliche Tapferkeit, Reife und moralische Stärke. Die Gefangenen können unbestreitbar ein Vorbild für Kleingläubige sein, für all jene, die an die Kraft des Menschen und seinen Geist, seine Stärke und sein Durchhaltevermögen zweifeln. Gelegentlich stößt man auf eine ganze Reihe von fast gleichlautenden Höflichkeitsbriefen, in denen sich die Häftlinge für die Glückwünsche zum Geburtstag oder Namenstag bedanken. Sie alle zeugen davon, dass die Schreibenden nichts vergaßen und auch davon, wie stark und umfassend sich Worte der Erinnerung sowie der Solidarität, Freundlichkeit und Güte ihrer Nächsten auf die Gefangenen auswirkten.

Arnold Mostowicz, der am 26. Januar 1995 anlässlich der feierlichen Senatssitzung der Jagellonen-Universität zum 50. Jahrestag der Befreiung des KZ Auschwitz-Birkenau im Namen von mehreren tausend noch lebenden, über die ganze Welt verstreuten, ehemaligen KZ-Häftlingen, aber auch im Namen aller Vergasten, Ermordeten und Verhungerten, eine Rede hielt, sagte:

> *Können sich Auschwitz und Birkenau wiederholen? Sie werden sich nicht wiederholen, wenn nicht nur Verbrechen verfolgt werden, sondern auch Worte, die zu Gewalttaten anstacheln, Bilder und Vorbilder, die Gewalt verherrlichen, glorifizieren. Die Welt der Worte, Töne und Bilder wird nämlich zu einer immer gefährlicheren Macht in dem Maße, wie der technische Fortschritt ihre Wirkung steigert, ihr Gewicht und ihren Einfluss verstärkt.*
> *Können sich Auschwitz und Birkenau, Treblinka und Dachau oder der Gulag wiederholen? Sie werden sich wiederholen, wenn die Menschheit – der moderne Zauberlehrling – nicht in der Lage sein wird, die Mächte zu bändigen, die ihr Genie vervielfacht hat und die den Menschen mit geistiger Selbstzerstörung bedrohen.*[214]

214 *Świat po Auschwitz. Materiały z uroczystego posiedzenia Senatu Uniwersytetu Jagiellońskiego upamiętniającego 50-lecie wyzwolenia obozu koncentracyjnego Auschwitz-Birkenau [Die Welt nach Auschwitz. Unterlagen von der feierlichen Sitzung des Senats der Jagellonen-Universität anlässlich des 50. Jahrestages der Befreiung des Konzentrationslagers Auschwitz-Birkenau].* Zum Druck vorbereitet von A. FLIS. Kraków 1995, S. 69.

Es ist nun an der Zeit, in Bezug auf die zuvor zitierten Worte folgende Frage zu stellen: Welchen Wert haben die offiziellen Briefe der KZ-Häftlinge, die Gegenstand der vorliegenden Analyse sind?

Es besteht kein Zweifel daran, dass die Korrespondenz zu einer Waffe im Kampf gegen „Worte, die zu Verbrechen aufhetzen" werden kann. Man könnte meinen: es steht Wort gegen Wort. Es ist jedoch zu bedenken, dass hier die Maxime *unus testis, nullus testis* keine Anwendung findet, da es zu viele Briefe schreibende Zeugen der Verbrechen gab, um ihre Aussagen unberücksichtigt zu lassen.

Zweifellos sind die Briefe ein lebendiges Zeugnis von Entmutigung und Glauben, Angst und Hoffnung, Unglauben und Beharrlichkeit, Demütigung und Würde. Sie vermitteln auch die Botschaft, dass man, wenn man keine Zugeständnisse macht und sich selbst treu bleibt, den zwar schwierigen, aber richtigen Weg einschlägt. Die Entscheidung, sich dem Besatzer zu unterwerfen, die eigenen Ideale und Werte zu verleugnen, garantierte nicht automatisch das Überleben.

> *Ich bin froh, dass manche Menschen ihre Fehler und ihren falschen Lebensweg bereits erkannt haben. Wahrscheinlich werden sich ihnen früher oder später andere anschließen*

– stellte Teodor Musioł in seinem Brief vom 24. Oktober 1943 fest. Er fügte noch voller Verständnis, Weisheit und Demut hinzu: *Irren ist menschlich, Vergeben göttlich*[215]. Dies ist ein außergewöhnliches Zeugnis, nicht zuletzt, weil es nach mehreren Jahren im Gefängnis und KZ geschrieben wurde, nach Augenblicken des Verlustes und der Wiederfindung des Glaubens, nach Tagen der Selbstprüfung. Seinen Folterknechten und dem schrecklichen System zum Trotz überlebte Musioł und erkannte, dass er stark genug war, er das Recht auf seiner Seite hatte und dass das Gute gesiegt hat. Obwohl seine Gefängnis- und KZ-Erfahrungen schmerzhaft und traumatisch waren, konnte er sich davon distanzieren und diejenigen nüchtern beurteilen, die außerstande gewesen waren, sich standhaft für die gerechte Sache einzusetzen, sondern aufgaben oder sich entschieden, ihre Gesinnung durch scheinbare Unterwerfung zu verschleiern und die Volksliste unterschrieben.

Auch wenn die offiziellen Lagerbriefe an verschiedenen Orten und in verschiedenen Phasen der Existenz von Konzentrationslagern und des Kriegsgeschehens verfasst wurden, belegen sie, dass unter den Häftlingen Solidarität gegenüber dem gemeinsamen Feind, eine antisemitische Gesinnung

215 T. MUSIOŁ: *Listy z Dachau…*, S. 133.

und gleichzeitig eine besondere Bewunderung für die Tapferkeit der in Freiheit verbliebenen Familien herrschten. Die Entscheidung einer Gefangenen, im Lager zu bleiben, obwohl eine – zwar zweifelhafte, aber wahrscheinliche – Möglichkeit der vorzeitigen Entlassung nach Unterzeichnung der Volksliste bestand, wurde von den Familien nicht immer verständnisvoll aufgenommen. Die Gefangenen legten Wert darauf, dass die Angehörigen ihre Beweggründe kannten und begriffen, und waren bestrebt, sich bei ihren Nächsten für den ihnen zugefügten Kummer und das erlittene Leid zu entschuldigen. Die Lagerbriefe bereichern unser Wissen über das Schicksal einzelner Personen und Gesellschaften, die sich Mühe gaben, die inneren Bande aufrechtzuerhalten. Gleichzeitig bieten sie viel neues Material für alle, die sich für die Ereignisse des Zweiten Weltkriegs, die Epistolografie und Lagerproblematik interessieren.

Die offiziellen Lagerbriefe haben einen tiefgründigeren Inhalt als Soldatenberichte, denn sie stellen „Zeugnisse aus dem Abgrund" dar. In den von Soldaten verfassten Meldungen oder militärischen Dokumenten findet man knappe Informationen über den Verlauf der Kämpfe, die Zahl der Verwundeten und Gefallenen, Dienstgrade, Namen, Orte und Waffenarten. Die tiefste Wahrheit über das Geschehene wird jedoch durch eine Botschaft vermittelt, die Reaktionen, Gefühle, Erlebnisse, d.h. das, was einen Menschen in höchstem Maße betrifft, umfasst.

Es ist nicht übertrieben zu sagen, dass die offiziellen Lagerbriefe das Leben in sich einschließen, ein Sammelbecken für Krümel der gegenwärtigen – sehr schmerzhaften, grausamen und aus einer nicht allzu fernen Vergangenheit doch sehr familiären und unabhängigen – Existenz sind: *Du möchtest wissen, meine geliebte Frau, ob ich an Euch denke? Jeden Tag denke ich an die Zeit, die wir zusammen verbringen konnten. Ich vermisse Euch sehr.*[216]

Das Bewegendste an den Briefen ist das, was sich zwischen den Zeilen verbirgt, sowie das Bewusstsein, welche Informationen die Gefangenen wahrscheinlich ihren Angehörigen zukommen lassen wollten und was sie schreiben durften. Herzergreifend wirkt die Hilflosigkeit bei der Wortwahl, das Bemühen, auf einem kleinen Stück Papier möglichst viel von den eigenen Gefühlen zu vermitteln und gleichzeitig darauf zu achten, dass der Brief nicht von der Zensur ganz oder teilweise vernichtet wird.

Man muss noch einmal betonen dass der Lagerbrief vor allem ein Dokument des Kampfes eines Einzelnen um das Festhalten an den im Elternhaus und in

---

216 Ausschnitt aus dem Brief von Jan Klistała an seine Ehefrau Hela vom 20. Juni 1943. J. KLISTAŁA: *Żołnierze rybnickiego ZWZ/AK, POP, PTOP...*, S. 129.

dem Milieu, in dem der Gefangene lebte und arbeitete, beigebrachten Grundsätzen ist, sowie ein Beweis für die Treue zu den Idealen, denen er sich gewidmet hat. Durch eine solche Lesart wird der Brief zu einem Zeugenbericht, in dem sich die Haltung des Schreibenden widerspiegelt, der nicht nur durch die Gefangenschaft in der Lagerhölle, sondern auch durch die Ratlosigkeit gegenüber dem dramatischen Schicksal seiner Nächsten erschütternde Erfahrungen gemacht haben muss. Das erforderte von ihm innere Stärke und den Glauben daran, dass das erlittene Leid einen Sinn hat. Trotz der von den Lagerbehörden auferlegten Korrespondenzkontrolle und Zensur kann dem Inhalt der Briefe entnommen werden, wie oft der Häftling sich gegen Verzweiflung, gegen Zusammenbruch wehren musste. Außerdem findet man darin eine Studie über die Reifung des Glaubens. Durch den Umgang mit einer Fülle von menschlichen Tragödien erweiterten die Gefangenen ihren intellektuellen Horizont. Sie reiften moralisch und emotional, schlossen neue Freundschaften und vertieften die kameradschaftlichen Beziehungen zu ihren Schicksalsgenossen. Sie stärkten ihre Integrität und Loyalität gegenüber den Mitgefangenen. Überaus stark war ihr Verantwortungsbewusstsein für alles, was sie taten.

In der individuellen Dimension dokumentieren die von der Zensur verstümmelten Briefe Dramen und Tragödien einer bestimmten Familie, in einer breiteren Dimension schildern sie exemplarisch das Schicksal von Familien, denen der Krieg alles genommen hat, was dem Leben Sinn und Wert verleiht. Die Familien von Janina und Marian Henryk Serejski, Józef und Paulina Kachel oder Franciszek und Maria Ogon mussten das Drama der Trennung eines frischvermählten Paares, die Tragödie einer Ehefrau, welche mit ihren Kindern der Existenzgrundlage beraubt wurde, das Drama eines totgeborenen Kindes oder die Tragödie eines Sohnes, den der Vater nie in seinen Armen hielt, erleben. Hier sind ebenfalls alle gesundheitlichen Komplikationen gemeint, die aus den knappen Lebensmittelrationen und der Unmöglichkeit, größere Portionen kalorischer Mahlzeiten zu erhalten, insbesondere für Kinder, resultierten.

In der offiziellen Korrespondenz wird leider über die ständigen inneren Kämpfe der Gefangenen wie auch über die völlige Unterordnung des täglichen Lebensrhythmus, sogar des Schlafes, unter die strenge Gefängnis- bzw. Lagerordnung nicht direkt berichtet. Von dem harten Schicksal werden ganze Familien betroffen: die Eltern, Schwiegereltern, Geschwister und Kinder der Inhaftierten. Auch ihnen wird die Tragik der Situation zuteil. Sie erleben nicht nur all das mit, was der Gefangene durchmachen muss, sondern tragen auch mit Würde die Bedrohung seitens der Besatzungsmacht. Vor allem aber sind die Briefe ein Zeugnis der bewundernswerten Haltung der Häftlinge, die sich weder durch Härte des Lagerlebens noch durch Repressionen ihrer Henker unterkriegen ließen. Dies bezeugen die Briefe an ihre Mütter, Schwestern, Brüder und Ehefrauen, in denen die Gefangenen – neben Liebesbeteuerungen, Ausdrücken der Liebe zu ihren Kindern und der tiefen Bindung an die Familie – immer wieder Anweisungen gaben, wie ihre Nächsten die schwere Zeit der Prüfung überstehen sollen:

> *Ich lasse die Jungen von ganzem Herzen grüßen. Sie sind darin an erster Stelle. Jeden Tag denke ich vor allem an sie. Tante Marysia und Hala müssen Mut fassen und ein noch größeres Vertrauen in Gott haben*[217].

Die Schreibenden äußern ihren Glauben daran, dass das Übel ein Ende haben muss und die Normalität zurückkehren wird. Dieses Vertrauen ist eines der wichtigsten Merkmale der analysierten Korrespondenz. Aus dem Inhalt der Briefe ergibt sich die Stärke der polnischen Nation, die nie den Glauben an den Sinn des Kampfes aufgegeben hat und auch in der Zeit der größten militärischen Erfolge der Deutschen nicht in Verzweiflung verfiel. Es ist aber auch eine andere Interpretationsperspektive möglich. Gemäß den Normen der Epistolografie (epistolografische Topik) sollte ein Brief einen optimistischen Ausklang haben. Im Falle der Gefangenen müssten dies also Worte sein, die die Hoffnung auf eine Rückkehr aus der Gefangenschaft, auf ein Wiedersehen mit den geliebten Menschen ausdrücken. Solche Aussagen sind in der Tat am Ende der Briefe zu finden. Dies könnte auf den Triumph einer etablierten Schreibkonvention über die historischen Umstände hinweisen. Die Schlussformeln der Lagerkorrespondenz sollten allerdings nicht nur als eine bestimmte Konvention gelesen werden. Eine solche Auslegung ist nicht gerechtfertigt. Denn die Gefangenen lebten in der Hoffnung, ihre Freiheit wiederzuerlangen. Das war ihr eigentlicher Wunsch.

217 Ausschnitt aus dem Brief des seliggesprochenen Priesters Stefan Wincenty Frelichowski an seine liebe Mutter vom 4. September 1943. *Błogosławiony ks. Stefan Wincenty Frelichowski…*, S. 144.

Dritter Teil

Nein, Mutter, weine nicht – Unbefleckte Himmelskönigin,
Steh mir allzeit bei

Die inoffizielle Korrespondenz aus Lagern und Gefängnissen: Kassiber, geheime und linke Briefe

Mit dem Titel des Kapitels wird an die Inschrift angeknüpft, welche die junge achtzehnjährige Goralin Helena Błażusiakówna in die Wand des Gestapo-Gefängnisses „Palace“ in Zakopane ritzte, wo sie 1944 inhaftiert war. Henryk Mikołaj Górecki komponierte die Musik zu den zitierten Worten, die er mit dem Gebetsruf „Gegrüßet seist du, Maria“ beendete. So entstand ein wunderschönes, schmerzerfülltes, langsames Klagelied für Solo-Sopran, ergänzt durch zarte Orchesterakkorde, voller Anspielungen auf traditionelle tonale und modale Kombinationen.

Inschriften, Kassiber[218], geheime[219] und sog. linke Briefe[220] aus Lagern und Gefängnissen, deren Inhalte einen Baustein unseres Kulturnervs darstellen, ermöglichen eine Antwort auf die Fragen: Was ist die wichtigste Fortsetzung und generationsübergreifende Transmission der Nachkriegszeit? Welche Werte und Wahrheiten sollen wir hochhalten?

Für einen großen Teil der Inhaftierten war die Möglichkeit, mit Familien und Freunden zu kommunizieren nicht weniger oder vielleicht sogar mehr wert als zusätzliche Nahrungsmittel. Aufgrund der Zensur war die Kommunikation in begrenztem Maße durch offizielle Korrespondenz auf Lagervordrucken möglich: Postkarten und Briefen. In einem weitaus größeren Umfang fand die inoffizielle Korrespondenz in Form von Kassibern, geheimen und linken Briefen statt: es handelte sich in der Regel um kleine, in winziger Handschrift akribisch aufgeschriebene Zettelchen, die auf verschiedene Weise, meist in

218 Kassiber: ein illegal an einen Gefangenen oder hinter die Mauern eines Gefängnisses bzw. Konzentrationslagers geschmuggelter Brief. Vgl. *Internetowy słownik języka polskiego PWN [Online-Wörterbuch der polnischen Sprache PWN]*, https://sjp.pwn.pl/sjp/gryps;2559705.html [Zugriff: 15.02.2019].

219 Geheime Briefe: Briefe, deren Inhalt von Lagerinsassinnen aus Ravensbrück in die Innenseite der Umschläge mit offiziellen Briefen geschrieben wurde.

220 Linke Briefe: die Bezeichnung stammt von Lagerinsassinnen aus Ravensbrück und bezieht sich auf die Korrespondenz, die von Mitgefangenen, die im Außenkommando Hohenlychen arbeiteten, aus dem Lager geschmuggelt und mit der üblichen Post verschickt wurde. Ab der Aufgabe bei der Post galt der linke Brief als offiziell. Empfänger linker Briefe waren die Angehörigen der weiblichen Häftlinge.

Kleidung oder Arbeitsgeräten versteckt, aus dem Lager hinausgeschmuggelt oder den Häftlingen zugestellt wurden.

Im Kapitel *Die Geschichte eines Kassibers* schildert Józef Kret die Geschichte eines Kassibers, der auf Wunsch von Stanisław Kłodziński geschrieben wurde. Der Inhalt bezog sich auf die Strafkompanie. Hier das entsprechende Fragment:

> *Es wird eine Durchsuchung geben!*
> *Was tun mit dem Kassiber? Es gab keinen anderen Ausweg. Mit unmerklichen Bewegungen zog ich das Bündel aus der Naht, nahm es in den Mund und kaute es. Es hat geklappt! (...)*
> *Ich habe die Strafkompanie später, nach der Befreiung beschrieben. Aber ein freier, sicherer und satter Mensch betrachtet seine vergangenen Erlebnisse ganz anders.*
> *Die von mir verschluckten, in Echtzeit an Ort und Stelle verfassten Aufzeichnungen, wären sicherlich das beste Dokument, das die tragische Wahrheit über den tiefsten Abgrund der Lagerhölle, d.h. die berüchtigte Strafkompanie, enthüllt*[221].

Kassiber wurden auf Heftpapier, Maschinenpapier, Durchschreibepapier und manche auf Korrespondenzpapierfetzen geschrieben. Manchmal verfasste man geheime Botschaften auf eingeschmuggeltem Seidenpapier oder auch auf Zigarettenpapier. Erhalten sind auch Kassiber auf Pergament- und Transparentpapier. Die 37 Kassiber von Krystyna Wituska[222] aus den Gefängnissen in Alt-Moabit, die aus dem Zeitraum vom 1. August bis Ende Oktober 1943 stammen, wurden auf verschiedenen Papierzetteln geschrieben, auch auf der Rückseite von Werbeanzeigen oder Fetzen von Packpapier, und zwei sogar auf dem Formularpapier der Haftanstalt. Die Übermittlung von Kassibern aus dem Lager „nach draußen" und umgekehrt, wie auch von Berichten und Mitteilungen der inhaftierten Mitglieder der Widerstandsbewegung, erreichte Ausmaße, welche die Feststellung voll und ganz rechtfertigen, dass während der deutschen Besatzung beispielsweise in Lublin und Auschwitz ein gut ausgebautes Netz von Untergrundpost existierte. Unter den schweren Okkupationsbedingungen stellte sie die Verbindung zwischen den Häftlingen im Lager und der Außenwelt sicher und umfasste nicht nur die nahe gelegenen Städte und Dörfer, sondern auch weit entfernte Gebiete. Man muss hinzufügen, dass den erwischten Verbindungsleuten Lagerhaft drohte; Häftlinge wurden für die Aufrechterhaltung illegaler Kontakte und Übermittlung von Korrespondenz in der

221 J. KRET: *Ostatni krąg [Der letzte Kreis]*. Kraków 1973, S. 148–149.

222 *Zeit, die mir noch bleibt. Briefe aus dem Gefängnis* von Krystyna Wituska, herausgegeben und mit einem Vorwort versehen von W. KIEDRZYŃSKA, Berlin 1989. S. 189–92.

Regel mit Auspeitschung bestraft. Es gab allerdings auch Fälle, dass Häftlinge wegen solcher Straftaten zum Tod verurteilt wurden.

Die Korrespondenz wurde auch von Häftlingen übermittelt, die zur Arbeit gingen[223] (in die städtische Wäscherei, zur Feldarbeit oder in die Brauerei). Sie trugen die geheimen Briefe in dafür speziell vorbereiteten Nähten ihrer Sträflingsanzüge hinaus. Die Kassiber wurden ebenfalls in speziell angefertigten Schuheinlagen, unter einem zusätzlich angebrachten und abnehmbaren Schuhabsatz, in einem Ledergürtel[224] und im Winter in doppelt genähten

---

223 Stanisław Kłodziński erinnerte sich an den Saal, in dem die an Fleckfieber Erkrankten untergebracht waren (Saal Nr. 3), folgendermaßen: *In dem Raum gab es einen Herd. Rechts vom Herd befand sich eine Ecke, die durch an Drähten aufgehängte Decken abgetrennt war. Hinter die Decken wurde eine Schnur mit einer Lampe gezogen – dort wurden Kassiber geschrieben und Dokumente kopiert, um sie nach Krakau zu schicken.* […] *J. Cyrankiewicz schlief gleich am Fenster neben einem Tisch im dritten Stock der Pritsche. Die Kassiber wurden oft durch das Fenster übergeben, bevor die Kommandos zur Arbeit abmarschierten* […]. Vgl. APMA-B, Erklärungen, Bd. 48, ON. 89–90. Bericht von Stanisław Kłodziński vom 4. Juni 1965.

224 Martyna geb. Gryglaszewska, Fürstin Puzyna aus Koselsk, vor dem Krieg Assistentin bei Professor Jan Czekanowski, fertigte geheime Abschriften von allen in Auschwitz durchgeführten anthropometrischen Untersuchungen an; dadurch blieben die Dokumente von 295 weiblichen Häftlingen – griechischen, ungarischen, holländischen, französischen und italienischen Jüdinnen, sowie 117 Zwillingen beiderlei Geschlechts (Juden aus Ungarn) erhalten, die sie in Form von Kopien sicherstellte. Sie wandte sich diesbezüglich an die Inhaftierte Antonina Piątkowska, die bereits früher Dokumente verwahrt hatte, mit dem Vorschlag, ihr die Abschriften von Mengeles Untersuchungen zukommen zu lassen. Piątkowska versteckte sie unter dem Boden der von ihr bewohnten Baracke und gab sie später an Zofia Gawron, eine Bewohnerin von Brzeszcze, weiter, die Kontakt zu Zivilarbeitern hatte. Sie half dabei, die zunächst in Gläsern verschlossenen und dann in dem von Piątkowska getragenen Gürtel eingenähten Berichte von Puzyna aufzubewahren, zu vergraben bzw. zu übermitteln. Als es Zofia Gawron gelang, Kontakt zu einem Polen außerhalb des Lagers aufzunehmen, übergab sie die Dokumente mit dessen Hilfe an ihre Familie in Brzeszcze, wo sie bis zum Kriegsende überdauerten. Nach dem Verlassen des Lagers holte Piątkowska die Abschriften ab und gab sie an die „Caritas" weiter, von wo sie in die Hände von Kardinal Adam Sapieha wanderten, der sie an Kanoniker Jasiński übermittelte; dank ihm wurden sie in der Presse und im Rundfunk veröffentlicht und später an die Hauptkommission zur Untersuchung der NS-Verbrechen in Polen gesandt. Vgl. G.L. POSNER, J. WORE: *Mengele. Polowanie na anioła śmierci [Mengele. Die Jagd nach dem Todesengel]*, Kraków 2000. Man muss anmerken, dass Puzyna beauftragt wurde, wichtige Dokumente zu beschaffen, die ein hoher Gestapo-Beamter im Nachtclub

Handschuhen deponiert. Falls ein größerer Kassiber aus dem Lager verschickt werden musste, wurde er in eine ausgehöhlte Kerze hineingelegt:

> *Wenn es einen größeren Bericht abzusenden gab, bearbeitete Koll. Bucki, ein Experte in Sachen Verpackungen, eine Kerze. Eine gewöhnliche Kerze, deren dicker Docht eine ebenso dicke Papierrolle war*[225].

Das Funktionieren der geheimen Brücke zwischen den zwei Welten war dank dem Mut und der Opferbereitschaft mehrerer Personen möglich: Zivilarbeiter, die z.B. bei Bauarbeiten auf dem Gelände von Majdanek beschäftigt waren, Mitglieder der Widerstandsbewegung, Mitarbeiter karitativer Einrichtungen und Bewohner benachbarter Ortschaften, die Hilfe für die Häftlinge organisierten. Eine besondere Rolle beim Austausch von Kassibern fiel den bereits genannten Mitarbeitern von Baufirmen, Handwerkern und Hilfsarbeitern zu, unter denen manche – auf Wunsch der Familien, in Absprache mit dem Untergrund oder aus eigener Initiative – als geheime „Postboten" tätig waren. Diese Hingabe wurde von den Häftlingen und ihren Angehörigen sehr geschätzt.

> *Unsere Kontakte zur freien Welt* – so Wanda Ossowska – *waren unglaublich, in jedem anderen Lager wären sie unmöglich gewesen, aber ihre Grundlage, ihr Keim waren Zivilarbeiter.* [...] *Diese völlig fremden Menschen riskierten ihr Leben, ihre Freiheit oder bestenfalls Schläge und Folter und brachten uns alles, was man versteckt hineinschmuggeln konnte*[226].

„Barbara", wo „Tychna" als Kellnerin arbeitete, bei sich haben sollte. Dort wurde sie verhaftet, strengen Verhören unterzogen und gefoltert. Da sie befürchtete, bald ans Ende ihrer Kräfte zu gelangen, bat sie in einem Kassiber um ein Gift. Die Deutschen fingen aber das Paket ab und ersetzten das Gift durch ein Schlafmittel, das sie einnahm. Indessen wurde die Familie über den Tod der Fürstin benachrichtigt und in der Emigrationspresse erschienen Nekrologe. In der Zwischenzeit wurde Puzyna von Lemberg nach Auschwitz gebracht.

225 Der Auszug stammt aus der Sammlung von Stanisław Kłodziński Junior, Manuskript von Stanisław Kłodziński ohne Titel und Datum, beginnend mit den Worten: *Ciekawa jest technika korespondencji [Interessant ist die Technik der Korrespondenz]*. Zit. nach: *Grypsy z Konzentrationslager Auschwitz Józefa Cyrankiewicza i Stanisława Kłodzińskiego [Die Kassiber von Józef Cyrankiewicz und Stanisław Kłodziński aus dem Konzentrationslager Auschwitz]*, Vorwort und Bearbeitung I. PACZYŃSKA, Kraków 2013, S. XLIII.

226 T. KRANZ: *Wprowadzenie [Einführung]*, in: *Listy z Majdanka. Obóz koncentracyjny w świetle grypsów. Katalog wystawy [Briefe aus Majdanek. Das Konzentrationslager im Lichte der Kassiber. Ausstellungskatalog]*, Bearbeitung von D. OLESIUK, Lublin 2010, S. 5. Am Rande sei darauf hingewiesen, dass die Erinnerungen von Wanda OSSOWSKA, einer Krankenschwester, die vor dem

An dieser Stelle muss man auf die zuvor erwähnten, besonderen „Postboten" näher eingehen. Ihr *Casus* ist nur in Hinblick auf die Analyse der Lagerkassiber von Bedeutung. Während die offizielle Korrespondenz oder literarische Briefe auch ohne geheime Verbindungsleute kursieren durften, waren sie bei der Übermittlung von Kassibern unentbehrlich, in denen man eher offen und ohne auf den Zensor zu achten das wahre Bild des Lagerlebens schilderte. Krystyna Czyż-Wilgatowa erinnerte sich, dass

> *wir einen anderen Weg, Nachrichten nach Polen zu übermitteln, durch die Kontaktaufnahme mit einer kleinen Zweigstelle des Oflag II-A in Neustrelitz gefunden hatten. [...] Einer der Fähnriche – Eugeniusz Świderski – korrespondierte regelmäßig mit Aniela Chałubińska, die mit meiner Familie befreundet war, und übermittelte verschiedene Informationen über das Lager und die Operationen. Seinen wertvollsten Dienst erwies er, als er meiner Familie in einer Kaffeedose mit doppeltem Boden einen ganzen Lagerbericht zusandte, d. h. eine ausführliche Beschreibung des Lagers und dessen, was sich dort abspielt, die von den Pfadfinderinnen verfasst worden war*[227].

In dem Kassiber vom 20. Januar 1944 erwähnt Stanisław Kłodziński, welche Medikamente er braucht und wie er die offizielle Post zu ihrer Beschaffung nutzt[228].

Die oft anonymen Helden – weitere Zeugen der Zeit des Werteverfalls, überbrachten selbstlos (wenn auch nicht immer, denn es gab auch solche, die von Gefangenen oder ihren Familien für die Zustellung von Kassibern, Medikamenten und Lebensmitteln eine Entlohnung erhielten) und unter Lebensgefahr illegale Korrespondenz. Vielleicht war das ein Bedürfnis ihres Herzens, vielleicht ein Ausdruck des Mitleids mit den Gefangenen, vielleicht auch die einzig

---

Zweiten Weltkrieg in Polen eine gründliche Ausbildung absolviert hatte, eine wertvolle Erkenntnisquelle der jüngsten Geschichte darstellen (*Przeżyłam... Lwów-Warszawa 1939–1946 [Ich habe überlebt... Lemberg-Warschau 1939–1946]*, Kraków 2009). Auch nach schweren Verhören und dem Aufenthalt in Konzentrationslagern vermochte Wanda Ossowska nach wie vor, in einem Feind einen Menschen zu sehen.

227 *Ponad ludzką miarę. Wspomnienia operowanych z Ravensbrück [Über das menschliche Maß hinaus. Erinnerungen der Operierten aus Ravensbrück]*, Warszawa 1969, S. 59–60.

228 [...] *Also, das Ganze sieht so aus. Ihr aus Auschwitz oder z. B. aus Zator gebt ein gut verpacktes Paket mit Medikamenten auf einen fiktiven Namen auf* [...] – *und wir holen es ohne Kontrolle von unserem Postamt ab.* Bronisław Pędziński, Kapo von der Paketpost, der mit Häftlingen zusammenarbeitete, konnte Pakete mit Medikamenten ohne SS-Kontrolle schmuggeln, wenn ihm der Deckname des Häftlings bekannt war. Vgl. *Grypsy z Konzentrationslager Auschwitz* ..., S. 134–135.

mögliche Form des Kampfes gegen die Besatzungsmacht. Man wird es nie erfahren. Im Kontext der inoffiziellen Lagerkorrespondenz sollte allerdings an diese wenig bekannten, aber sehr denkwürdigen, zuverlässigen Postboten erinnert werden. Es steht fest, dass zu denjenigen, die das Risiko eingingen, Informationen zwischen den Häftlingen in Majdanek und deren Familien zu übermitteln, Klaudiusz Jeliński, Franciszek Pniewski und Stanisław Szacoń gehörten[229], die auf Befehl oder im Einvernehmen mit der Widerstandsbewegung agierten. Ein höchstwahrscheinlich vom 24. Mai 1943 stammender Kassiber stellt einen dramatischen Versuch dar, Teresa Lasocka zu benachrichtigen, dass ihre bisherige Verbindung zum Lager wegen der Verhaftung von Helena Płotnicka[230] nicht mehr gültig ist. Darin enthalten ist auch eine Mitteilung über Zofia Gawron. Darüber hinaus ist zu erwähnen, dass im Spätherbst 1944 die Korrespondenz von und nach Auschwitz auch von Mitgliedern des Lagerpersonals übermittelt wurde, z. B. von der Krankenschwester Maria Stromberger und dem SS-Mann Frank, den man in den Kassibern „Botschafter"[231] bzw. „Botschafter I" nannte, sowie von zwei weiteren SS-Männern, deren Namen nicht bekannt sind und die in den Kassibern als „Botschafter II" und „Botschafter III"[232] bezeichnet wurden. Die Kassiber enthielten Bitten, Möglichkeiten auszuloten, bestimmte Personen als Vermittler im Verbindungssystem einzusetzen, wie z. B. „Jasia"[233],

229 Die Angaben stammen aus: *Listy z Majdanka …*, S. 10.

230 Helena Płotnicka wurde am 19. Mai 1943 verhaftet und im Bunker des Blocks 11 im KZ Auschwitz untergebracht. Trotz grausamer Foltern gab sie die Namen der Gefangenen, mit denen sie in Verbindung stand, nicht preis. Am 20. Oktober 1943 wurde sie mit der Häftlingsnummer 65492 in das Frauenlager Birkenau eingeliefert. Am 17. März 1944 starb sie im Lagerkrankenhaus an Fleckfieber. Vgl. M. MANIAKÓWNA, *W oświęcimskim bloku 11 [Im Block 11 von Auschwitz]*, „Przegląd Lekarski – Oświęcim" 1970, Nr. 1, S. 210.

231 Der SS-Mann Frank, Leiter des Blocks 5 im Hauptlager, informierte die Häftlinge zunächst über die Anzahl der Wachmannschaften, Bewaffnung der SS-Männer und die neuen Befehle der Lagerverwaltung. Später wurde er zum Vermittler zwischen den Häftlingen und dem Lageruntergrund. Vgl. *Grypsy z Konzentrationslager …*, S. 401.

232 *Botschafter II wird am Freitag zwischen 8 und 9 Uhr morgens am selben Ort sein.* […] *In diesem Fall werden sie sicherlich am Freitag am selben Ort sein. Botschafter III, der zurückkehrt, wird sie begleiten* […] – schrieben Józef Cyrankieiwcz und Stanisław Kłodziński am 21. September 1944 in einem Kassiber an Władysław Pytlik. Vgl. *Grypsy z Konzentrationslager…*, S. 494.

233 […] *Bedient Jasia aus dem TWL [Truppenwirtschaftslager] Rajsko die SS-Männer im Gebäude neben der Gärtnerei Rajsko und hat sie über Józek, den dortigen Gärtner, Kontakt zum Lager? Welchen Kontakt kann sie zu Euch haben?* – fragten

die im Truppenwirtschaftslager Rajsko arbeitete, oder aus dem Lager entlassene Häftlinge, die zwangsweise in Wirtschaftsstrukturen des Lagers beschäftigt waren (z. B. die Brüder Władysław und Ludwik Paprzyca, Ludwik Moch). Es wurde ebenfalls unermüdlich nach Möglichkeiten gesucht, alternative Wege zur Übermittlung der geheimen Korrespondenz aus den Lagern zu schaffen.

Die mit Bleistift oder Tinte[234] geschriebenen Briefe wurden auf verschiedenste Art und Weise geschmuggelt: unter dem Futter der Kleidung, in speziell vorbereiteten Werkzeugen, die von den Arbeitern für ihre Arbeit verwendet wurden (z.B. in einer Ahle, einem Hammer o.ä.), in einem Nudelholz[235], zwischen Paketen und Suppeneimern[236], in einem Brillenetui, in einem Füllfederhalter, einer elektrischen Taschenlampe, einem Brötchen und einem Feuerzeug, in leeren Tuben und Gläsern, Filzschuheinlagen, einem Lippenstift, im doppelten Boden der offiziellen Lebensmittelpakete, die ins Lager gesandt wurden, und in

---

Józef Cyrankiewicz und Stanisław Kłodziński in einem Kassiber vom 4. September 1944. Vgl. *Grypsy z Konzentrationslager…*, S. 439.

234 Es sei darauf hingewiesen, dass die meisten Kassiber mit Tinte geschrieben wurden. Manchmal passiert es, dass ein mit Tinte oder einem chemischen Bleistift verfasster Text von einer Seite des Kassibers auf die andere durchschlägt, die ebenfalls mit Text beschrieben ist, was die Lesbarkeit der Korrespondenz zusätzlich verschlechtert. In vielen Fällen bildeten sich in den Faltbereichen Risse, die zum irreversiblen Verlust von Manuskripten führten.

235 In der ersten Maihälfte 2012 wurden 53 originale Kassiber, die in einer Teigrolle versteckt waren, dem Archiv des Staatlichen Museums Auschwitz-Birkenau übergeben. Sie enthalten unter anderem Abschriften des Leichenbuches sowie das Namensverzeichnis der in den Gaskammern ermordeten Häftlinge. Vgl. „Dziennik Polski" [„Polnische Tageszeitung"] vom 12. Mai 2012, *Grypsy znalezione w kuchennym wałku [In einem Nudelholz gefundene Kassiber].* In: *https://dziennikpolski24.pl/grypsy-znalezione-w-kuchennym-walku/ar/3143346* [Zugriff: 11.12.2018].

236 An dieser Stelle ist anzumerken, dass im Februar 1943 zwei in Lublin tätige Wohlfahrtsverbände: das Polnische Rote Kreuz und der Hauptfürsorgerat (Rada Główna Opiekuńcza), die Erlaubnis erhielten, polnische Häftlinge mit Lebensmitteln und Medikamenten zu versorgen. Ihre Mitarbeiter schmuggelten Briefe, Berichte über die Situation im Lager und die Untergrundpresse. *In der zweiten Hälfte des Jahres 1943, als die Korruption im Lager ihren Höhepunkt erreichte und die Ereignisse an der Ostfront die bevorstehende Niederlage Deutschlands andeuteten, wurden illegale Briefe, Medikamente und Berichte über die Situation im Lager auch von SS-Leuten übermittelt: Willi Reinartz, Hans Lück und Otto Schulz.* Vgl. *Listy z Majdanka…*, S. 14.

mehreren anderen „kleinen Gegenständen", an vorher vereinbarten Orten, auf dem Gelände des Bauhofs – des Baustofflagers, in der Mühle, im Garten.

Am 4. August 1943 sandte Mieczysław Bieńko einen Kassiber an seine Eltern, der eine erschütternde Passage über die Regeln im Lager enthielt:

> *Ich möchte Euch mitteilen, dass ich Gott sei Dank noch am Leben bin. Herzlichen Dank für die Pakete. Hier erhalten wir zweimal wöchentlich Pakete bis zu 5 kg, die man über das Rote Kreuz oder per Post zuschicken kann.* [...] *Wenn Ihr ein Paket schickt, schreibt ein paar Worte und legt sie unbesorgt ins Brot hinein, das wird nicht kontrolliert. Wisst Ihr, derjenige, der hier ein bisschen Brot und Fett hat, kann am Leben bleiben, und wer nicht – geht durch den Schornstein hinaus. Ich mache Bodenarbeiten an der Straße nach Hrubieszów.* [...] *Ich verabschiede mich von Euch, vielleicht nicht für immer, wenn Gott gnädig ist, werden wir uns wiedersehen. Verzeiht mir, dass ich so schlecht schreibe, aber ich schreibe auf dem Knie in der Latrine, und wenn man einen solchen Brief unter Gefahr schickt, kostet das bis zu 100 Zloty oder eine Prügelstrafe, und wenn man einen beim Übermitteln erwischt, landet er in Majdanek* [...].[237]

Eine andere Möglichkeit bestand darin, die auf Seidenpapier geschriebenen Kassiber in ein ausgehöhltes Bonbon zu stecken, das wiederum verklebt und ins ursprüngliche Papier eingewickelt wurde. Ein solches Bonbon konnte der Gefangene dann in einem Paket erhalten[238]. Zur Übermittlung von Kassibern wurden ebenfalls Schlüssel verwendet, die innen ausgehöhlt waren und einen Schraubenkopf mit Gewinde hatten. Für eine bessere Absicherung der im Inneren des Schlüssels[239] befindlichen Sendung wurde dieser zusätzlich verlötet. In

237 Mieczysław Bieńko wurde 1919 geboren. Im Juni 1943 wurde er wegen seiner Tätigkeit in der Widerstandsbewegung verhaftet und im Juli 1943 nach Majdanek gebracht, wo er die Häftlingsnummer 2808 erhielt. Er arbeitete bei der Geländenivellierung zur Errichtung von Baracken, beim Bau der Baracken und einer SS-Kantine, und später auch in Tischlerwerkstätten. Er blieb in Majdanek bis zur Befreiung des Lagers. Vgl. *Listy z Majdanka...*, S. 11.

238 Eine derartige Sendung wurde in einem Kassiber von Stanisław Kłodziński an Władysław Pytlik vom 9. Mai 1944 angekündigt. Vgl. *Grypsy z Konzentrationslager Auschwitz ...*, S. 286–288.

239 Diese Art und Weise der Übermittlung von Kassibern wurde von Józef Dyntar vorgeschlagen, der in einer Schlosserei arbeitete (APMA-B, Erklärungen, Bd. 19, ON. 116, Bericht von Stanisław Kłodziński vom 24. Juli 1984). Józef Dyntar überbrachte auch persönlich Kassiber und gab sie an Zivilarbeiter weiter, u. a. einen Kassiber mit 87 Namen niederländischer Juden, die Ende 1942 mit Phenolspritzen getötet worden waren. Die Schlüssel wanderten zwischen dem Lager und Krakau. In einem Kassiber vom Dezember 1944 schrieb Józef Cyrankiewicz: *Gebt den Schlüssel zusammen mit der Post ab.* Vgl. *Grypsy z Konzentrationslager Auschwitz...*, S. 575.

Kassibern wurden oft Verzeichnisse mit Häftlingsnummern, Vor- und Nachnamen von Häftlingen verschiedener Nationalitäten, die in dem jeweiligen Lager inhaftiert waren, aber auch von jenen, die in ein anderes Lager überstellt wurden, mit ihren aktuellen Adressen, in die Außenwelt geschmuggelt, damit die Lagerinsassen Pakete erhalten konnten. Insbesondere ging es dabei um durch das Internationale Rote Kreuz verschickte Pakete.[240] Dies kam in der geheimen Korrespondenz häufig zur Sprache. In konspirativen Kreisen war man nämlich der Meinung, dass die Versandaktion nicht nur einem Teil der Gefangenen unmittelbare Hilfe brachte, sondern auch eine wichtige psychologische, moralische und politische Bedeutung hatte. Die weiblichen Häftlinge von Ravensbrück erlebten Triumph und Freude, als Pakete von verschiedenen internationalen Institutionen für die Gruppe der operierten Frauen eintrafen. In den letzten Briefen bringen diese „Versuchskaninchen" zum Ausdruck, wie sehr sie sich über die Idee, eine solche Aktion zu organisieren und durchzuführen, gefreut haben[241].

Die Informationen darüber, wo, wie und um wie viel Uhr die Pakete für Häftlinge abzuholen waren, wurden oft in den Kassibern übermittelt. Ähnlich

---

240 Nach dem Krieg berichtete Stanisław Kłodziński über die Bedeutung der Lebensmittelpakete Folgendes: *… es hat ihn* [den Gefangenen – Anm. L. S.] *psychisch gestärkt. Es ließ ihn glauben, dass er nicht nur eine gequälte, vergessene, zum Tode verurteilte Nummer war. Sogar in der Schweiz wusste man von seiner Existenz, kannte seine Häftlingsnummer, seinen Vor- und Nachnamen, sein Geburtsdatum. Eine mächtige internationale Organisation interessierte sich für ihn und wurde dadurch im Lager Auschwitz präsent.* Vgl. S. KŁODZIŃSKI, *Paczki Międzynarodowego Czerwonego Krzyża dla więźniów Oświęcimia [Pakete des Internationalen Roten Kreuzes für die Häftlinge von Auschwitz]*, „Przegląd Lekarski – Oświęcim" 1967, Nr. 1, S. 124.

241 In einem geheimen Brief vom 28. Februar 1944 merkte Krystyna Czyż-Wilgatowa an: *Seit einiger Zeit kommen Pakete vom Roten Kreuz aus Genf für die Polinnen – derzeit werden sie an diejenigen verteilt, deren Namen von den Oflags angegeben werden – wenn es möglich wäre, die Namen der Operierten dort bekanntzugeben, wäre das für uns eine sehr große Hilfe – dabei geht es gar nicht um Lebensmittel, sondern um die moralische Bedeutung der Sache. Die Pakete werden sorgfältig quittiert und wenn sie an alle Operierten versandt würden, würde dies unsere Betreuer sicherlich beeindrucken – und es würde so aussehen, als hätten sie dort unsere Liste, was sogar einen Einfluss auf unser Schicksal haben könnte. Denn wir haben immer noch den Eindruck, dass sie uns als lebende Beweise liquidieren wollen. Wenn dies nur über das Oflag geregelt werden kann, schlägt Dziuba vor, sich damit an Józef Mazurkiewicz und Czesław Stefański zu wenden, die helfen könnten* […]. Vgl. *Ponad ludzką miarę…*, S. 73–74.

wie konspirative Sendungen ins Lager wurden auch die Kassiber an bestimmten Orten abgegeben und abgeholt. Der Schriftwechsel fand zu einem vereinbarten Zeitpunkt statt, nichts wurde dem Zufall überlassen. Im Kassiber an seine geliebte Terenia äußerte Andrzej Majewski seine Anweisungen, Erklärungen und Bitten mit folgenden Worten:

> [...] *die Bedingungen haben sich sehr verschlechtert und wir müssen das System der Paketübergabe ändern. Vor allem erhalte ich wieder Pakete von P.C.K.* [dem Polnischen Roten Kreuz – Anm. des Übers.] [...]. *Was hast Du mit dem Paket gemacht? Gib es niemals in fremde Hände, denn es wird gestohlen. Hier im Lager stiehlt man in einem gnadenlosen Kampf um das Überleben alles, was nur geht.* [...] *Liebe Terenia, Mitfahrgelegenheiten in die Stadt sind nicht sehr häufig. Wenn Du alle paar Tage früher aufstehen und vor 5 Uhr morgens zum Lager kommen würdest, d.h. bevor die Posten aufgestellt werden, könntest Du ungehindert am vereinbarten Ort ein Paket für mich hinterlassen und ich könnte es ohne Kosten und Risiko abholen, wenn ich zur Arbeit komme. Viele Personen machen dasselbe. Komm morgen und leg zur Probe ein Paket hinter das nicht fertig gestellte, gemauerte Haus, aus dessen Fenster ich am Montag mit Dir gesprochen habe. Hinten am Haus liegt ein Stapel Bretter, steck es tief zwischen die Bretter, mach es schnell und so, dass es niemand sieht. Dann beobachte aus der Ferne, ob niemand das Paket stiehlt, und wenn ich komme, können wir vielleicht auch reden. Zu dieser Stunde ist das Risiko für Dich am geringsten. Wenn es klappt, werden wir das in ein paar Tagen wiederholen. Wenn sich dieses System als gut erweist, werde ich Żaba bitten, sich mit Dir abzuwechseln.*[242]

Da sie ihre Kameradinnen in der Außenkolonne Hohenlychen gut kannten und gute Beziehungen zu ihnen hatten, gelang es den weiblichen Häftlingen in Ravensbrück[243], den Briefversand mit der regulären Post zu organisieren. Dabei handelte es sich um so genannte „linke Briefe", die eine Zeit lang parallel mit der in den Umschlägen enthaltenen, geheimen Korrespondenz verschickt wurden.

242 Auszug aus dem Kassiber von Andrzej Majewski, vgl. *Listy z Majdanka* ..., S. 13.

243 *Das Lager zeichnete sich durch eine außergewöhnliche Solidarität der weiblichen Häftlinge aus, die den Opfern der grausamen Versuche das Leben retteten.* Über die im Lager vorhandenen Verstecke und die in vier Abschnitte aufgeteilte Geschichte des Konzentrationslagers Ravensbrück (die Zeit von der Errichtung des Lagers, d. h. vom Mai 1939, bis zum Ausbruch des Zweiten Weltkriegs; vom Ausbruch des Zweiten Weltkriegs bis Herbst 1944; von Herbst 1944 bis Ende März 1945; von März 1945 bis zur Befreiung des Lagers) schreibt S. STERKOWICZ: *Kobiecy obóz koncentracyjny Ravensbrück [Das Frauenkonzentrationslager Ravensbrück].* Włocławek 2006, S. 31–65.

Der Versuch, die Haltung, die Erlebnisse und Gefühle der Häftlinge im Lichte von Kassibern bzw. geheimen und linken Briefen darzustellen, die unter dem Eindruck des Augenblicks, inmitten des Geschehens verfasst wurden und ohne Zweifel besondere Zeugnisse darstellen, ist eine komplexe Aufgabe. Ihre Schwierigkeit ergibt sich auch daraus, dass einige Briefe einen sehr persönlichen Charakter haben[244], andere – voller Schmerz und Verzweiflung – ein Flehen um Rettung ausdrücken oder über die letzten Lebensstunden der Gefangenen berichten. Manche sind nicht frei von Vorurteilen und radikalen Ansichten, die sich unter den extremen Bedingungen des Lagers noch verstärkt haben. Es ist aber gerade die Authentizität der Berichte und die darin enthaltenen Informationen und Emotionen, die nach wie vor einen so starken Eindruck hinterlassen. Die inoffizielle Korrespondenz legt die verborgene, verbotene und für die Folterknechte unbequeme Wahrheit über das Lager bloß. Die Enthüllung der schockierenden Tatsachen konnte ein Gefangener mit seinem Leben bezahlen.

Die inoffizielle Korrespondenz hat immer noch einen zu kleinen Empfängerkreis. Sie bleibt jedoch eine dauerhafte Spur des Lageruntergrunds. Die inoffiziellen Briefe zeugen von dem Kampf, der unter äußerst schwierigen, spezifischen Bedingungen intensiv und mit großem Engagement aufgenommen und geführt wurde. In Hinblick auf die charakteristischen Merkmale der Quelle, d.h. der geheimen Lager- bzw. Gefängniskorrespondenz, und die zutiefst komplexe und dramatische Wirklichkeit, auf die sich sie bezieht, bedürfen viele der darin angesprochenen Fragen aus heutiger Sicht einer Erklärung. Aus den Briefen ergibt sich der Charakter und das Ausmaß des Widerstands der Häftlinge gegen das Verbrechen (in den offiziellen Briefen gab es diese Möglichkeit nicht) sowie der Gefahren, die in den Lagern Auschwitz, Majdanek bzw. Ravensbrück und in den Berliner Gefängnissen, in denen unter anderem Krystyna Wituska inhaftiert war (Alexanderplatz, Alt-Moabit, Halle/Saale, wo sie hingerichtet wurde), ständig bestanden. Die inoffiziellen Briefe enthüllen und dokumentieren auch den tiefen humanitären Sinn des von den Häftlingen geführten Kampfes. Sie wurden nicht nur für damals aktuelle Zwecke geschrieben und verschickt, sondern auch mit dem Gedanken, eine historische Dokumentation

---

244 Für manche Häftlinge war das Schreiben von Kassibern ein Gebot und ein inneres Bedürfnis. Henryk Szcześniewski schrieb zum Beispiel 1943 und 1944 regelmäßig Kassiber. Insgesamt waren es einige Dutzend Kassiber, die erhalten sind. Darin schilderte er seine persönlichen Erlebnisse, beschrieb die Atmosphäre im Lager und berichtete über die Judenmorde am 3. November 1943. Vgl. J. MOZDZAN, *Postgeschichte des Konzentrationslagers Lublin-Majdanek. Über das Lager, Briefe und Menschen*, Manching 2010, S. 86.

zu erstellen, die heute eine wertvolle Wissensquelle über die Lager bietet und eine umfassende Untersuchung ihrer Geschichte ermöglicht.

Das Wissen über das Schicksal der polnischen Häftlinge, die in deutschen Gefängnissen zum Tode verurteilt und hingerichtet wurden, ist immer noch lückenhaft. Die Schwere der Vergehen der Gefangenen war groß, da es sich in der Regel um geheimdienstliche Tätigkeit handelte. In die Dunkelheit des Vergessens verschwinden die Geschichten jener Personen, die aus dem Generalgouvernement und den ins Reich eingegliederten Gebieten in die Gefängnisse überführt und dort auf der Guillotine hingerichtet wurden. Eine relativ große Gruppe bildeten junge Frauen, die nach einem Urteil des Kriegsgerichts oder des Volksgerichtshofs tapfer und in Würde in den Tod gingen. Aus den Kassibern von Krystyna Wituska und Berichten ihrer überlebenden Leidensgenossinnen geht hervor, dass Gemeinschaft, Solidarität, Brüderlichkeit sowie ein tiefer Hass gegen den Nationalsozialismus und der Wille, ihn um jeden, auch um den höchsten Preis zu bekämpfen, den gemeinsamen Nenner dieser „Internationale der auf verlorenem Posten Stehenden“[245] bildeten. Die außergewöhnliche Persönlichkeit der jungen Kassiber-Autorin ist durch den Glauben an eine schöne Zukunft, ein besseres Morgen und den Sinn des erbrachten Opfers geprägt.

Absender und Empfänger der inoffiziellen Korrespondenz

Die Kassiber wurden von den Gefangenen der Konzentrationslager und Gefängnisse vorwiegend an ihre Familien geschrieben, die, wenn möglich, ihrerseits Kassiber verschickten. *Halte noch ein wenig durch* – bat die Schwester von Krystyna Żywulska in ihrem Kassiber[246]. Für Krystyna Wituska war die Lektüre von Briefen der schönste Moment des Tages.[247] Bekannt ist die ehrenvolle Haltung von solchen Privatpersonen wie: Teresa Lasocka, Adam

245 Die Worte stammen von Wanda Kiedrzyńska. Vgl. *Die Zeit, die mir noch bleibt …*, S. 6.

246 *Eines Tages bekomme ich den ersten Kassiber in einem Paket von meiner Schwester, die mit meiner Mutter in Wien wohnt. Der Kassiber ist gut im Rand der Schachtel versteckt. Meine Schwester schreibt über die Offensive im Westen, über die sich nähernde Befreiung: „Halte noch ein wenig durch“. Ich lerne den Kassiber auswendig und eile zur Baracke von Zosia, um Wacek zu treffen.* Vgl. K. ŻYWULSKA, *Przeżyłam Oświęcim [Ich habe Auschwitz überlebt].* Warszawa 1960, S. 284.

247 In einem Kassiber vom September 1943 stellt Krystyna Wituska fest: *Dein Brief ist da u. schon gelesen, der angenehmste Augenblick des Tages schon vorbei!* Vgl. *Die Zeit, die mir noch bleibt…*, S. 135.

Rysiewicz, Elżbieta Krzyżewska, Janina Siwińska, Antonina Grygowa mit ihren Töchtern, Saturnina Malmowa, genannt „Mateczka“ [„Mütterchen“][248], die den Häftlingen bedeutende und umfassende Hilfe leisteten: sie organisierten Lebensmittelpakete, sandten Medikamente, schickten Bücher und übermittelten Kassiber, die sie selbst an die Gefangenen schrieben, um ihnen Mut zu geben. Ein Beweis der großen Dankbarkeit und Ehrerbietung für „Mateczka“ ist ein kollektiver Kassiber, der am 4. April 1944 von einer Gruppe Häftlinge an Saturnina Malmowa geschrieben wurde, um ihr für die Hilfe und bedeutende seelische Unterstützung, die sie anonymen Gefangenen erwies, zu danken. Der Inhalt des Kassibers lautet:

> *Selbstaufopferung und Opferbereitschaft kommen nicht nur aus der Pflicht, sondern vor allem aus dem Herzen – nur mit dem Herzen kann man sich dankbar zeigen. Und für das Herz und die tiefe Sorge um unser Leben und Schicksal zollen wir Dir, „Mütterchen“, Ehrerbietung und Dank. Der Wille der Polin stärkte unseren Geist – unbekanntes, nie gesehenes, gutes „Mütterchen“, Du hast uns zärtliche Fürsorge erwiesen. Deine Söhne aus Majdanek senden Dir diese wenigen Worte – weil sie derzeit nur einen solchen Akt der Ehrerbietung setzen können – Du sollst aber wissen, liebe Betreuerin, dass jedes dieser Worte ein lebendiges Herz Deiner Söhne ist.*
> *Majdanek 4.4.44.*
> *... wenn die Freiheit nun anbricht*[249].

Es kam auch vor, dass ein Kassiber Nachrichten von zwei Absendern enthielt und mindestens an zwei Empfänger adressiert war. Dies trifft auf den Kassiber von Stanisław Wrzos zu. Am Ende des Briefes bittet er seine Angehörigen, an die Familien der Mitgefangenen zu schreiben. Er gibt die Adresse von Wiktoria Peim und Familie Orlik an. Ein Kamerad von ihm schreibt in seinem Brief:

> *Ich nutze die Freundlichkeit meines Kameraden. Alles, was er geschrieben hat, betrifft auch mich. Ich bin bei guter Gesundheit! Ich habe 2 Pakete von Euch und 1 Paket von Wanda erhalten. Ich bin auf Feld IV. Es ist nicht so schlimm, weil es warm ist – das Schlimmste ist, dass man sich nicht waschen und kein Wasser trinken darf. Macht Euch keine Sorgen – wenn Gott will, werden wir uns wiedersehen* [...][250].

---

248 Das Staatliche Museum in Majdanek besitzt 1877 authentische Kassiber, die von über 100 polnischen Häftlingen geschrieben wurden. Die Bestände umfassen vier bedeutende Sammlungen von Kassibern von einzigartigem dokumentarischem Wert, die an Saturnina Malmowa, Janina Siwińska, Elżbieta Krzyżewska und Antonina Grygowa adressiert sind, die Hilfe für die Häftlinge organisierten. Vgl. *Listy z Majdanka...*, S. 15 u. 57.

249 Kollektiver Kassiber an Saturnina Malmowa, geschrieben von Häftlingen aus Majdanek am 4. April 1944. *Listy z Majdanka...*, S. 56.

250 Auszug aus dem Kassiber des Lagerkameraden von Stanisław Wrzos. *Listy z Majdanka...*, S. 20.

Nicht alle Gefangenen konnten über den offiziellen Schriftverkehr mit ihren Familien kommunizieren, weil sie unter falschen Namen im Lager inhaftiert waren. Bei Verhören und später während ihres Aufenthalts im Lager benutzten sie gefälschte Ausweispapiere. Um sich selbst und ihre Angehörigen nicht zu gefährden, durften sie keine offiziellen Lagerbriefe schicken. Als Ausweg erwies sich die Kontaktaufnahme mit den Adressaten mittels Kassiber, die von Verbindungspersonen übermittelt wurden. Dank der Hilfsbereitschaft von Mitgefangenen, die Kontakte zum Lageruntergrund hatten, konnten sie ihren Familien mitteilen, dass sie im Lager waren.

> *Franek Grochowski aus Hrubieszów ist hier mit uns, der an seine Frau und Kinder nicht schreiben kann. Er hat mich gebeten, eine Nachricht zu ihm nach Hause zu schicken. Liebe Bronia, schreib bitte direkt an seine Frau, wenn Du kannst* […]. *Ihre Adresse lautet: Maria Grochowska, Hr. Żeromskiego Straße 34*[251].

Im Mai 1943 vereinten die Auschwitz-Häftlinge Józef Cyrankiewicz und Stanisław Kłodziński ihre Übermittlungswege für geheime Nachrichten, obwohl sie ihre Kassiber getrennt voneinander schrieben, da sie in verschiedenen Blocks untergebracht waren. Ab Januar 1944 bewohnten die beiden Häftlinge denselben Block Nr. 20 im Lagerrevier und von dem Zeitpunkt an können die versandten Kassiber als gemeinsam betrachtet werden[252], unabhängig davon, wer sie tatsächlich geschrieben hat: Cyrankiewicz oder Kłodziński.

An die Anführer der im Lager tätigen Gruppe der PPS [Polnische Sozialistische Partei], Ende September und im Oktober 1944 auch an Konstanty Jagiełło[253], der aus dem Lager ausgebrochen war, wurden geheime Nachrichten über die gelungenen Fluchtversuche aus dem KZ Auschwitz, die Zusammenarbeit mit dem Untergrund, die Verbindung mit dem Lager, benötigte Medikamente bzw. Kampfmittel sowie die Korrespondenz mit Warnungen

251 *Ludzie dobrej woli. Księga pamięci mieszkańców Ziemi Oświęcimskiej niosących pomoc więźniom KL Auschwitz [Menschen guten Willens. Gedenkbuch für die Bewohner des Auschwitzer Landes, die den Häftlingen des KZ Auschwitz zu Hilfe kamen]*, Hrsg. von H. ŚWIEBOCKI, Oświęcim 2005, S. 107

252 Hier ein Zitat aus den Erinnerungen von Stanisław Kłodziński: *Wenn es um Kassiber geht, haben wir sie gemeinsam mit Józef Cyrankiewicz geschrieben, d. h. mal haben wir einen Kassiber gemeinsam geschrieben, mal hat sie nur Cyrankiewicz geschrieben, mal nur ich allein. Alles hing von den Umständen ab.* APMA-B, Erklärungen, Bd. 119, ON. 14. Bericht von Stanisław Kłodziński.

253 *Grypsy z Konzentrationslager Auschwitz…*, S. XXXI.

vor aufkommenden Bedrohungen und Verhaftungen, die für die Sicherheit der Untergrundbewegung von Bedeutung waren, gerichtet.

Die Autoren unterzeichneten die Kassiber mit den Initialen ihrer Namen, Pseudonymen, verschlüsselten Vor- und Nachnamen oder einer verkürzten Form ihres Namens. Viele geheime Nachrichten der Auschwitz-Häftlinge sind unsigniert, wie der längste Kassiber vom 22. März 1944, der insgesamt 16 Textseiten in kleiner Schrift umfasst[254] (die Identifizierung war nur anhand des Schriftcharakters und des Duktus möglich). Die Empfängerin der nicht unterzeichneten Kassiber von Krystyna Wituska war Helga Grimpe, eine Deutsche, die mit der Gefangenen befreundet war. Über ihre Mutter, Hedwig Grimpe[255], Gefängniswärterin in Alt-Moabit, hatte Helga Kontakt zu der jungen Polin.

Man muss erwähnen, dass im Gefängnis „am Alex“, in dem unter anderem Wituska inhaftiert war, die Kommunikation zwischen Häftlingen aus verschiedenen Zellen nichts Ungewöhnliches war. Die Gefängnisgebäude hatten die Form eines Vierecks, so dass die Fenster der Zellen auf den Innenhof blickten. Die Kassiber und Pakete wurden mithilfe von Stöcken weitergegeben, die zum Öffnen der oberen Fensterteile verwendet wurden. Aus den Frauenzellen wurde den Männern oft Suppe in einem in einen Strumpf eingewickelten Blechnapf weitergereicht. Die Abwasserrohre dienten als internes Telefon. Die Häftlinge versuchten, mit ihrem Einfallsreichtums und ihrer Kreativität um jeden Preis miteinander in Kontakt zu bleiben.

---

254 In dem Kassiber an Adam Rysiewicz vom 22. März 1944 berichtete Józef Cyrankiewicz über die Entwicklung der Situation im Lager und sein eigenes Schicksal von Mitte November 1943 bis Mitte März 1944. Der Nachricht fügte er eine Kopie des Schreibens an den Kommandanten des KZ Auschwitz I, Arthur Liebehenschel, vom 24. Dezember 1943 bei. *Grypsy z Konzentrationslager Auschwitz…*, S. 192–214.

255 Das Konvolut mit den Kassibern von Krystyna Wituska, die von ihrer Adressatin, Helga Grimpe, aufbewahrt wurden, befindet sich in der von den Gefangenen als *Kleeblattalbum* bezeichneten Mappe (zusammen mit den Kassibern von Maria Kacprzykówna und Lena Dobrzycka). Die Mappe, die sich aktuell im Besitz des Archivs der Hauptkommission zur Untersuchung der NS-Verbrechen in Warschau befindet, wird mit einem Foto Krystyna Wituskas eröffnet. Auf der Rückseite des Pappdeckels mit der Fotografie steht die Aufschrift: *Gelebt als Mensch, geadelt zur Heldin durch bitterliche Leiden, geendet als Heldin für die Freiheit Polens.* Auf einer zweiten Pappe ist ein polnischer Adler auf rot-weißem Grund gezeichnet mit der Überschrift: „Bóg-Honor-Ojczyzna“ [„Gott, Ehre, Vaterland“]. Vgl. *Zeit, die mir noch bleibt…*, S. 43

Ein Teil der Kassiber und geheimen Briefe, die in der Regel mit winziger Schrift auf einem kleinen Blatt Papier oder Seidenpapier von einem Rand zum anderen Rand geschrieben wurden, waren verschlüsselt. Ursprünglich bestand die Chiffre in der Ersetzung von Buchstaben durch die ihnen entsprechenden Zahlen. Beim Ablesen der Nachrichten traten Fehler auf, die schwer zu vermeiden waren. Die mangelnden Fähigkeiten im Chiffrieren sowie die Bedingungen, unter denen die Kassiber verfasst wurden, erleichterten den schreibenden Gefangenen die Aufgabe nicht. In der Regel wurde nachts geschrieben, in tiefer Konspiration, nicht nur vor dem Lagerpersonal, sondern auch vor Denunzianten, zufälligen Personen und Neugierigen. Es besteht kein Zweifel daran, dass die Erstellung der inoffiziellen Korrespondenz von großer Spannung und Angst vor den Folgen einer Aufdeckung begleitet wurde.

In der zweiten Dezemberhälfte 1943 kündigte Stanisław Kłodziński an, dass von da an die Kassiber wie folgt zu verschlüsseln seien:

> *Namen und wichtige Angaben mit der Chiffre: „Kto się w opiekę podda Panu swemu" usw.* [es sind die ersten Worte eines bekannten polnischen Kirchenliedes, das auf dem Psalm 91 *Wer im Schutz des Höchsten wohnt…* basiert – Anm. des Übers.], *also: k=1, t=2, o=3, s=4, i=5, ę=6, w=7, o=3, p=9, i=10, e=11, k=1, ę=6, p=9 usw., das ganze Alphabet ohne die Digraphen sz, cz, rz usw.*[256].

Der Kassiber enthielt allerdings keine Information darüber, ob sich die Chiffre auf den *Psalm 91* stützte, der 1579 von Jan Kochanowski ins Polnische übersetzt worden war, oder auf seine Liedversion – *Kto się w opiekę*, die in Kirchen gesungen wurde, und welche Fassung die richtige war, was zu Schwierigkeiten bei der Festlegung des Chiffreschlüssels für die Buchstaben aus den aufeinanderfolgenden Versen des Liedes führte. Ohne Zweifel zeugte die Wahl des Liedes von Kłodzińskis Glauben an den Schutz Gottes, der einen Menschen, welcher auf ihn vertraut, nicht ohne Hilfe zurücklässt.

Eine andere Lösung, wie man eine Nachricht verschlüsseln konnte, war der Text des Liedes *Czerwony sztandar [Die rote Fahne].* In dem Kassiber mit der Information über den zu verwendenden Chiffreschlüssel wurde vermerkt:

> *Beim Schreiben muss man sich ein Alphabet mit entsprechenden Zahlen überlegen und die Buchstaben in Zahlen übersetzen – beim Lesen geht es umgekehrt – die Zahlen sind*

---

256 Auszug aus dem Kassiber von Stanisław Kłodziński an Teresa Lasocka, Edward Hałoń und Adam Rysiewicz vom 16. Dezember 1943. *Grypsy z Konzentrationslager Auschwitz…*, S. 125.

in ihrer Reihenfolge mit den entsprechenden Buchstaben zu ersetzen, um die Bedeutung zu entschlüsseln[257].

In den Kassibern vorkommende Zahlen wurden jedoch nicht verschlüsselt.

Die weiblichen Häftlinge von Ravensbrück – in der Anfangsphase waren vier Personen in die Aktion, geheime Briefe zu schreiben, eingeweiht: Janina Iwańska, ihre Schwester Krystyna, Wanda Wojtasik (Półtawska[258]) und Krystyna Czyż – beschlossen, die an gesunden Frauen gegen ihren Willen durchgeführte, experimentelle Operationen zu beschreiben. Sie verwendeten die für das Auge unsichtbare, so genannte sympathische Tinte, um zwischen den Zeilen eines offiziellen Briefes zu schreiben. Die Familien der Initiatorin Janina Iwańska und der anderen jungen Frauen lebten in Lublin, was für die Übermittlung der geheimen Korrespondenz von großer Bedeutung war, weil sich die in den Briefen enthaltenen Informationen auf Fragen bezogen, die alle weiblichen Häftlinge betrafen. Da die Gefangenen über kein gängiges Mittel verfügten, das als sympathische Tinte dienen konnte, beschlossen sie, ihren eigenen Urin zu verwenden, der praktischer als Milch oder Zwiebelsaft war, weil er keine Spuren auf dem Papier hinterließ. Die größte Schwierigkeit, die darin bestand, die Empfänger über den unsichtbaren Inhalt des ersten Briefes zu benachrichtigen, wurde durch einen Hinweis auf das Buch *Szatan z siódmej klasy [Der Teufel aus der siebten Klasse]* des bekannten polnischen Jugendschriftstellers Kornel Makuszyński überwunden. In dem offiziellen Text des Briefes mit dreifachem Inhalt erinnerte Krystyna Czyż ihren jüngeren Bruder an diese Lektüre sowie daran, dass die Geschwister von dem Einfallsreichtum des Protagonisten beeindruckt waren, als dieser in der Notlage einen Brief mit scheinbar unbedeutendem Inhalt verschickte. In diesem Brief war der eigentliche Inhalt verschlüsselt, da die ersten Buchstaben jeder Zeile des Briefes, von oben nach unten gelesen, die Lösung ergaben. Der Inhalt des offiziellen deutschen Briefes war so konzipiert, dass sich die ersten Buchstaben jedes Verses zum Wort „Urinbrief" zusammenfügten. Der zwischen den Zeilen geschriebene Text war sehr kurz und begann mit den Worten: *Wir haben beschlossen, Euch die ganze Wahrheit zu schreiben.*[259] Die Gefangenen fügten darunter ein

257 Auszug aus dem Kassiber von Józef Cyrankiewicz an Adam Rysiewicz vom 23. Januar 1944. *Grypsy z Konzentrationslager Auschwitz…*, S. 146. Es ist nicht bekannt, ob diese Verschlüsselungsmethode verwendet wurde, weil kein darauf basierender Kassiber erhalten geblieben ist.

258 W. PÓŁTAWSKA: *I boję się snów [Und ich habe Angst vor Träumen].* Częstochowa 1998.

259 *Ponad ludzką miarę…*, S. 57.

paar Sätze über die Operationen an, kündigten weitere Briefe an und gaben Hinweise darauf, welche Wörter in der Korrespondenz von der Familie ein Zeichen dafür sein werden, dass der Brief korrekt gelesen wurde.

Der erste Brief, der im Januar 1943 an die Familie von Krystyna Czyż verschickt wurde, konnte trotz unvorhergesehener Schwierigkeiten entziffert werden (die Information „Urinbrief" wurde von der Familie entschlüsselt, obwohl die letzten beiden Buchstaben unleserlich und der ganze Text mit Wasser verwischt war). Bei den weiteren Briefen setzten die Familien der Ravensbrück-Häftlinge eine geeignete Methode ein, um die geheime Schrift sichtbar zu machen – sie bügelten nämlich das Papier mit einem erhitzten Bügeleisen. Durch die hohe Temperatur vergilbte das Papier und die Buchstaben der geheimen Korrespondenz wurden braun. Die Lesbarkeit der Briefe ist unterschiedlich, in manchen Fällen sind die Buchstabenkonturen bis heute klar und deutlich, in anderen kann man sie nicht mehr entziffern[260]. Als das System der geheimen Korrespondenz verbessert und erweitert wurde, entschied man sich dafür, die Nachrichten auf der Innenseite des Lagerpostumschlags statt zwischen den Zeilen des Brieftextes zu schreiben. Solch eine Lösung war zweifelsohne sicherer und bot mehr Platz, weil die Schrift auf dem leeren Papier verdichtet werden konnte, was auf einem offiziellen Briefbogen in der Größe eines Notizbuchblattes, dessen erste Seite zur Hälfte mit dem Auszug aus den Vorschriften zum Briefwechsel bedruckt war, nicht möglich war. In der ersten Phase der geheimen Korrespondenz wurde jeder Umschlag mit einer fortlaufenden Nummer versehen, damit die Familien der Absenderinnen kontrollieren konnten, ob alle von Ravensbrück-Häftlingen geschriebenen Briefe ihre Adressaten in Polen erreichten. Die Zahl der Schreibenden, d.h. der Frauen, die in das Verfassen von geheimen Briefen eingeweiht waren, stieg um vier weitere: Zofia Sokulska,

260 Barbara Oratowska schrieb: *Im Jahr 2017 erwarb das Museum des Martyriums „Pod Zegarem", ein Nebenstandort des Staatlichen Museums Lublin, eine einzigartige Sammlung von geheimen Briefen, die von den weiblichen Häftlingen aus dem Lubliner Transport aus dem deutschen Konzentrationslager Ravensbrück versandt worden waren. Die Korrespondenz kam als Geschenk von Maria Wilgat, Tochter von Krystyna Czyż-Wilgat, die als eine der in Ravensbrück inhaftierten Frauen an dem komplizierten Briefwechsel mit den Familien in Lublin beteiligt war. Das Museum erhielt insgesamt achtundzwanzig geheime Briefe, die mit der einzigen sympathischen Tinte, die den Gefangenen zur Verfügung stand, nämlich Urin, geschrieben worden waren.* B. ORATOWSKA, *Tajna korespondencja pisana z KL Ravensbrück [Die geheime Korrespondenz aus dem KZ Ravensbrück], http://www.ravensbruck.pl/pl/artykuly/tajna-korespondencja* [Zugriff: 30.08.2018].

Alicja Jurkowska, Bogumiła Bąbińska und Wojciecha Buraczyńska. Aus den Erinnerungen von Krystyna Czyż-Wigatowa geht hervor, dass alle Briefe, die an ihre Familie und von Bogumiła Bąbińska und Wojciecha Buraczyńska nach Warschau und in die Umgebung der Hauptstadt während der gesamten Dauer dieses „Prozedere", d.h. anderthalb Jahre, verschickt wurden, ihre Adressaten erreichten. Jeglicher Briefwechsel mit der Heimat endete im Juni 1944, nachdem die Ostfront verlagert worden war. Ende 1943 sowie im Jahr 1944 gaben die Gefangenen das Schreiben auf den Lagerpostumschlägen auf, weil sich die so genannten „linken Briefe" als wirksamer erwiesen und bessere Möglichkeiten boten, ihren Familien mehr Informationen zukommen zu lassen als Briefe, die der Postzensur unterlagen.

Im Falle der von den weiblichen Ravensbrück-Häftlingen organisierten geheimen Korrespondenz waren hauptsächlich ihre Familien aus Lublin die Adressaten der Briefe. In der Anfangsphase der Korrespondenz, als die Absenderinnen bestrebt waren, möglichst schnell möglichst viele Informationen zu übermitteln, erhielt jede Familie ein anderes Nachrichtenpaket. Manchmal kam es vor, dass sich in einem Brief der Anfang und in einem anderen die Fortsetzung derselben Information befand. Bei den Familien in Lublin wurden geheime Nachrichten solidarisch durch gemeinsames Bügeln und Sichtbarmachen entschlüsselt. Deshalb gaben die Mädchen in ihren Briefen keine allzu persönlichen Inhalte preis.

Auf eine andere Art und Weise wurden die Kassiber von jungen Mädchen in den Gefängnissen konstruiert. Diese Kassiber zeichnen sich durch Wagemut und Todesverachtung aus. Damit ging eine unschuldige, jugendliche Freude am Leben einher, ein zutiefst intensives Erleben selbst der dramatischsten Momente des Gefängnisdaseins. Und das alles begleitet von dem Gefühl der Liebe und der Verbundenheit mit ihren Mitgefangenen und des gegenseitigen Verständnisses. Um ihre Eltern bei den seltenen Besuchen nicht zu beunruhigen, gaben sie sich als leichtsinnige, unbeschwerte Personen aus, die sich gar nicht darum kümmern, dass sie bald hingerichtet werden sollen: *Ich kann noch nicht richtig begreifen, dass ich meinen lieben Vati gesehen habe. Als er mir so gegenüber saß, hatte ich ein Gefühl, als ob das ganze Jahr hier im Gefängnis u. die Todesstrafe nur ein nächtlicher Spuck wäre. Ich habe es geschafft Helga, ich war die ganze Zeit so guter Laune, dass er mit der Gewissheit weggegangen ist, es ginge mir wirklich glänzend.*[261] Man muss eine andere Person wirklich lieben, um ihre Erwartungen und Gefühle höher zu stellen als die eigenen Bedürfnisse.

---

261 Auszug aus dem Kassiber vom 17. August 1943, der von Krystyna Wituska auf einem Gefängnisformular geschrieben wurde. Vgl. *Zeit, die mir noch bleibt …*, S. 107–108.

Die Themen der Kassiber, geheimen und linken Briefe

Manche Kassiber enthalten Antworten auf Fragen, die in den aus der Freiheit eingesandten Briefen gestellt wurden. Da davon keine Spuren erhalten geblieben sind, ist es derzeit nicht mehr möglich, ihren genauen Sinn nachzuvollziehen.

Die Kassiber unterscheiden sich voneinander in ihrem Inhalt und Umfang: von kurzen, manchmal nur einen Satz umfassenden Mitteilungen, die den modernen SMS-Nachrichten ähneln, bis hin zu mehrseitigen Texten, wie z.B. der Kassiber mit einer Beschreibung von Handlungen mehrerer Dutzend Lagerverbrecher – der so genannten „Henker von Auschwitz"[262]. Die meisten Kassiber enthalten die wichtigsten Informationen über den Gesundheitszustand, das Wohlbefinden, die Ernährung, die Lebensbedingungen der Häftlinge im Lager. In den Kassibern an die Familien wurde oft Wahrheit verschwiegen. Man achtete nämlich darauf, die Angehörigen Repressalien nicht auszusetzen und sie nicht zu beunruhigen. Deswegen schrieben die Häftlinge in lakonischen Worten, das Leben im Lager sei gar nicht so schlimm und sie kämen ganz gut zurecht. Man muss betonen, dass die tatsächliche Situation eines Häftlings von mehreren Faktoren abhing, und zwar: Arbeit in einem guten Kommando, Unterstützung durch Mitgefangene, Organisationstalent, Bestechung eines Kapos oder der SS-Männer mit Wodka, Zigaretten und anderen Luxusartikeln.

Die weiblichen Ravensbrück-Häftlinge waren hingegen der Meinung, die Welt müsse von den Schandtaten der deutschen Ärzte und von den Experimenten an den „Versuchskaninchen" erfahren. Sie waren sich dessen bewusst, dass ihr Zeugnis möglichst ausführlich und präzise sein sollte. Sie rechneten mit der realen Gefahr, als lebende Beweise für diese Verbrechen getötet zu werden. Die Wahrheit über die Geschehnisse in Ravensbrück an die Außenwelt zu übermitteln, wurde für die Gefangenen zu etwas äußerst Wichtigem. Damit verbunden war die Hoffnung, die Aufdeckung der Wahrheit über die Operationen werde in der internationalen Öffentlichkeit jene Entscheidungen beeinflussen, von denen das Leben aller Operierten in Zukunft abhängen würde. Aus diesem Grund widmeten sie sich in den ersten geheimen Briefen diesem Thema. Den meisten Platz nahmen die Listen der operierten Frauen ein, die zunächst in Form von Lagerbriefen und später als so genannte linke Briefe verschickt wurden. Bei den Namen und Lagernummern der Gefangenen kommen

---

262 Vgl. *Grypsy z Konzentrationslager Auschwitz...*, S. 476–488.

manchmal Fehler vor. Sie sind auf die Bedingungen, unter denen die Listen erstellt wurden, zurückzuführen. Einige davon können heute nicht mehr korrigiert werden, weil die Originale unleserlich sind. Hier ein Fragment aus einem lückenhaften Brief, den man nicht zu vervollständigen vermag:

> *Bei Knochenoperationen werden alle Schnitte ein zweites Mal geöffnet. Die Knochen werden an einem oder an beiden Beinen operiert. Bei den so genannten Knochenoperationen … … … an Knochen und bei den von der Ärztin so genannten … an Muskeln. Es gibt also … … und 6 an Muskeln. Die infektiösen Operationen werden einmal durchgeführt, ausnahmsweise hatten einige der in der Liste unterstrichenen Personen eine zweite Operation.*[263]

Die Verzeichnisse enthielten neben dem Namen zusätzliche Informationen über die Operierten, z.B. die Anzahl der Schnittwunden an den Beinen, die Art der Operation, die rätselhaften Kombinationen aus Buchstaben und Zahlen, mit denen die Ärzte jedes „Versuchskaninchen“[264] kennzeichneten, sowie Angaben zum Transport, mit dem die operierte Frau ins Lager eingeliefert worden war. Andere Informationen umfassten Angaben zu Hinrichtungen, ankommenden Transporten und den Lebensbedingungen im Lager.

Von einem kollektiven Protest der „Versuchskaninchen“ gegen die Operationen handelt der einzige aus der geheimen Korrespondenz erhaltene Brief aus Ravensbrück, der wahrscheinlich Ende März bzw. Anfang April 1943 geschrieben wurde[265]. Er enthält die Beschreibung einer spontanen Manifestation polnischer Häftlinge nach erneuten Hinrichtungen ihrer Leidensgenossinnen.

---

263 Auszug aus dem Kassiber von Krystyna Czyż (Häftlingsnummer: 7708) vom 24. März 1943. Vgl. *Ponad ludzką miarę…*, S. 62.

264 In dem Artikel *„Wir sind doch keine Versuchskaninchen“. Eksperymenty pseudomedyczne we wspomnieniach więźniarek z Ravensbrück [Pseudomedizinische Experimente in den Erinnerungen weiblicher Ravensbrück-Häftlinge]* analysiert Piotr Krupiński die Erinnerungen der polnischen Lagerinsassinnen aus dem KZ Ravensbrück. Als „Versuchskaninchen“ wurden bereits während ihres Aufenthalts im Lager jene Gefangenen bezeichnet, die einer Reihe von NS-Ärzten durchgeführter folgenschwerer, pseudomedizinischer Experimente zum Opfer gefallen waren. Die Versuche sollten die Wirksamkeit neuer Arzneimittel, der sogenannten Sulfonamide, testen. Auf diesen Begriff, der „Vergegenständlichung und Unterdrückung“ (Bezeichnung nach Donna Haraway) in sich vereint, stützt sich der Hauptteil seiner Überlegungen. Vgl. P. KRUPIŃSKI, *„Wir sind doch keine Versuchskaninchen“. Eksperymenty pseudomedyczne we wspomnieniach więźniarek z Ravensbrück*, in: „Konteksty kultury“ 2017, H. 4, S. 421–434.

265 In dem Brief lesen wir: […] *Am 17. III. wurden 8 politische Polinnen erschossen, dies geschah im Geheimen, wie immer, unter dem Deckmantel eines Transports … … der*

Die offiziellen Briefe Krystyna Wituskas an ihre Mutter unterscheiden sich grundlegend von ihren Kassibern an die sechzehnjährige Helga Grimpe, vor allem da diese nicht die Zensur durchliefen. Wituska schrieb darin frei über die Situation in ihrer Heimat, um der Empfängerin die Methoden und Mittel Nazideutschlands bei der Vernichtung der Polen und Juden vor Augen zu führen. Darüber hinaus berichtete sie über interne Gefängnisangelegenheiten, Freuden und Mühen des Alltags, über die Wärterinnen und ihre Schikanen, die Vernehmungen am Alex und die dortigen Bedingungen, und schließlich über die eigenen Wünsche und Träume. Sie glaubte daran, dass *Träume, Wachträume, Bilder von Sehnsüchten, Begierden, Schwärmereien usw. – allesamt Kräfte sind, die ein historisch bedingtes, menschliches Wesen in eine geistige Welt versetzen, die unvergleichlich reicher ist als die geschlossene Welt des „historischen Augenblicks"*[266]. Der angeführte Gedanke von Mircea Eliade spiegelt sich in den Kassibern von Krystyna Wituska wider, in den sie über ihre Kriegserfahrungen, den Eintritt ins Erwachsensein, die emotionale Reifung und den Schmerz des Vergehens erzählt. In der unmenschlichen Welt versucht das junge Mädchen, gegen den Tod als etwas Endgültiges und Hoffnungsloses Einspruch zu erheben.

Besondere Aufmerksamkeit gilt den Kassibern, die von Wituska verfasst wurden, nachdem man begonnen hatte, auf höheren Befehl, die Hände der zum Tode Verurteilten zu fesseln. Die Anordnung nahm sie mit dem ihr angemessenen Stolz und Verachtung entgegen. Die damit verbundenen Schwierigkeiten schilderte sie mit Distanz und Humor. Die Erschwernisse waren für sie kein Anlass zur Traurigkeit oder Verzweiflung. Wenn man ihre Kassiber liest, kommt man zu dem Schluss, dass sie ein heiteres und fröhliches Mädchen war,

---

Polinnen nahm die Form einer Demonstration an, die Situation wurde ohne Gewalt entschärft. Die Gesunden traten energisch entgegen. Die Machthaber, über den Vorfall besorgt, griffen nicht zu Repressionen. Wären diese Dinge im Radio bekannt gemacht worden, hätte man vielleicht die Hinrichtungen gestoppt, die Racheakte für politische Niederlagen infolge der Kämpfe im Osten waren. Vgl. *Ponad ludzką miarę…*, S. 64. Es darf nicht außer Acht gelassen werden, dass die Autorinnen der Kassiber und geheimen Briefe aus Ravensbrück junge Mädchen waren. Ihr Alter und ein Mangel an Distanz und der Sichtweise aus der Perspektive unmittelbarer und authentischer Erlebnisse führten möglicherweise zu einer bestimmten Art der Beschreibung und Interpretation von Fakten.

266 M. ELIADE: *Symbolizm a psychoanaliza [Symbolismus und Psychoanalyse]*, in: DERS., *Sacrum, mit, historia. Wybór esejów [Sacrum, Mythos, Geschichte. Essays. Eine Auswahl]*, ausgewählt und mit einem Vorwort versehen von M. CZERWIŃSKI, übersetzt von A. TATARKIEWICZ, Warszawa 1993, S. 26.

welches selbst das Todesurteil und das Leben in Erwartung der Hinrichtung weder betrüben noch aus dem inneren Gleichgewicht bringen konnten. Trotz der anstrengenden Zwangsarbeit fand sie Zeit zu korrespondieren und allerlei Maskottchen wie Püppchen oder Hündchen anzufertigen. Diese scheinbar unbedeutenden Kleinigkeiten und Beschäftigungen erwähnte sie ebenfalls in ihren Kassibern. Sogar hinter den Gefängnismauern hörte sie nicht auf, das Leben zu genießen: sie las viel und teilte manchmal ihre Eindrücke über die Lektüre mit. Sie träumte von einem Grammofon, weil ihr die Musik fehlte. In einem Kassiber beschrieb sie voller Rührung den Moment, als Klänge klassischer Musik an ihr Ohr drangen.

Die Gefangenen kamen in ihren Kassibern immer wieder auf eine geplante Flucht zu sprechen und schilderten konkret und in allen Einzelheiten ihre Vorhaben. Die Verurteilten waren nämlich nicht nur scharfsinnige Beobachter der komplizierten Wirklichkeit, die das Wesen der Sache treffsicher erkannten, sondern auch als Menschen, welche die analysierten Phänomene und Prozesse geschickt zusammenzufassen und in die Zukunft zu blicken vermochten. Sie lieferten auch genaue und präzise Angaben über den Organisationszustand des Militärrats Auschwitz [Rada Wojskowa Oświęcim], seine Kampfbereitschaft und Aktionspläne, die Zahl und nationale Zusammensetzung der Auschwitz-Häftlinge sowie über die Pläne des Feindes[267].

In einem Kassiber vom 6. September 1944[268] wurde eine Nachricht über den so genannten Moll-Plan, laut dem die Lagereinrichtungen in Birkenau, vor allem die Krematorien, zerstört und die Häftlinge als Zeugen der Vernichtung ermordet werden sollten, untergebracht. Dem in Form einer Meldung

267 Kassiber des Militärrats Auschwitz (RWO) an Stefan Jasieński und das Bezirkskommando Schlesien der Polnischen Heimatarmee (AK) vom 22. August 1944. Vgl. *Grypsy z Konzentrationslager Auschwitz…*, S. 405–412.

268 […] *Nach London senden.* […] *Es handelte sich also um einen groß angelegten Versuch, alle Existenzspuren des Lagers zu verwischen, in dem Millionen von Menschen – sowohl Häftlinge als auch aus ganz Europa deportierte Juden, in den Gaskammern umgebracht worden waren. Sie wollen demnach vermeiden, dass solche Beweise für Verbrechen erhalten bleiben, wie sie beispielsweise in Lublin hinterlassen hatten.* […] *Die Antwort Molls lautete: Er sei bereit, diese Aktion durchzuführen, wenn er über motorisierte SS-Einheiten, Artillerie zur Beschießung und Zerstörung der Blocks, 6 Flugzeuge zur Bombardierung sowie eine ausreichende Anzahl an Kräften zu Verfügung hätte, die das Gelände aufräumen und für sein unschuldiges Aussehen sorgen würden.* […] *So schnell wie möglich weitersenden und im Rundfunk bekannt geben.* Vgl. *Grypsy z Konzentrationslager Auschwitz…*, S. 450–451.

verfassten Kassiber wurde die Bitte hinzugefügt, die darin enthaltenen Informationen via Rundfunk an die polnische Exilregierung zu übermitteln.

Die geheimen Nachrichten informierten über die bevorstehenden Transporte, Serien von Massenhinrichtungen, Spitzel innerhalb und außerhalb des Lagers, die sich in den Lagern ausbreitenden Krankheiten, die Hilflosigkeit der Ärzte, die Stimmung unter den Häftlingen, die Sehnsucht nach Familie und Freunden und das riesige Bedürfnis nach Kontakt mit ihnen. Die Autoren der geheimen Briefe legten die Bombardierung einer Betriebshalle durch die alliierte Luftwaffe nahe, oder gaben Ratschläge, wie man Pakete an bestimmte Mitgefangene adressiert. Sie flehten um Hilfe für Häftlinge, die beabsichtigten, aus dem Lager zu fliehen. Darüber hinaus berichteten sie über den auf die jüdischen Häftlinge ausgeübten Zwang, Briefe zu schreiben, sowie über die eintreffenden Transporte mit Juden aus den aufgelösten Ghettos in Sosnowiec, Będzin und aus dem KZ Lublin.

> *Der Transport soll von der dritten Pension* [Jargon für ‚Lager' – Anm. des Übers.] *aus abgehen, überwiegend Russen, achtzehnhundert, am Samstag oder am Montag, Genaueres ist nicht bekannt. Darunter nur wenige Polen. Wir wissen nicht, wie es weiter geht. Wir leben in einer gewissen Unsicherheit, da wir nicht wissen, was mit uns geschehen wird – die Front rückt immer näher und sie müssen uns entweder evakuieren oder töten. Wir hoffen auf Ersteres. Vor Letzterem haben wir wenig Angst, es wäre aber schade, um das Leben. Übrigens ist es sinnlos, über Unbekanntes zu diskutieren. Wir werden sehen. Ich schicke die gewünschten Namen in der Freitagspost, früher geht es nicht.* […] *Mit großer Freude habe ich Eure Entscheidung begrüßt, den Russen zu helfen – es sterben so viele von ihnen, dass mein Herz bricht, wenn ich ihrem traurigen Schicksal zusehe. Die Unseren sehen meistens schon gut aus. Hie und da ziehen wir „Astheniker" heraus und bieten ihnen Hilfe an* […][269].

Häufig wird um Bücher gebeten:

> *Liebes „Mütterchen" – ich möchte Dich um ein paar Bücher bitten. Das ist unser großer Wunsch. Ihr wundert Euch vielleicht, dass wir solche Wünsche haben, während Ihr hart und mit angespannten Nerven arbeitet – ich erwidere, dass nichts den Schmerz und die Verzweiflung besser lindert und für Vergessen sorgt als ein gutes Buch. Das bedeutet noch lange nicht, dass wir sonst tagelang nur verzweifeln. Das ist nicht unsere Art. Noch eine Bitte – schreibt bitte von Zeit zu Zeit* […][270].

Krystyna Czyż-Wilgatowa vermerkte aus dem KZ Ravensbrück in einem Kassiber vom Juli 1943 Folgendes:

---

269 Auszug aus dem Kassiber von Roman Pawłowski an Saturnina Malmowa, geschrieben am Abend des 18. November 1943. Vgl. *Listy z Majdanka…*, S. 34.

270 Ebd.

> *Alle lesen mit Rührung die zugeschickten Seiten von „Pan Tadeusz". Wir bitten, das gesamte Buch in drei Pakete aufzuteilen und im doppelten Boden eines Kartons zu versenden* [...][271].

Manchmal wurden die Lebensmittel in den zugesandten Paketen in Buchseiten eingewickelt. Auf diese Art und Weise schmuggelten die Familien das Versepos *Pan Tadeusz* des großen polnischen Dichters Adam Mickiewicz und *Echa leśne [Waldecho]*von Stefan Żeromski für die Ravensbrück-Häftlinge.

Diese große Vielzahl an Informationen über das Bücherlesen in Lagern und Gefängnissen ist wahrscheinlich auf die therapeutische Rolle der Lektüre selbst zurückzuführen. Die Begegnung mit einem Buch hat für den Menschen auch eine ethische Dimension, denn der Text bringt in einer extremen Situation wie bei dem Aufenthalt in einem Konzentrationslager eine Rettung mit sich. Das Situationsmodell wurde erstmals von Fjodor Dostojewski in seinen *Aufzeichnungen aus einem Totenhaus* dargestellt und später von Gustaw Herling-Grudziński in *Inny świat [Welt ohne Erbarmen]* anhand seiner eigenen Erfahrungen umformuliert. Das Lesen ist nämlich

> [...] *eine Fähigkeit, sich Wissen und Begriffe anzueignen, Gefühle zu erleben, das eigene „Ich" durch die Begegnung mit anderen „Ich" zu bereichern: Autoren, Gestalten und Problemen* [...][272].

In der Kriegssituation kommt dieser Feststellung eine besondere Bedeutung zu, denn der Rang eines Buches wurde damals nach ganz anderen Maßstäben gemessen. In erster Linie zählte die Hoffnung zu überleben und die umgebende Realität zu vergessen. In den Gefängnissen und Lagern hatte die Lektüre[273]

---

271 *Ponad ludzką miarę...*, S. 69.

272 H. ORSZA [H. RADLIŃSKA]: *Zadania biblioteki szkolnej [Die Aufgaben der Schulbibliothek]*, Warszawa 1927, S. 21. Zit. nach: H. LANGER, *Biblioteka szkoły powszechnej miejscem edukacji czytelniczej i bibliotecznej (1918–1939) [Die Bibliothek einer Grundschule als Ort von Lese- und Bibliothekserziehung (1918–1939)]*, in: *Zalecenia i przestrogi lekturowe (XVI-XX wiek) [Empfehlungen und Mahnungen für Lektüren (16.-20. Jahrhundert)]*, Hrsg. von M. JARCZYKOWA, A. BAJOR, Katowice 2012, S. 172.

273 Otto Dov Kulka, der als Kind im Familienlager Auschwitz-Birkenau inhaftiert war, notierte in seinem Buch ein für die Psychologie des Lesens relevantes Eingeständnis: *Wir beide hatten ein unterhaltsames Spiel, das vor allem er* [Herbert – Anm. L.S.] *genoss: Er vermittelte und erklärte mir etwas von dem kulturellen Reichtum, den er in seinem Leben angesammelt hatte, und übergab ihn mir gleichsam als Erbe* [...] *Und es blieb nicht bei Dostojewski. Es ging weiter mit Shakespeare, Beethoven, Mozart, alles an europäischer Kultur was er nur in meinen Kopf hineinbekam, und ich konnte einiges aufnehmen.* Vgl. O.D. KULKA, *Pejzaże metropolii śmierci.*

nicht nur eine andere Aussagekraft, sie wurde oft auch zu einem ironischen Kommentar zur Wirklichkeit. Unter dem Einfluss der Literatur erkannten die Häftlinge ihre Lebenserfahrungen, was sie zu einer *Katharsis* führte. Damit konnte auch eine Gemeinschaft von Menschen und Büchern zustande kommen. Die Lektüre im Lager und Gefängnis war nicht nur ein heilendes Mittel. Die Bücher wurden immer wieder gelesen, um sich selbst und andere aufzumuntern. Ungewöhnlich war, dass die Häftlinge ihre Verwandten um Lebensmittel, Medikamente, aber auch um Bücher baten. Und obwohl ein gedrucktes Buch im Lager in kleinere Teile aufgeteilt wurde, hatte es eine enorme Wirkung auf die Leser in der Gefangenschaft. Die Lektüre gab ihnen Unterstützung, schützte sie, sorgte für Ablenkung und versetzte sie bei Bedarf in eine alternative Welt – all das, damit man zumindest für eine Weile der Hölle des Gefangenseins entkommen konnte.[274] Das Bücherlesen rettete das Leben im wörtlichen Sinne, wovon sich die weiblichen Häftlinge in Ravensbrück überzeugen konnten. Für viele Häftlinge bedeutete die Zeit in der Gefangenschaft eine intellektuelle Stagnation, die sie mit allen Mitteln zu bekämpfen suchten. Die Lektüre war im Lager ein Luxus, den sich nicht alle leisten konnten. Das Bücherlesen diente als Zeitmesser, denn so maß man den Rhythmus des Lagerlebens ab und näherte sich der ersehnten Freiheit. Bücher, die „zur Erbauung der Herzen" [Zitat nach dem Nobelpreisträger Henryk Sienkiewicz – Anm. d. Übers.] gelesen wurden, stärkten den Geist und den Überlebenswillen.

Um die extremen Lebensbedingungen im Lager zu überstehen, wurden die wichtigsten Medikamente benötigt. Viele Kassiber enthielten deswegen Listen mit besonderen Arzneimitteln und medizinischem Zubehör, die notwendig und erforderlich waren, um Kranken zu helfen.

Rozmyślania o pamięci i wyobraźni [Landschaften der Metropole des Todes. Auschwitz und die Grenzen der Erinnerung und der Vorstellungskraft], übersetzt von M. SZCZUBIAŁKA, Wołowiec 2014, S. 48–49.

274 Im Februar 2017 habe ich ein Interview mit Alina Dąbrowska (Insassin von insgesamt 5 Konzentrationslagern: KZ Auschwitz-Birkenau, KZ Ravensbrück, KZ Malchow, KZ Buchenwald, KZ Leipzig) durchgeführt, wobei im Mittelpunkt zwei Fragen standen: die Judenvernichtung und das Bücherlesen im Lager. Vgl. *„Oni szli do lasu, po prostu do lasu…". Zagłada Żydów w KL Auschwitz-Birkenau we wspomnieniach Aliny Dąbrowskiej [„Sie gingen in den Wald, einfach in den Wald …". Die Judenvernichtung im KZ Auschwitz-Birkenau in den Erinnerungen von Alina Dąbrowska]*, bearb. von L. SADZIKOWSKA, in: „Narracje o Zagładzie" 2017, Nr. 3, S. 366–373.

Calciumchlorid erhielten wir vom Polnischen Roten Kreuz. Ich danke Ihnen für Ihre Bemühungen. Jede Dosis ist wirklich sehr wichtig, Thermometer auch. Wir beenden die Arbeit oft erst um 8 Uhr abends, weil uns Spritzen fehlen. Und nicht nur die Kranken sind pflegebedürftig, keine der Schwestern ist bei vollen Kräften und wir würden ihnen gerne unnötige Mühe ersparen. Wenn Sie nicht das nötige Geld haben, können Sie meines ausgeben. Aber das ist sehr dringend. Dort wurde niemand behandelt. Sie lagen einfach da und warteten auf den Tod [...] *Ich bitte noch um intramuskuläre (2), ein paar (6) intravenöse und 6 subkutane Nadeln (Nr. 16 und 18)*[275].

Nur wenige Häftlinge trauten sich in ihren Briefen die Lagerrealität offen zu beschreiben und dramatische Informationen über die Verhaftungen, Verhöre, Erschießungen, Vernichtung von Dokumenten, die geplanten Transporte in andere Lager, das Lagerregime, neue Verbindungspersonen und die damit verbundene, notwendige Vorsicht, sowie über die Veränderungen in der Politischen Abteilung und über die Wiedereinlieferung des entflohenen Otto Küsel ins Lager, zu übermitteln.

Nun eine Handvoll Informationen, um welche „Mütterchen" gebeten hat: in Feld III und IV gibt es heute insgesamt 2666 Unsrige, in Feld V – 977, davon sind 765 krank. Von den Produkten, die wir vom Polnischen Roten Kreuz erhalten haben, ernähren wir alle Polen und alle Kranken anderer Nationalitäten in der Gesamtzahl von heute etwa 2700, übrigens habe ich den Bericht für den vorigen Monat d.h. Januar an den Vorsitzenden des Polnischen Roten Kreuzes verschickt. Wir haben im Monat Januar mehr als 29000 Liter Suppe gekocht. Das wäre glaube ich alles [...][276].

Die Tochter[277] von Zofia Kossak erinnerte sich, dass sich in den Notizen, welche ihre Mutter auf Zigarettenpapier aufzeichnete, Informationen über wichtige

275 Kassiber von Hanna Protassowicka (Pseudonym „Kuba", im Januar 1943 aus dem Pawiak-Gefängnis nach Majdanek gebracht, wo sie im Frauenkrankenhaus in Feld V arbeitete, im April 1944 nach Ravensbrück überstellt) an Saturnina Malmowa vom 12. März 1944. Vgl. *Listy z Majdanka...*, S. 36.

276 Auszug aus dem Kassiber von Jerzy Bargielski (geboren 1898; er war im Untergrund unter dem Pseudonym „Średni" tätig; Ende 1941 wurde er aus einem Lager im Deutschen Reich nach Majdanek überstellt, erhielt die Häftlingsnummer 40. Zu Beginn arbeitete er als Dolmetscher, später im Proviantmagazin. Er beteiligte sich an der Widerstandsbewegung im Lager als Informant der Polnischen Exilregierung in London. Am 23. Juli 1944 entfloh er während eines Zwischenstopps in Kraśnik aus dem Evakuierungstransport nach Auschwitz) an Saturnina Malmowa. Vgl. *Listy z Majdanka...*, S. 37.

277 *Mama hinterließ Tante Anulka ihre armselige Lagerjacke, in deren Nähten Mamas Freundinnen die Notizen einnähten, die sie jeden Tag auf Zigarettenpapier aufzeichnete, solange ihre Kräfte reichten. Mit größter Sorgfalt rissen wir mit meiner Cousine Teresa die Nähte der Jacke auf, um die vollgeschriebenen, winzigen Zettelchen*

Ereignisse im Lager, bemerkenswerte Personen, die Methoden der Lagerwächter und Lagerleitung sowie über Transporte befanden.

Die in den Kassibern enthaltenen Berichte sind manchmal brutal ehrlich und furchterregend, ein anderes Mal sehr praktisch und einfach, insbesondere jene über die Einweihung einer neuen Verbindungsperson in das konspirative Kommunikationssystem. Noch andere berühren die Probleme der menschlichen Natur, der Psyche und des Überlebenswillens:

> [...] *ich habe hier einige Deutsche kennengelernt, ganz unterschiedliche Menschen; ich pflege kranke deutsche Frauen, sie liegen im Sterben und bitten um Hilfe – und ich soll sie retten! Ich beobachte russische Frauen. – Oh, da gibt es viel Interessantes zu beobachten! Das Einzige, was mich beunruhigt, ist, dass ich zwar körperlich gut in Form bin, aber von Tag zu Tag stumpfer werde und mein Gehirn austrocknet.*[278] [...] *Neulich traf ein großer Transport mit Frauen aus Ravensbrück (etwa 800) bei uns ein. Alles „Gammler" (was im hiesigen Jargon Menschen am Ende ihrer Kräfte bedeutet). – Eine Menge Arbeit!* [...] *Wir gehen ziemlich oft in die Felder mit männlichen Häftlingen, ich komme aber immer deprimiert zurück – es ist mir so greifbar, so schmerzhaft bewusst, dass ich im Lager bin, wenn ich das alles sehe! Bei mir in der Krankenstation vergesse ich es leicht, wo ich doch mit dem größten Elend des Lagers in Berührung bin* [...]. *Ich werde nie ein einziges Lobeswort über dieses verfluchte Geschwür des Lubliner Landes aussprechen können; aber ich muss feststellen, dass hier ein Häftling, wenn er sich dank seiner Fähigkeiten oder der Umstände durchzusetzen vermag, es zu etwas bringen, voll anerkannt werden kann (es geht um die Arbeit zum Wohle von Hitl.), den Intellektuellen wird Vorzug gegeben, sie haben sich eine Reihe von Privilegien (ungeschriebenes*

---

vorsichtig herauszuziehen. Daraus ergaben sich, in zwei oder drei Worten abgekürzt, wichtige Ereignisse im Lager, Transporte, bemerkenswerte Personen, Daten, Methoden der Lagerwächter und -leitung... Informationen, die für Mama von Bedeutung waren. Mit der Zeit – und nachlassenden Kräften! – wurde ihre Handschrift immer unleserlicher und es fiel uns sehr schwer, sie zu entziffern. Die Notizen aus den letzten Wochen enthielten nur noch einzelne Wörter und Gebetspassagen. Wir schrieben akribisch alles ab, was auf den Zettelchen stand, obwohl wir manchmal nicht verstanden, was das bedeutete, aber für Mama war alles sicherlich ganz klar. Das Päckchen mit diesen berührenden Dokumenten wurde bei Onkel und Tante Lasocki versteckt, in der Hoffnung, dass Mama zurückkehrt. Leider verbrannte alles drei Monate später während des Warschauer Aufstands. Vgl. A. SZATKOWSKA, *Był dom... wspomnienia [Es war ein Haus ... Erinnerungen]*, Kraków 2006, S. 139.

278 Über eine ähnliche intellektuelle Stagnation und den Büchermangel in der Kriegszeit schreibt Michał Głowiński in dem Kapitel *Książki, których nie czytałem za młodu [Bücher, die ich in meinen jungen Jahren nicht gelesen habe]*. Vgl. M. GŁOWIŃSKI, *Czarne sezony [Die schwarzen Saisons]*, Kraków 2002.

Gesetz) verschafft, die ungeahnt weit reichen. Dieser Kurs ist leicht, von Zeit zu Zeit versuchen sie sich nur „pro forma" zu beugen, tun es aber ohne Überzeugung [...][279].

Manchmal ist es auch umgekehrt – Häftlinge verbergen die Wahrheit über ihr Schicksal vor ihren Angehörigen.

Aus den Kassibern kann man auch über Pläne des Lagers, Fotografien, über ein im Gepäck der aus dem Ghetto von Litzmannstadt (Lodz) eingelieferten Juden aufgefundenes Album in Form einer Collage[280] und über viele andere Dokumente erfahren, die in die Außenwelt verschickt wurden.

Die linken und geheimen Briefe sowie Kassiber sind wichtige Dokumente der Beziehungen zwischen den Häftlingen einer Nationalität als auch zwischen verschiedenen Nationalitäten[281]. In dem von einem unbekannten Autor im Juli 1944 verschickten Kassiber wurde die Lage der sowjetischen Kriegsgefangenen dargestellt, die im September 1941 aus Kriegsgefangenenlagern nach Auschwitz gebracht worden waren.[282] Darin werden manchen Gruppen polnischer Häftlinge (Intellektuelle, Widerstandsaktivisten) Unehrlichkeit, Eigennutz sowie eine privilegierte Stellung vorgeworfen. Einerseits kommen hier nationale Antagonismen (Polen-Ukrainer) und die Abneigung gegen Juden und Kommunisten zum Ausdruck:

---

279 Auszug aus dem Kassiber, der am 9. Februar 1943 von Wiesława Grzegorzewska, die man 1942 wegen konspirativer Tätigkeit verhaftet hatte, geschrieben wurde. Im Januar 1943 wurde sie aus dem Pawiak-Gefängnis nach Majdanek gebracht, wo sie die Häftlingsnummer 4572 erhielt. Sie arbeitete im Frauenkrankenhaus. Im April 1944 wurde sie nach Auschwitz überstellt. Vgl. *Listy z Majdanka...*, S. 39.

280 Ein Album in Form einer Collage mit dem Titel *Oto moich haseł [Hier meine Stichworte]* wurde in einem bei der Ankunft im Lager weggenommenen Gepäck gefunden, das die aus dem aufgelösten Ghetto Litzmannstadt (Lodz) deportierten Juden auf der Rampe zurücklassen mussten. Der Autor des 1943 entstandenen Albums war der aus dem Ghetto eingelieferte Artur Printz (Arie Ben Menachem, ein sog. „Depothäftling"). Die darin enthaltenen Fotografien stammen von Mendel Grossman, dem Fotografen des Ghettos Litzmannstadt. Vgl. *Grypsy z Konzentrationslager Auschwitz...*, S. 558–560.

281 Informationen über die nationale Zusammensetzung der Häftlinge im KZ Auschwitz sind in dem Kassiber von Stanisław Kłodziński an Władysław Pytlik vom 21. August 1944 und eine Aufschlüsselung nach Häftlingskategorien in Auschwitz I, Auschwitz II, Auschwitz III und dem Frauenlager – im Kassiber an Teresa Lasocka vom 21. August 1944 enthalten. Vgl. *Grypsy z Konzentrationslager Auschwitz...*, S. 401–404.

282 Ebd., S. 352.

Gestern habe ich ein Paket von Adela bekommen, in einem ziemlich guten Zustand. Mit der Kleidung aus den Paketen können wir uns fast wie Menschen anziehen, denn als man uns hierher gebracht hatte, wurden wir, wie Ihr wisst, in alte jüdische Klamotten gekleidet, als wollte man uns verkleiden. Wenn wir den Nachrichten Glauben schenken dürfen, werden wir bald zu Hause sein. Wir halten alle zusammen, denn wir sind in einen Block mit Ukrainern geraten, und der Blockführer ist ebenfalls ein Ukrainer, so dass es uns sehr schwer fällt, mit ihnen zusammen zu leben. Aber für alles gibt es einen Rat. Schick keine linken Pakete, denn Ihr habt auch nur wenig und das kostet sehr viel. Für mich reichen 2 Pakete pro Woche aus, wenn Du etwas Fett hineinlegst [...].[283]

Andererseits sind die Kassiber ein Zeugnis der Bemühungen, allen Bedürftigen, Hungernden und Kranken Hilfe zu leisten, unabhängig von deren Nationalität, Religion oder Herkunft. In ihrer Arbeit stellt Maria Orwid fest:

[...] *neben Glück und Zufall war die Hilfe anderer Menschen am wichtigsten. Eine Scheibe Brot, die sie uns schenkten, ihre freundlichen Worte, eine Ermutigung, sich zum Durchhalten zu zwingen, zu den einfachsten Dingen, wie das Waschen* [...].[284]

In einem anderen Kassiber lesen wir:

[...] *in* [*Feld*] *V ist es noch schlimmer – dort gibt es tausende (angeblich 10) aus Warschau. Sie haben weder Wasser noch Brot – man muss ihnen helfen – gebt alles her, was ihr könnt (Zwiebeln und Medikamente). Passt auf Euch auf, hier gibt es ständig Geiseln* [...][285].

Es kam auch vor, dass das Blatt sich wendete und die Opfer auf ihre Henker hinwiesen, damit man sie hinrichtet[286].

Am 21. August 1943 schrieb Stanisław Wrzos an seine Angehörigen über die Lebensbedingungen im Lager, den Tagesablauf, die Abzeichen sowie die Art der Arbeit und sicherte ihnen gleichzeitig zu, dass es „nicht so schlimm“ sei:

---

283 Auszug aus dem Kassiber von Stanisław Wrzos an seine Angehörigen vom 11. September 1943. Vgl. *Listy z Majdanka...*, S. 43.

284 M. ORWID: *Przeżyć...i co dalej? Rozmawiają Katarzyna Zimmerer, Krzysztof Szwajca [Überleben... und was dann? Ein Interview von Katarzyna Zimmerer und Krzysztof Szwajca]*, Kraków 2006, S. 164–165.

285 Auszug aus dem Kassiber von Danuta Brzosko, geschrieben wahrscheinlich um den 20. Mai 1943. Vgl. *Listy z Majdanka...*, S. 40.

286 Am 16. September 1944 schickte Józef Cyrankiewicz einen Kassiber an Teresa Lasocka mit der Information über die „Henker von Auschwitz“: *Anbei senden wir Allgemeines über die Henker von Auschwitz. Alle Daten sind zweifellos authentisch. Es wäre sehr wünschenswert, wenn London so bald wie möglich die Todesurteile über sie verhängen würde.* Vgl. *Grypsy z Konzentrationslager Auschwitz...*, S. 476.

Das ist schon mein zweiter Brief an Euch. Den ersten habe ich vom Feld III geschrieben und jetzt sind wir in Feld IV. Wie hast Du mich gefunden, Gienia? Ich habe eine Karte von Dir bekommen. Macht Euch keine Sorgen. Alles wird gut. Es ist nicht so schlimm. Wir stehen um 4 Uhr auf, um 6 Uhr ist Appell, dann geht's los zur Arbeit. Mittagessen um 12 Uhr. Abendappell um 6 Uhr, danach Abendessen und Schlafenszeit. Wenn jemand flüchtet, bleiben wir beim Appell stehen, bis er gefasst wird. Das Essen ist besser als im Schloss. Wir sind ganz schön von der Sonne gebräunt. Die Unterwäsche wird jede Woche gewechselt. Fürs Waschen droht die Todesstrafe. Wir tragen spezielle Abzeichen. Rote Kreise auf weißem Grund. Wir sind isoliert und dürfen nur in unserem Feld arbeiten, nicht außerhalb des Lagers. Schade, denn sonst könnten wir uns sehen. Ich arbeite in der Küche. Ich putze Suppengemüse und hole Wasser. Leichte Arbeit, mehr Essen. So sehen unsere Abzeichen aus. Weiße Nummer, rotes Dreieck, schwarzes P und ein Kreis. [...] *Vielleicht werde ich noch zwei Monate lang sitzen müssen. Wenn ich Euch erzähle, was hier alles los ist, werdet Ihr mir nicht glauben wollen. Am Sonntag ab Mittag habe ich frei. Wenn Ihr könntet, schickt mir bitte ein Paar Schuhe. Mehr erstmal nicht* [...][287].

Die Sprache der Kassiber

Abgesehen von ihrer Verschlüsselung zeichnen sich die Kassiber durch maximale Kürze aus (damit ähneln sie jetzigen SMS-Nachrichten). In manchen Fällen können die darin enthaltenen Informationen für den heutigen Leser unverständlich sein. Erst ein Vergleich des knappen, nicht selten unklaren und rätselhaften Inhalts mit den Berichten oder Aussagen von Häftlingen bzw. mit anderen Dokumenten ermöglicht es, die angesprochen Themen zu erklären. Hervorzuheben sei, dass viele Kassiber in einer präzisen, ausdrucksstarken Sprache verfasst sind und konkrete Angaben über das Konzentrationslager, dessen Personal und Opfer beinhalten. Und zu guter Letzt, das Wichtigste, worauf ehemalige KZ-Häftlinge hingewiesen haben: die Kassiber, geheime Korrespondenz und linke Briefe wurden in polnischer Sprache verfasst. Dies war für die inhaftierten Polen besonders wichtig. Um die eigentliche Bedeutung ihrer Mitteilungen zu verschlüsseln, verwendeten die Gefangenen ihre eigenen, jargonhaften Begriffe. Das Lager wurde oft als „Pension" oder „Sanatorium" bezeichnet, das Lagerpersonal – als „Betreuer", ein Transport – als „Ausflug", „Rendezvous" bedeutete ein vereinbartes Treffen mit einer Person aus der Außenwelt, das z.B. „bei Felek", d.h. auf dem zum Lager gehörenden Landgut

287 Stanisław Wrzos (geb. 1923) wurde im Mai 1943 wegen seiner Untergrundtätigkeit verhaftet und im Schloss Lublin inhaftiert. Ab August 1943 Häftling in Majdanek (Nummer 9489), wo er u. a. in der Küche, im Garten und in der Tischlerei arbeitete. Im April 1944 wurde er nach Groß-Rosen überstellt. *Listy z Majdanka...*, S. 19.

in Felin oder „bei Herrn Kuśminek“, also im Stadtviertel „Kośminek“, stattfand. Als „Eins“ bezeichneten Józef Cyrankiewicz und Stanisław Kłodziński in den geheimen Nachrichten ein schnell wirkendes Gift. In ihrem Kassiber vom 29. August 1943 schrieb Janina (Nina) Szugajew an Janina Siwińska:

> *Mata hat unseren Standpunkt in dieser Sache schon mehrfach zum Ausdruck gebracht, wir sind entschlossen. Leider haben sich die Bedingungen in letzter Zeit sehr verschlechtert – bei Herrn Kuśminek geht es nicht und auch bei Felek ist es kaum möglich. Ansonsten haben wir keine anderen Probleme, die Paradekostüme haben wir bereits erhalten. P. B. ist eine ziemlich nette Person und nimmt uns ohne Schwierigkeiten jedes Mal mit, wenn wir darum bitten, es ist schwierig, etwas mehr über sie zu sagen, sie hat die Stelle bei Felek nur deswegen angenommen, um uns Kontakte zu ermöglichen, so behauptet sie zumindest* […]. *Ich warte auf den Termin des Rendezvous. Herzliche Grüße* […][288].

Die +++ Kreuze in den Kassibern von Danuta Brzosko symbolisieren den Tod weiterer Lagergefangener. Die Formulierung: *Krautfleisch kann mich nicht oft treffen. Ziel. Kap.* [Danuta Brzosko – Anm. L.S.] *bittet um doppelten Boden* bedeutet, dass die Autorin Schwierigkeiten hatte, mit Józef Kapusta [Kapusta bedeutet auf Deutsch Kraut/Kohl – Anm.d.Übers.] Kontakt aufzunehmen, der bei der Weitergabe von Kassibern und Paketen mithalf. Daher wendet sie sich an ihre Familie mit der Bitte, den Brief im doppelten Boden eines offiziell versandten Pakets zu verstecken.

Wie bereits erwähnt, war Deutsch die offizielle Sprache im Lager. Obwohl viele Häftlinge die deutsche Sprache fließend beherrschten, verwendeten sie in ihren Kassibern Wörter, die aus dem Deutschen übernommen und polonisiert wurden, z.B. „bunkier“, „bunker“, „lagier“, „lager“, „rolwaga“, „spera“, „sztuba“, „zugang“, „szrajber“, „komando“, „kommando“, „heftling“, „häftling“. Darüber hinaus kommen darin auch Wortverbindungen vor, bei denen ein Teil ein deutsches bzw. polonisiertes Wort ist („lager kobiecy [Frauenlager]“, „Baubiuro“, „Zimmerei komando“) oder die Abkürzung „SS“ vorangestellt wurde („SS-apteka“). Es gibt eine große Zahl an deutschen Wörtern, die nicht polonisiert sind, aber von den Häftlingen häufig verwendet wurden. Dies gilt insbesondere für Lagerfunktionen, Dienstgrade der SS sowie offizielle deutsche Namen. Üblich sind Abkürzungen, wie z.B. TWL (Truppenwirtschaftslager), HWL (Hauptwirtschaftslager), FKL (Frauenkonzentrationslager). Man stößt

---

288 Kassiber von Janina Szugajew (geb. 1916) an Janina Siwińska. Es ist erwähnenswert, dass Janina (Nina) Szugajew im Januar 1943 aus dem Pawiak-Gefängnis nach Majdanek gebracht (Häftlingsnummer 4692) und im April 1944 nach Ravensbrück überstellt wurde. Vgl. *Listy z Majdanka…*, S. 17.

ebenfalls auf Wörter, denen in der Lagerrealität eine neue Bedeutung zukam, zum Beispiel: „Kanada“ bzw. „kanada“ – bedeutete je nach Kontext: ein Magazin für beschlagnahmte Gegenstände, eine Gruppe von Magazinarbeitern oder einen unermesslichen Reichtum und „Meksyk“ – den unvollendeten Abschnitt B III des Lagers Birkenau[289].

Es besteht kein Zweifel daran, dass die Sprache der Kassiber auch eine Wissensquelle über die im Lager herrschenden Beziehungen darstellt und gesondert untersucht werden kann, da sie das Leben der Häftlingsgesellschaft widerspiegelt und ein Beweis für die verübten Verbrechen ist, eine Sprache, die unter besonderen Umständen entstanden ist[290]. In solch einer Grenzsituation erforderte der inoffizielle Schriftverkehr ständige Wachsamkeit und Disziplin. Am 18. März 1943[291] deutete Stanisław Kłodziński an, dass er seine Mitgefangenen zur größten Vorsicht und Besonnenheit ermahnt.

Die Häftlinge von Majdanek waren in ihren Kontakten besonders achtsam, was wir aus den Kassibern, die nach der Hinrichtung von jüdischen

---

289 Vgl. *Grypsy z Konzentrationslager Auschwitz…*, S. LXVIII–LXXI.

290 Mehr über die Lagersprache vgl. Z. JAGODA, S. KŁODZIŃSKI, J. MASŁOWSKI: *Oświęcim nieznany [Das unbekannte Auschwitz]*, Kraków 1981, S. 26–97; Z. JAGODA, S. KŁODZIŃSKI, J. MASŁOWSKI: *Osobliwości słownictwa w oświęcimskim szpitalu obozowym [Die Besonderheiten des Wortschatzes im Lagerkrankenhaus von Auschwitz]*, „Przegląd Lekarski – Oświęcim“ 1972, Nr. 1, S. 34–35. Ab 1978 gab dasselbe Autorenteam in „Przegląd Lekarski – Oświęcim“ das Auschwitz-Wörterbuch heraus. Vgl. auch: D. WESOŁOWSKA, *Słowa z piekieł rodem. Lagerszpracha [Wörter aus der Hölle. Die „Lagerszpracha“ der Häftlinge von Auschwitz]*, Kraków 1996.

291 In einem Auszug aus dem Kassiber von Józef Cyrankiewicz und Stanisław Kłodziński an Edward Hałoń („Boruta“, geboren am 17. März 1921 in Brzeszcze bei Oświęcim; einer der Gründer von „Pomoc Więźniom Obozów Koncentracyjnych“ [„Hilfskomitee für KZ-Häftlinge“]; beaufsichtigte und leitete die im Lager tätige Untergrundgruppe, stand in Verbindung mit Józef Cyrankiewicz und Stanisław Kłodziński sowie dem Auschwitz-„Netzwerk“ der PPS. Vgl. E. HAŁOŃ: *W cieniu Auschwitz. Wspomnienia z konspiracji obozowej [Im Schatten von Auschwitz. Erinnerungen an den Lageruntergrund]*, Oświęcim 2003; H. ŚWIEBOCKI: *Ludzie dobrej woli: księga pamięci mieszkańców Ziemi Oświęcimskiej niosących pomoc więźniom KL Auschwitz [Menschen guten Willens. Gedenkbuch für die Bewohner des Auschwitzer Landes, die den Häftlingen des KL Auschwitz zu Hilfe kamen]*, Oświęcim 2005, S. 172–174) heißt es: *Hier bei uns ist es relativ ruhig, aber die Spannung nimmt zu. Außerdem sind manche Leute angesichts des etwas sanfteren Kurses weniger wachsam und vorsichtig geworden. Wir versuchen, sie an der Kette zu halten* […]. Vgl. *Grypsy z Konzentrationslager Auschwitz…*, S. 30.

Gefangenen am 3. November 1943 verschickt wurden, erfahren. Henryk Wieliczański schreibt in einem Brief an seine Frau in sehr allgemeinen Worten, dass am Geburtstag ihrer Tochter, der auf den 3. November fiel, unser *Zahnarzt mitsamt seiner ganzen Familie an Rauchvergiftung gestorben war.* Und in einem weiteren Brief fügt er hinzu: *Am Geburtstag unserer Zochna* [Diminutiv für den Vornamen Sophia – Anm. des Übers.] *kamen hier achtzehntausend aus der Familie des Zahnarztes um.*

Aus Sicherheitsgründen wurde bei der Übermittlung von Informationen größtmögliche Vorsicht eingehalten. Man vermied daher jegliche Namen oder eindeutige Angaben über das Leben und einzelne Ereignisse im Lager. Eine Passage aus dem von Roman Pawłowski an Saturnina Malmowa gerichteten Kassiber kann mit ihrem starken, ja harschen Ton überraschen. Er schrieb:

> *Ich erledige alle Angelegenheiten nach Ihrem Wunsch. Wir alle schulden Ihnen viel Respekt und Dank für Ihre Fürsorge und Arbeit.* [...] *In Zukunft nennen Sie aber bitte keine Namen auf Ihren Zetteln. Ist Ihnen klar, dass wir im Krematorium enden, wenn man uns erwischt? Viele Personen sofort. Vermeiden Sie also bitte eindeutige Themen, denn man darf es weder tun noch offen davon reden. Ich würde Ihnen zu großer Vorsicht raten, auch unter Ihren Leuten. Das Leben hier wird nicht sehr hoch geschätzt, ein Hieb und es ist aus. Bitte vernichten Sie alle Zettel, damit keine Spuren zurückbleiben* [...][292].

In Kassibern der Lagergefangenen sind persönliche Berichte, Reaktionen sowie Stellungnahmen zu den Lebensbedingungen im Lager von besonderer Bedeutung. Manche Häftlinge behandelten die geheimen Briefe nicht als persönliche Korrespondenz. Krystyna Wituska schilderte in ihrem Kassiber vom August 1943[293] die nicht selten fünf bis sieben Stunden langen, sehr anstrengenden Vernehmungen. Die weiblichen Häftlinge von Ravensbrück entschieden gemeinsam darüber, welche Fakten sie in ihren Briefen festhalten wollten, für deren Redaktion zwei Personen zuständig waren. Eine wichtige Rolle spielte die Atmosphäre, in der die inoffizielle Korrespondenz entstand und aus dem Lager hinausgeschmuggelt wurde. Das Bewusstsein, den Kontakt zu Angehörigen, zu Menschen in der Außenwelt aufnehmen zu können, die im Gegenzug Briefe mit unterstützenden und verständnisvollen Worten einsandten, hielt die Gefangenen oft am Leben. In vielen Briefen fällt der Kontrast zwischen der tragischen

---

292 Auszug aus dem Kassiber von Roman Pawłowski (geboren am 24. Juni 1911, Pseudonym „Syneczek", Ende 1941 aus dem KZ Dachau nach Majdanek gebracht, wo er die Häftlingsnummer 47 erhielt, ab März 1942 arbeitete er im Lagerkrankenhaus, im chirurgischen Block; im April 1944 nach Groß-Rosen verbracht) an Saturnina Malmowa. Vgl. *Listy z Majdanka...*, S. 16.

293 *Zeit, die mir noch bleibt...*, S. 115

Aussage des Inhalts und den optimistischen Bemerkungen, die in der Regel ihre Absender persönlich betrafen, auf. Damit wollten viele Häftlinge wahrscheinlich den Empfängern die belastende Lektüre der Briefe erleichtern. Im ersten Kassiber[294], der Anna Lasocka erreichte, schrieb Zofia Kossak humorvoll unter anderem, dass:

> ... *während der Untersuchung in der Szucha-Allee* [Sitz der Gestapo in Warschau – Anm. d. Übers.] *meine immer schwachen Zähne ihr ehrenvollstes Ende gefunden haben*[295].

Die Schriftstellerin schilderte sanft, witzig und mit Distanz die schweren Verhöre und brutalen Schläge. Vielleicht war es der Tatsache zu verdanken, dass sie *ihren Glauben ins Lager mitgenommen hat*[296]. Ein fröhlicher Ton, eine leichte Sprache sowie heitere Nachrichten über das Leben im Lager, die sehr oft unwahr und übertrieben waren, verfälschten das Bild des KZs und der Kriegskatastrophe. Und obwohl die Kassiber nur Ausschnitte aus der gesamten Lagerrealität, aus dem Leben der operierten, ausgehungerten und schwer bestraften Menschen sind, die statistische Daten über das Ausmaß des Bösen in der „Zeit der Verachtung" enthalten, bieten sie dennoch eine Vorstellung vom höllischen KZ-Alltag.

In mehreren veröffentlichten Erinnerungen und Schriften aus der Besatzungszeit stößt man auf vielerlei Kassiber, die informieren, warnen oder Bitten enthalten. Eingeflochten in das narrative Gewebe entgehen sie oft der Aufmerksamkeit des Lesers, erscheinen zweitrangig und nebensächlich. Erst wenn sie daraus entnommen und erforscht werden, zeigt sich, wie wichtig ihre Funktion

---

294 Eine Mappe mit dem Titel: *Delegatura Rządu na Kraj. Depozyt Władysława Bartoszewskiego: dokumenty, korespondencja i ulotki znalezione u Bartoszewskiego [Die Polnische Exilregierung in London. Nachlass von Władysław Bartoszewski: Dokumente, Korrespondenz und Flugblätter, die bei Bartoszewski gefunden wurden]* befindet sich im Archivbestand des Instituts für Nationales Gedenken [Instytut Pamięci Narodowej] in Warschau, Archivbezeichnung: IPN BU 1571/424, Grenzdaten der Archiveinheit: [1943] 1945–1946.

295 J. LASOCKA: *Zofia Kossak w czasie okupacji [Zofia Kossak während der Besatzungszeit]*. „Kierunki" 1973, Nr. 15, S. 53–54.

296 D. KULESZA: *Dwie prawdy. Zofia Kossak i Tadeusz Borowski wobec obrazu wojny w polskiej prozie lat 1944–1948 [Zwei Wahrheiten. Zofia Kossak und Tadeusz Borowski zum Bild des Krieges in der polnischen Prosa in den Jahren 1944–1948]*. Białystok 2006, S. 82. Weiter kann man lesen: *Zofia Kossak – eine typische Vertreterin der Märtyrerliteratur* [...]. *Sie erlebte die KZ-Realität und hatte ein ihrer Meinung nach zuverlässiges Heilmittel gegen Auschwitz – ihren Glauben*. Vgl. Ebd, S. 89.

war und welche bedeutenden Inhalte sich darin verbargen. So sind, neben dem Kassiber von Zofia Kossak, im Kapitel über Józef Skrzek folgende Worte zu lesen:

> *Schließlich traf der von Pfadfindern übermittelte Kassiber aus dem Gefängnis ein. „Gromek" schrieb darin: „Die Verhöre sind hinter mir. Sie haben sich einen Monat lang hingezogen. Ich habe niemanden verraten, verratet mich also auch nicht. Ich redete der Gestapo ein, ich sei ein Pfadfinder bei der Polnischen Wohltätigkeitsorganisation, die den Familien der Gefangenen hilft. Alles ging gut aus. Es drohen mir acht Jahre »Zuchthaus«. Jula arbeitet für die Gestapo".*[297]

In den Kassibern, geheimen und linken Briefen vermischt sich das Schöne mit dem Schrecklichsten. Die verschlüsselten, mittels besonderer gedanklicher Abkürzungen übermittelten Informationen werden von klar und deutlich zum Ausdruck gebrachten Bemerkungen begleitet. Solche Worte sind manchmal schwer zu glauben. Den gerührten Lagerinsassinnen steigen Tränen in die Augen, wenn der Jasmin zum Geburtstag einer von ihnen aufblüht[298], ihnen kommen aber keine Tränen mehr, wenn weitere Gefangene im Krematorium sterben. Die beiden Ereignisse lassen sich nur schwer miteinander vergleichen. Danuta Brzosko-Mędryk, die im August 1942 wegen ihrer Untergrundtätigkeit für Związek Walki Zbrojnej [Verband für den bewaffneten Kampf] von der Gestapo verhaftet wurde, schrieb in einem Kassiber:

> *Liebes Mütterlein, schon ist bei uns der Jasmin zum Geburtstag von Wł. aufgeblüht. Wir weinten über diese ärmlichen Blüten. Für dich, Liebste, und für Wł. Ich schlafe schlecht wegen nächtlicher Kopfschmerzen, schickt mir Cibalgin. Heute hatte Ala L. einen furchtbaren Anfall, sie wand sich in Krämpfen, pod. hat dr b. gerufen* [Abk. im Orig. – Anm. des Übers.]. *Er ist gekommen! Und hat sogar Arzneimittel gegeben. Meine Lieben, der Chef von Uli holt Kinder und Bauern – vom Land. Und Gott schaut zu!* […] *Wie geht es Lu – wir wissen nicht, ob sie bei Euch angekommen ist? Es war heiß! Traktoren, Traktoren ++++ am Morgen. Wir schlafen nicht, sondern hören zu, ob das Geräusch ertönt. Uns fehlen die Tränen. Ewa W. ist sehr nett, singt oft – ich mag das sehr. Sucht nicht nach Krysia M., wenn sie nicht von selbst gekommen ist. Lieber Andrzejek, gib keine Nachrichten weiter. Wir haben Borys. Ja! Ziel. Kap.* [Danuta Brzosko – Anm. L.S.] *wird angeblich den Chef wechseln, leider wissen wir nicht, wer es sein wird. Ich vermisse Euch und liebe Euch sehr – Euer Ziel. Kap.*[299]

---

297 J. KRET: *Harcerze wierni do ostatka [Pfandfinder, die bis zum Äußersten treu blieben].* Katowice 1978, S. 77.

298 Über den Jasmin schrieb Danuta Brzosko in einem weiteren Kassiber an ihre Mutter um den 20. Mai 1943: *Mütterlein, der Jasmin neben dem weißen Haus ist voller Blüten* […]. Vgl. *Listy z Majdanka…*, S. 40.

299 Ebd., S. 18.

Das Singen[300], ähnlich wie das Bücherlesen und die von Mitgefangenen erzählten Geschichten[301], spornte die Häftlinge an, ermutigte sie, löste ihre Spannungen und ließ sie ihre Emotionen und Gefühle ausdrücken.

In Erwartung des Todes

Erschöpfende Arbeit, Hunger und Krankheiten, vor allem aber das Lagerregime führten bei vielen Häftlingen zu Nervenzusammenbrüchen, schwächten oder senkten ihre Überlebenschancen. In Briefen flehten sie ihre Familien an, alles zu tun, um sie aus dem Lager herauszuholen. Zu diesem Zweck griffen die Schreibenden zu Formulierungen wie: „Eile ist geboten, sonst sterbe ich", „Ich weiß nicht, wie lange ich noch am Leben bleibe, ich fühle aber, dass Gott mich vergessen hat und meine Kräfte schwinden", „Man muss schnell handeln, sonst halte ich nicht durch". Solche Kassiber sind Schreie der Verzweiflung, ein Flehen um Hilfe und Rettung vor dem Tod. Häftlinge kamen nicht nur durch Hinrichtungen um, sie starben auch infolge von Krankheiten und Erschöpfung. Manchmal verbesserte sich der Gesundheitszustand eines Häftlings und seine Kräfte nahmen zu, doch ein Unfall führte zu seinem Tod. Unter solchen

---

300 Stanisław Pigoń gab in seinen Erinnerungen an den Aufenthalt im Lager zu, dass das Singen eines Weihnachtsliedes bei den Teilnehmern des Heiligabends eine tiefe Emotion und Rührung hervorrief. *Und als wir später in unserer Schar „Wśród nocnej ciszy..."* [ein polnisches Weihnachtslied – Anm. des Übers.] *sangen, konnte es der Oppositionelle nicht mehr ertragen. Schwere Tränen liefen über seine Wangen. Nicht nur über seine. Nicht nur aus polnischen Augen. An den Nachbartischen erlebten die deutschen Mithäftlinge dasselbe, auch bei ihnen war der Gesang zu hören: „Stille Nacht, heilige Nacht...". Egal, welche Anschauung, welchen Glauben sie vertraten – alle sangen mit.* Vgl. S. PIGOŃ, *Wspominki z obozu w Sachsenhausen (1939–1940) [Erinnerungen aus dem KZ Sachsenhausen (1939–1940)]*, Warszawa 1966, S. 44.

301 In den Erinnerungen von Tadeusz Borowski kann man lesen: *Im Lager bricht der Abend an, der Appell ist schon vorbei. Wir sitzen in einer kleinen Gruppe am Tisch und erzählen. Man hat überall erzählt: auf dem Weg zum Kommando, auf dem Rückweg ins Lager, an der Schaufel und Lore, abends auf der Pritsche, beim Appell. Wir erzählen Romane und erzählen Lebensgeschichten. Über dieses und jenes aus der Welt jenseits der Stacheldrähte.* Vgl. T. BOROWSKI, *Wybór opowiadań [Ausgewählte Erzählungen]*. Warszawa 2009, S. 78. Zu den Hauptthemen der Erzählungen gehörten Erinnerungen an das Leben vor der Ankunft im Lager, Erinnerungen aus den Gefängnissen, in denen man inhaftiert war, und Anekdoten. Man erzählte auch die gelesenen literarischen Werke oder griff populärwissenschaftliche Themen auf.

Umständen schrieben einige Häftlinge, wie *von Gott auf die Schanze geworfene Steine* [Worte eines bekannten polnischen Gedichtes von J. Słowacki – Anm. des Übers.], in den letzten Stunden oder sogar Minuten ihres Lebens Kassiber, deren Aussage besonders tragisch war. Im Angesicht des nahenden Todes übermittelten sie darin ihren letzten Willen, verabschiedeten sich von ihren Familien, hinterließen Worte des Segens, beteuerten ihre Liebe. Man darf sich daher nicht wundern, dass auch der Dichter Julian Tuwim einen ähnlichen Ton anschlug:

Und es ging drunter und drüber
Das, wonach das Herz brach,
Wonach der Irre schrie:
In den Tod gingen sie nacheinander
wie von Gott
auf die Schanze
geworfene
Steine![302]

Ein berührender Kassiber stammt aus der Feder von Józef Wójcik, der seinen Tod vorausahnte. Er kam höchstwahrscheinlich am 13. März 1943 in der Gaskammer ums Leben. Die Nachricht über seinen Tod wurde von den Blockkameraden durch Bauarbeiter an die Familie übermittelt. In den Kassibern Józef Wójciks finden sich vermischt: Sacrum und Profanum, das Körperliche und das Geistige, das Triviale und das Erhabene. Seine Bitte um Medikamente wird von der Aufforderung begleitet, für seine Gesundheit zu beten. Einerseits denkt er an die Gegenwart und Arzneimittel, die ihm bei künftigen Krankheiten helfen könnten, andererseits behält er das ihm bevorstehende Schicksal im Blick. Er ist sich dessen bewusst, dass er nicht mehr nach Hause zurückkehren wird. Sein letzter und einziger Wunsch ist das Bedürfnis, vor dem Tod jemanden aus der Familie zu sehen. Geleitet vom gesunden Menschenverstand und von dem Wunsch, für seine Angehörigen zu sorgen, sendet er ihnen einen Brief mit seinem letzten Willen. Das Verfassen eines Testaments[303], in dem das

---

302 J. TUWIM: *Pogrzeb Słowackiego [Die Bestattung Słowackis]*, in: DERS.: *Wiersze wybrane [Ausgewählte Gedichte]*, Bearbeitung von M. GŁOWIŃSKI, Wrocław 1986, S. 113.

303 Das im Lager verfasste Testament von Józef Wójcik lautete: [keine Datumsangabe] *Im Falle meines Todes wünsche und verlange ich, dass mein gesamter Besitz auf meine Schwester Lodzia Niwińska übergeht als Dank für ihren selbstlosen Einsatz und die mir erwiesene Hilfe. Damit ist alles gemeint, was mir von meinen Eltern in Skalbmierz zusteht. Alle meine beweglichen Sachen in Bodzentyn, die*

Leben zusammengefasst wird, muss ihn viel gekostet haben, er verzichtete auf jede Hoffnung. Die Hölle auf Erden zehrte ihn völlig auf, nahm ihm die Kräfte und den Glauben an das Überleben. Nachdem er den Kampf um sein Leben mit dem Schicksal und der Geschichte verloren hatte, blickte er desillusioniert der Zukunft entgegen. In einem an seine Schwester Lodzia [Verkleinerungsform von Leokadia – Anm. des Übers.] gerichteten, sehr emotionellen Kassiber schrieb er:

> *Es gibt so viel, worüber ich Dir gerne schreiben möchte, aber was könntest Du schon mit Beschreibungen der irdischen Hölle anfangen* [...].
> *Viele Freunde aus Kielce, die mit mir gekommen waren, wurden bereits verbrannt. In unserem Feld breitet sich eine seltsame Krankheit aus, außerdem noch das Fleckfieber. Ich bin stets darauf gefasst, dass sie mir die Augen ausstechen oder mit einem Stock die Rippen brechen. Ich sehe elend aus und nehme furchtbar ab. Ich bin erkältet und habe eine Grippe. Dazu bin ich seit mehreren Tagen an Ruhr erkrankt. Die Arzneimittel habe ich verbraucht und der Rest wurde mir gestohlen. Schick bitte die Medikamente in einer festen Verpackung, weil ich darauf schlafen muss, da sie sonst gestohlen werden. Ich werde versuchen, in Feld II überzuwechseln, wo es keine Krankheiten gibt. Was die Einkäufe angeht, bräuchte ich Folgendes: Aspirin oder Ähnliches, Tannalbin, Kohle, Abführmittel, Impfstoff [...]. Ich weiß nicht, wie lange ich noch am Leben bleibe, ich fühle aber, dass Gott mich vergessen hat und meine Kräfte schwinden. Liebe Lodzia, bete für mich. Ich tue es jeden Tag und bitte Gott, dass ich noch jemanden aus der Familie sehen kann, bevor ich sterbe. Dass ich das Haus wiedersehe – daran glaube ich nicht mehr. Beiliegend schicke ich Dir einen Umschlag mit meinem letzten Willen. Ich wünsche mir, dass Du ihn aufbewahrst und dass er ausgeführt wird. Pass auf Dich auf, Lodzia, denn auch Du bist schwach und überanstrengst Dich für mich.* [...] *Ich küsse Dich herzlich. Küss alle daheim von mir und richte allen meinen Lieben meine Abschiedsworte aus – Józek.*[304]

Das angeführte Fragment des Kassibers ist besonders reich an Inhalt. Die Sehnsucht vermischt sich darin mit seiner Sorge um die Schwester, die sich trotz ihres schlechten Gesundheitszustands für ihren Bruder aufopfert. Aufgezeigt

---

Einrichtung des Zimmers in Kielce – Plac Wolności Nr. 5, die Uhr, das Zigarettenetui im Gefängnis in Kielce. Meine Sachen im Lager in Lublin. 1000 Zloty von Sikorski aus Katarzyna –überhaupt alles. Alle, die mich gernhatten – haben meinen Willen zu respektieren und sich ihm nicht zu widersetzen. Lublin, Konzentrationslager, Feld Nr. 3, Józef Wójcik, Nr. 9870. Vgl. *Listy z Majdanka...*, S. 28.

304 Kassiber von Józef Wójcik, geboren 1898, verhaftet im Dezember 1942 in Kielce; um den 10. Januar 1943 nach Majdanek gebracht, kam höchstwahrscheinlich am 13. März 1943 in der Gaskammer ums Leben; Häftlingsnummer 9870, Feld III. Vgl. Ebd., S. 25.

wird die ganze brutale Wahrheit über die Mechanismen des Lagerlebens. Alles konnte zu einem Diebstahlsobjekt werden[305] und der einzige Schutz davor, dass sich jemand anderer das Eigentum aneignet, war äußerste Wachsamkeit, selbst im Schlaf. Der dramatische Text endet mit der Feststellung, dass der Gefangene nur zu „fühlen" vermag, dass ihn Gott vergessen hat. Trotzdem bemüht sich Wójcik, von dem Allerhöchsten zu erbeten, dass er jemanden aus seiner Familie noch sehen kann. Im Bewusstsein dessen, dass seine Kräfte nachlassen, weil er von mehreren Krankheiten geplagt wird, und sich der Moment, vom Leben Abschied zu nehmen, unvermeidlich nähert, spricht er seinen letzten Wunsch aus. Die Angehörigen zum letzten Mal sehen zu können, würde ihn wahrscheinlich trösten. Es wäre zugleich auch ein Akt der Nächstenliebe. Aus Liebe wünschte sich der Gefangene, vor dem Tod noch jemanden aus seiner Familie zu sehen. Nur noch in diesem Bereich fühlt er sich fest verwurzelt, weil die Wurzeln der anderen – laut der Theorie von Józef Tischner[306] vom

---

305 Krystyna Heska-Kwaśniewicz schreibt in dem Kapitel *Pfadfinder in Auschwitz* folgende Worte: *Der Historiker und Mitbegründer der schlesischen Pfadfinderbewegung Józef Kret, erinnert sich in „Ostatni krąg" [Der letzte Kreis] – seinem oft nicht hoch genug geschätzten Buch – dass ihm jemand bereits am zweiten Tag nach der Ankunft im Lager die Mütze gestohlen hat. Das Fehlen der Mütze beim Appell hätte tragisch enden können: „In meiner Verzweiflung begab ich mich auf die Lagerstraße hinter der Blockreihe und setzte mich auf eine Bank. Drei junge Männer, Häftlinge in sauberer gestreifter Kleidung, die offenbar bei der Lagerverwaltung arbeiteten, kamen auf mich zu und fragten nach dem Grund meiner Besorgnis, die sie aus meinen Augen ablesen konnten. Als ich ihnen verriet, worum es ging, verschwand einer der drei wortlos und tauchte kurz darauf mit einer Mütze wieder auf. Ich war gerettet. Meine Retter entpuppten sich als drei Häftlinge aus Schlesien, „Pfadfinder, die in der Lagerkanzlei für die Aufnahme neu angekommenen Häftlinge beschäftigt waren, und zwar: Karol Bock, Otto Szubert und Jan Trębaczowski". In dem Buch von Józef Kret, aber auch in den Erinnerungen anderer Häftlinge, kann man auf viele ähnliche Beispiele stoßen. Kret gibt unumwunden zu, dass er u. a. dank der Hilfe der Pfadfinder Auschwitz überlebt hat. Für die Pfadfinder war das Konzentrationslager eine harte Probe für ihre Solidarität und Prüfung für ihr Gesetz und Versprechen.* Vgl. K. HESKA-KWAŚNIEWICZ: *Szkice śląskie. Ludzie – sprawy – wydarzenia [Schlesische Skizzen. Menschen – Sachen – Ereignisse]*. Katowice-Mysłowice 2006, S. 175–176.

306 Die Überzeugung vom existenziellen Bedürfnis nach Verwurzelung steht der Philosophie von Simone Weil nahe, ebenso wie der von Józef Tischner, für den sich die Verwurzelung in vier Bereichen abspielt: Familie, Arbeit, Religiosität und Erbe der Vorfahren. Vgl. J. TISCHNER, *Filozofia dramatu [Das menschliche Drama]*. Kraków 2006.

existenziellen Bedürfnis nach Verwurzelung – und zwar der Arbeit, Religiosität und des Erbes der Vorfahren, bereits ausgerissen sind.

Hier muss man auf das von Józef Wójcik angesprochene Thema zurückkommen, nämlich die im Lager herrschenden Regeln. Der Verfall der Werte hatte zur Folge, dass Diebstähle zu einem häufigen Phänomen im Lagerleben wurden. Krystyna Czyż-Wilgatowa teilte ihrer Familie in dem Kassiber vom 22. Juni 1943 Folgendes mit:

> *Diebstähle im Lager nehmen ein immer größeres Ausmaß an. Dass weibliche Gefangene stehlen und z.B. unglaubliche Mengen an Lebensmitteln für ihre Kameradinnen aus der Küche herausschmuggeln, ist nicht verwunderlich. Die Aufseherinnen stehlen aber bei jeder Gelegenheit, z.B. gehen sie so weit, dass sie Spargel aus einer Miete auf dem Landgut stehlen, in einer Apfelkolonne stehlen sie Äpfel körbeweise. Sie kämpfen untereinander um bessere Kolonnen, werfen sich gegenseitig Knüppel zwischen die Beine und zanken miteinander. Die Aufseherinnen aus den Werkstätten gehen sogar so weit, dass sie den kranken Gefangenen Brotscheiben (die um Mitternacht verteilt werden) stehlen*[307].

Darüber hinaus ist zu erwähnen, dass das Gebot „Du sollst nicht stehlen" im Lager seine Bedeutung und Tragweite verändert hat. Wie von Anna Pawełczyńska[308] dargelegt, wurde der Diebstahl als Straftat oder als Handlung von hohem moralischem Wert beurteilt, je nachdem was und wo gestohlen worden war. Über das Zurechtkommen[309], ein auf das Überleben abgezieltes „Organisieren", das Messen mit zweierlei Maß schrieb in einem ihrer Kassiber Wiesława Grzegorzewska:

> *Die Stimmung bei uns hat sich ein wenig verändert. Wir fühlen uns wie auf einem Bahnhof in einer riesigen Wartehalle der IV. Klasse. Der eine Transport fährt ab, der zweite wird selektiert und der dritte wird vorbereitet, vorgesehen ist der vierte, fünfte – bis zum bitteren Ende. Tatsache ist, dass wir (d.h. das Krankenhaus) als Letzte gehen*

---

307 *Ponad ludzką miarę…*, S. 68.

308 Anna Pawełczyńska schreibt: *Einen Gefangenen zu bestehlen, der unter ähnlichen oder noch schlechteren Bedingungen lebte, war eine zutiefst unmoralische Handlung. Jeglicher Diebstahl, der dem Gefangenen nicht schadete und ausschließlich dem eigenen Nutzen diente, war etwas Gewöhnliches, das allein nach seiner Zweckmäßigkeit beurteilt wurde. Die uneigennützig zum Wohle anderer Gefangener begangenen Diebstähle stellten den höchsten Wert dar, da sie der Rettung des Lebens von Kameraden dienten.* Vgl. A. PAWEŁCZYŃSKA: *Wartości a przemoc. Zarys socjologicznej problematyki Oświęcimia [Werte und Gewalt. Ein soziologischer Abriss der Auschwitz-Problematik]*. Warszawa 1995, S. 134–135.

309 A. APPLEBAUM: *Strategie przetrwania [Strategien des Überlebens]*, in: DIES., *Gułag [Der Gulag]*, übersetzt von. J. URBAŃSKI, Warszawa 2005, S. 327.

werden - dann wird es schon warm sein [ein Stück des Zettels herausgeschnitten] *(Krysia lacht über meine Korrektur). Zurzeit werden nur die Russinnen in Betracht gezogen, nicht weil das ein Befehl ist, sondern weil es für die hiesigen Machthaber mit polnischen Frauen als Lagerpersonal bequem ist. Die einen wie die anderen stehlen in völliger Harmonie und Übereinstimmung, jeder auf seine Weise - um zu überleben! Man könnte über diese Beziehungen lange erzählen und ganze Bände schreiben - und betrachtet bitte den kurzen Satz nicht unter dem Gesichtspunkt von rechtlichen und ethischen Normen. Wir richten es uns auch möglichst vernünftig und bequem: für Brot kaufen wir (gestohlene) Kohle und Kartoffeln. Wir verkaufen Brot, das Geld wird uns unterwegs nützlich sein, und wenn es sich gehörte, würden wir Euch eine Kontribution unter dem Pseudonym „Majdanek" schicken.* [ein Stück des Zettels herausgeschnitten] *kann ich erst die Demoralisierung sehen, aber ich versichere Euch, dass beide Seiten damit sehr zufrieden sind. Und wenn wir mit ihnen scherzen, dass wenn die Bolschewiki kommen und uns „anstecken", dann sind sie über diese Idee sehr erstaunt oder tun vielleicht nur so? Weiß der Kuckuck! Tatsache ist, dass die gefährlichste Gruppe unsere sehr gastfreundlichen Pforten verlässt - in Richtung großes Reich. Vielleicht können sie dort sogar nützlich sein und wir kommen hier auch ohne sie zurecht. Manche von ihnen sind uns sogar treu ergeben und mögen uns sehr, besonders die Genesenen bleiben gerne als Helferinnen* […][310].

Neben den Häftlingen, die das Lager überstanden haben, da sie sich geschickt an die dort herrschenden Regeln anzupassen vermochten, indem sie tüchtig zu pragmatischen Mitteln griffen, um sich in der Gefangenschaft „zurechtzufinden" oder „sich einzurichten", gab es auch solche, die überlebten, weil sie dem zeitlosen System der moralischen Grundsätze und Werte treu blieben. Menschen, die der *Freundschaft, Solidarität, Verpflichtung zur Wahrung der persönlichen Würde und Kultivierung des geistigen Lebens*[311] gehorchten.

---

310 Auszug aus einem Kassiber von Wiesława Grzegorzewska. Vgl. *Listy z Majdanka…*, S. 40.

311 A. APPLEBAUM: *Strategie przetrwania…*, S. 357 (Abschnitt *Cnoty powszednie [Allgemeine Tugenden]*). An dieser Stelle sei anzumerken, dass die gleichen Strategien des Überlebens in den Gulags angewandt wurden. In *Inny świat [Welt ohne Erbarmen]* von Gustaw Herling-Grudziński finden wir folgende Worte: *Er hasste die Mitgefangenen und hielt sie von nun an für seine natürlichen Feinde. Er wäre vielleicht noch tiefer gesunken, bis an den Rand des größten Verbrechens, das ein Mann, der diesen Namen verdient, im Lager begehen kann - das Verbrechen der Denunziation, wenn nicht der Zufall ihm eines der Bücher zugespielt hätte, das er einst in Wladiwostok gelesen hatte. Kostylew las es von neuem und heulte wie ein Kind, das in Dunkelheit die Hand seiner Mutter gefunden hat.* G. HERLING-GRUDZIŃSKI: *Ręka w ogniu [Die Hand im Feuer]*, in: DERS., *Inny świat. Zapiski sowieckie [Welt ohne Erbarmen. Sowjetische Aufzeichnungen]*, Warszawa 1997, S. 109.

Diebstähle gingen mit Krankheiten, Kälte und Hunger einher. In einem Kassiber von Andrzej Majewski kann man lesen:

> *Ich befinde mich in einer schrecklichen, für mich unerträglichen Lage. Ich bitte Euch, versucht mich mit allen möglichen Mitteln hier herauszuholen. Ich warte jeden Tag darauf, dass man mir die gestreifte Kleidung anzieht, dann muss ich den ganzen Tag halbnackt in der Kälte arbeiten. Mit meinen Lungen werde ich es nicht lange machen. Ich habe kaum noch Kraft. Stundenlange Appelle im Freien vor und nach dem Sonnenuntergang erschöpfen mich. Dazu leide ich unter quälendem Hunger; wir kriegen ein paar gefrorene Kartoffeln mit Schale zu essen, ungekochte Steckrüben und Wasser mit Pfefferminze. Hunger und Krankheiten dezimieren die Menschen. Es kommen keine Pakete an. Schickt mir etwas Brot durch den Überbringer dieses Zettels* [...].[312]

Eine Art Testament, in dem Anregungen, Warnungen und Empfehlungen für die Zukunft seiner Geschwister, Verwandten und Familie enthalten sind, stellt der Kassiber des zuvor genannten Häftlings Andrzej Majewski dar, der darin seine Nächsten auch um Verzeihung bittet. Gleichzeitig drückt er den tröstlichen Gedanken aus, dass nach dem Tod seine sterblichen Überreste in der Heimat bleiben werden. Es ist schwer zu glauben, in welch gewöhnliche Worte dieser ungewöhnliche Abschied des Gefangenen von seinen Liebsten gekleidet ist:

> *Meine Allerliebsten!*
> *Das ist mein letzter Brief an Euch. Mein Gesundheitszustand ist seit dem Krankheitsbeginn sehr ernst und seit einer Woche leider hoffnungslos. Liebe Terenia, meine fürsorgliche und tapfere Betreuerin! Möge Gott Dich mit Glück belohnen für alles, was Du für mich getan hast. Meine Lieben, Terenia und Mietek, heiratet bitte so bald wie möglich. Krysia, Bajka, Tomcio und Dziodek, ich umarme Euch zum letzten Mal auf das Herzlichste. Verzeiht mir alles Böse, das ich Euch angetan habe. Ich bin froh, dass meine Überreste hier, in der Heimat und in Eurer Nähe bleiben. Liebe Geschwister, ich habe eine letzte Bitte an Euch alle. Liebt einander und lebt in Frieden zusammen, so werdet ihr glücklich sein.*
> *Möge der Herrgott Euch beschützen*[313].

---

312 Kassiber von Andrzej Majewski (geboren 1912), Soldat der Polnischen Heimatarmee (AK), verhaftet im November 1942. Zunächst wurde er im Schloss Lublin inhaftiert und im Februar 1943 nach Majdanek überstellt. Er erhielt die Häftlingsnummer 2226, arbeitete bei der Errichtung von Baracken, im Lagergarten und in der Lagerkanzlei in Feld III. Im Januar 1944 erkrankte Majewski wieder. Die Lagerärzte stellten neben Typhus auch einen Rückfall von Tuberkulose fest. Er starb am 18. März 1944. Vgl. *Listy z Majdanka...*, S. 29.

313 Kassiber von Andrzej Majewski. Ebd., S. 30.

In einem anderen veröffentlichten Kassiber finden wir eine selbst unter den Kriegs- bzw. Lagerbedingungen unheimliche, tragische Information, ein unglaubliches Paradoxon des Lebens[314]. Durch einen grausamen Zufall konnte Janina Modrzewska, die als Rekonvaleszentin im Frauenkrankenhaus lag, ihre Mutter treffen, welche im Auftrag des Polnischen Roten Kreuzes ins Lager gekommen war, um zwei Wochen nach diesem Treffen tragisch umzukommen. Modrzewska hat man nämlich nachts versehentlich in den Bauch geschossen. Sie war sich des nahenden Todes bewusst, im hohen Fieber schrieb sie einen Abschiedsbrief an ihre Familie:

Muńcia
Mäuslein
ich sterbe
5 V 43
Czesiek
Ojczyk
Julek
[weiter unleserlich]

versehentlich
in den Bauch
Schuss
Ich küsse
und liebe Euch

Janka[315]

Bei der Lektüre der bisher in Polen veröffentlichten geheimen und linken Briefe oder Kassiber von Häftlingen deutscher Gefängnisse, insbesondere von jungen Menschen, die vor deren Hinrichtung verfasst wurden, fällt die Ähnlichkeit auf, wie sie ihre Gefühle gegenüber ihren Nächsten zum Ausdruck bringen. Die größte Sorge und der größte Kummer war für die Häftlinge der Gedanke daran, wie groß das Leid ihrer Eltern sein würde. Die Abschiedskassiber waren

---

314 In einem Ausschnitt aus dem Kassiber von Roman Pawłowski an Saturnina Malmowa heißt es, dass solche Fälle von Gefangenen als Schicksal bezeichnet wurden. Hier ein Zitat zum betreffenden Vorfall: […] *Medikamente – von Herzen habe ich sie sofort nach Erhalt in die Pension Nr. 5 geschickt und auch gleich eine Quittung von der Ärztin erhalten, die ich beilege. Angeblich ist der Zustand hoffnungslos. Schwere Schusswunde im Bauch. Bauchfellentzündung. Ein Fall wie viele andere hier. Man schläft und wird angeschossen. Es wird wohl auch diesmal so der Fall gewesen sein. Das nenne ich Schicksal. Weder Gott noch die Mutter Gottes können helfen – das ist eben Schicksal. Mir fehlen die Worte, das muss für die Mutter eine Tragödie sein – aber wie kann man das Unglück rückgängig machen* […]. Vgl. Ebd, S. 32.

315 Kassiber von Janina Modrzewska, geboren 1903. Sie starb am 17. Mai 1943. Ebd., S. 31.

oft in einem fröhlichen Ton gehalten, als hätten sie den Schreibenden eine Erlösung gebracht.

Eine besondere Art des Abschieds, die einzige Spur von den im Block Nr. 11 des KZ Auschwitz inhaftierten Opfern[316], sind die Inschriften an den Wänden, Fensterbänken, Türen und Deckenbalken. Die Häftlinge benutzten dafür solche Werkzeuge wie spitze Gegenstände, Bleistifte, Haarnadeln und Buntstifte. Die Nachrichten wurden ebenfalls mit Fingernägeln eingeritzt. Abgesehen von den mehreren hundert Inschriften kratzten die Häftlinge auch ihre Initialen und Lagernummern ein. Es gibt auch Zeichnungen. Wahrscheinlich war dies die letzte körperliche Aktivität der Gefangenen. In den ungewöhnlichen Inschriften, die oft zum letzten Abschied von der Welt wurden, waren Bitten der Verurteilten enthalten, die Angehörigen über ihr tragisches Schicksal zu benachrichtigen. Die Inschriften bezeugen die Sorge der Häftlinge um ihre Familien, sind auch ein Ausdruck von außerordentlichem Mut und der Liebe zum Heimatland. Sie beweisen, dass die Verurteilten bis zuletzt innere Stärke, Tapferkeit und Würde bewahrt haben.

Judenvernichtung im Lichte der Kassiber aus dem KZ Majdanek und KZ Auschwitz

Bei der Untersuchung der von den Opfern und Überlebenden des Holocaust hinterlassenen Dokumente spielt die Literatur des persönlichen Dokuments, insbesondere Tagebücher, persönliche Aufzeichnungen, Notizbücher, Autobiographien und Erinnerungen[317], eine wichtige Rolle. Nichtsdestoweniger bildet

316 Über Block Nr. 11 im KZ Auschwitz, das polizeiliche „Standgericht" und die Inschriften schreibt Adam Cyra (erwähnenswert ist, dass die letzten Inschriften mit dem Datum 6. Januar 1945 versehen sind, sie wurden also drei Wochen vor der Befreiung des Lagers eingeritzt). Vgl. A. CYRA: *Pozostał po nich ślad… Życiorysy z cel śmierci [Eine Spur von ihnen ist geblieben… Lebensgeschichten aus dem Todestrakt]*, Oświęcim 2006.

317 Um nur auf ausgewählte Positionen der umfangreichen Fachliteratur hinzuweisen, die in polnischer Sprache bzw. Übersetzung ins Polnische erschienen sind: B. ENGELKING: *Doświadczenie Holocaustu i jego konsekwencje opisane na podstawie relacji autobiograficznych [Die Erfahrung des Holocaust und seine Folgen, dargestellt auf der Grundlage von biografischen Berichten]*. Warszawa 1994; DIES.: *Zagłada i pamięć [Vernichtung und Gedächtnis]*. Warszawa 1994; J. LEOCIAK: *Tekst wobec Zagłady (O relacjach z getta warszawskiego) [Text und Holocaust (Die Erfahrung des Ghettos in Zeugnissen und literarischen Entwürfen)]*. Wrocław 1997; J. LEOCIAK, M. JANCZEWSKA: *Literatura dokumentu osobistego [Die Literatur des persönlichen Dokuments]*, in: *Literatura polska wobec Zagłady*

die Belletristik, vor allem die polnische Literatur[318], eine wichtige historische Quelle – trotz vieler Diskussionen über die Literarizität von Holocaust-Texten und der Vorbehalte, die dagegen formuliert werden. Viel komplexer und in der Forschung oft übergangen bleibt der Bereich von Dokumenten in Form von Berichten, worunter man Texte versteht, die ziemlich kurz, nicht immer selbständig, aus dem Jiddischen übersetzt, sowie unter schwierigen Bedingungen und in Anwesenheit von Dritten entstanden sind[319]. Bei allen handelt es sich jedoch um Quellen mit einem bestimmten Autor und sozusagen einer individuellen Signatur des Verfassers oder Zeugen. Anders verhält es sich mit den (jüdischen und polnischen) Kassibern, die nur äußerst selten von Forschern analysiert werden.[320] Sie bringen trotzdem eine wesentliche Anklage gegen den Totalitarismus zum Ausdruck, unabhängig davon, ob sie von namentlich bekannten Polen oder namenlosen Juden verfasst wurden.

Lassen wir Henryk Wieliczański zu Wort kommen, der sich in seinem Kassiber vom 13. Mai 1943 folgendermaßen äußerte:

> *Meine liebste Lusieńka!* [...] *Ich bin gesund und beruhigt, und nur wenn ich die Dinge um mich herum betrachte, versinke ich manchmal in einem solchen Zweifel, einem*

(1939–1968) [Die polnische Literatur und der Holocaust (1939–1968)], Hrsg. von S. BURYŁA, D. KRAWCZYŃSKA, J. LEOCIAK. Warszawa 2012, S. 525–582; L.L. LANGER: *Świadectwa Zagłady w rumowisku pamięci [Holocaust Zeugnisse: Die Ruinen der Erinnerung]*, übersetzt von M. SZUSTER. Warszawa 2015.

318 Vgl. u. a. *Męczeństwo i zagłada Żydów w zapisach literatury polskiej [Jüdisches Martyrium und Vernichtung in polnischen Literaturnachweisen]*. Auswahl, Bearbeitung und Vorwort von I. MACIEJEWSKA. Warszawa 1998; S. BURYŁA: *Opisać Zagładę. Holocaust w twórczości Henryka Grynberga [Die Vernichtung beschreiben. Holocaust im Schaffen von Henryk Grynberg]*. Toruń 2014; M. GŁOWIŃSKI: *Literatura polska wobec Zagłady (Rozważania wstępne) [Die polnische Literatur und der Holocaust (Einführende Betrachtungen)]*, in: DERS.: *Realia, dyskursy, portrety. Studia i szkice [Realien, Diskurse, Porträts. Studien und Skizzen]*. Kraków 2011, S. 315–333.

319 Vgl. vor allem: J. LEOCIAK: *Relacje [Berichte]*, in: *Literatura polska wobec Zagłady...*, S. 544–554; *Świadectwa Zagłady. Obóz w Chełmnie nad Nerem. Getto wiejskie Czachulec. Wybór dokumentów [Zeugnisse des Holocaust. Das Vernichtungslager Kulmhof. Das Dorfghetto Czachulec Nowy. Dokumentenauswahl]*. Vorwort und Bearbeitung Ł. PAWLICKA-NOWAK unter Mitwirkung von J. ADAMSKA. Gdańsk 2014.

320 *Zweifellos kam es vor, dass die Briefe von jüdischen Häftlingen auf geheimen Wegen an ihre nichtjüdischen Freunde in der Freiheit übermittelt wurden*. Vgl. *Ludzie dobrej woli...*, S. 108.

tiefen Misstrauen gegen alles, was mir bisher heilig war, dass mir alles gleichgültig wird, sogar das Getriebenwerden in den Tod in die Gaskammer. [...] Epidemien sind ausgebrochen. Lungenentzündung und Fleckfieber haben die Hälfte unserer Kameraden hinweggerafft, viele andere wurden vergast. Das Krematorium kommt nicht mehr nach (dabei kann es 250 Menschen pro Tag verbrennen), also brennen die mit Teer und Petroleum begossenen Leichenhaufen, so dass Ihr manchmal von Lublin aus die Feuerzungen sehen könnt und die Rauchsäulen[321] *den ganzen Tag über wahrnehmbar sind. Das ist unser Leben.*
Darum habe ich über den Tod geschrieben, denn er kreist ständig um uns herum, und jetzt erst recht, wenn jeden Tag Judentransporte ankommen, die sie auch massenweise liquidieren – zum Beispiel können sie während einer Nacht zweitausend Juden in der Gaskammer vergasen. Und sie treiben hierher Juden aus Warschau, aus verschiedenen Städtchen, wo es Ghettos gibt, aus Lodz – aus Frankreich, den Niederlanden, der Slowakei, Tschechien, russische Juden usw. Das macht aber nichts. Das ist ihr Schicksal. – Wer glaubt, wird erlöst werden. Ich freue mich auf die Erlösung und das Reich Gottes auf Erden – da werde ich ein friedliches, glückliches Leben mit Euch führen, meine lieben Lusieńka und Zosia[322].

In einem weiteren Kassiber dokumentiert Henryk Wieliczański, sozusagen beiläufig, den Höhepunkt der antijüdischen Politik des Dritten Reiches. Am 3. November 1943 fand unter dem Decknamen „Erntefest" die größte

321 Nur am Rande sei darauf hingewiesen, dass die in den Kassibern enthaltenen Schilderungen von brennenden Leichen und Rauchsäulen bestimmt ein interessantes Thema für ökokritische Studien darstellen, da sie eine praxisbezogene, engagierte Antwort auf die ökologische Krise bieten. Mehr dazu: G. GARRARD: *Ecocriticism*, New York 2004, S. 20–23; B. LAWRENCE: *The Future of Environmental Criticism: Environmental Crisis and Literary Imagination*. Massachusetts 2005; M. TIMOTHY: *Dark Ecology: For a Logic of Future Coexistence*. New York 2016; M. TIMOTHY: *The Ecological Thought*. Massachusetts 2010; „Teksty Drugie: Ekokrytyka" 2018, Nr. 2; A. KŁOS: *Śmierć i rola trupów w „martwych przestrzeniach" [Zum Tod und zur Rolle der Leichen in „toten Räumen"]*, „Narracje o Zagładzie" 2016, Nr. 2, S. 163–201.

322 Ausschnitt aus dem Kassiber von Henryk Wieliczański vom 13. Mai 1943. Dazu muss man anmerken, dass der 1903 geborene Wieliczański, Pseudonym „Zygmunt", in den Kriegsjahren im Untergrund tätig war. Nach seiner Verhaftung durch die Gestapo wurde er zunächst im Pawiak-Gefängnis inhaftiert und im Januar 1943 nach Majdanek gebracht, wo er die Häftlingsnummer 3348 erhielt. Er nahm die Arbeit im Lagerkrankenhaus auf und war gleichzeitig aktives Mitglied des Lageruntergrunds – als Leiter des Netzwerkes der Polnischen Heimatarmee (AK) in Feld V. Während seines gesamten Lageraufenthalts verheimlichte er seine jüdische Herkunft. Im April 1944 wurde er nach Auschwitz überstellt. Vgl. *Listy z Majdanka...*, S. 45.

Hinrichtung in der Geschichte der deutschen Lager statt, bei der über 18.000 Juden erschossen wurden. Die zusehenden Mitgefangenen schrieben in ihren Kassibern über den ununterbrochen rauchenden Schornstein des Krematoriums und die brennenden Scheiterhaufen. In den meisten Berichten kamen die Gefühle der Schreibenden zum Ausdruck: Entsetzen und Mitgefühl für die ermordeten Juden, verbunden mit der Angst, dass allen anderen Häftlingen das gleiche Schicksal bevorsteht. Am 16. November 1943 schrieb Wieliczański an seine Frau:

> *Ich habe gerade Deine Karte vom 8. bekommen, wo Du schreibst, dass Dir rob. B.* [Abk. im Orig. – Anm. des Übers.] *so viel über den hier sehr unangenehmen 3/XI berichtet hat. Das ist eben der Wille Gottes. Bleib ruhig, wie auch ich es bin, im Glauben an den Schutz Gottes, der unser Schicksal lenkt.* [...] *Am Geburtstag unserer Zochna kamen hier achtzehntausend aus der Familie unseres Zahnarztes um. Ich liebe Dich jetzt und für immer, solange das Leben währt.*[323]

Die Worte von Witold Kiedrowski, dem Kaplan der Polnischen Armee, der sich während des Krieges als Laie unter dem Namen Kołodko versteckte, klingen authentisch und schmerzhaft. Er schreibt an Saturnina Malmowa, wie folgt:

> *Mein allerliebstes Mütterchen*
> [...]. *Die Situation bei uns unverändert. Fast jeden Tag werden immer neue, angeblich Juden, hergebracht – ich weiß nicht woher – und erledigt. Heute waren es wieder mehrere Dutzend. Tag und Nacht steigt eine graue Rauchwolke von dem Leichenhaufen empor. Außerdem ziehen die Gerüchte über einen Transport immer weitere Kreise. Man spricht von 1000 Frauen und 1000 Männern, darunter 300 Russen. Die Listen sollen bereits zusammengestellt und fertig sein. Wer geht und wer bleibt, ist ein großes Fragezeichen* [...][324].

Bei dem Vergleich mit solchen Berichten sind die anonymen jüdischen Kassiber oft aussagekräftiger, klingen noch nachdrücklicher und erschreckender. Über einen Brief, der in Wilna von Juden auf dem Weg in den Tod aus einem Lastwagen herausgeworfen wurde, schrieb Barbara Engelking. Sie wies darauf hin, wie man in einfachen Worten ohne grammatische Ordnung den Schrecken der Gewalt an Kindern, der Foltern und den Wunsch nach Rache an den deutschen Henkern ausdrücken kann.[325] Eine weitere Stimme – die Klage eines

---

323 Ausschnitt aus dem Kassiber von Henryk Wieliczański, geschrieben am Dienstag, dem 16. November 1943. Ebd., S. 48.

324 Ausschnitt aus dem Kassiber von Witold Kiedrowski, Pseudonym „Żmigród" an Saturnina Malmowa vom 14. November 1943. Ebd., S. 49.

325 B. ENGELKING: *Czarna godzina. Rzeczy żydowskie oddane na przechowanie Polakom [Die schwarze Stunde. Über jüdische Sachen, die Polen zur Aufbewahrung*

Kindes über das ungerechte Schicksal, die Einsamkeit und Dunkelheit – wurde von Rudolf Reder in seinem Bericht *Bełżec [Belzec]*[326] erwähnt. Man darf nicht vergessen, dass es sich um die vom Verfasser des Zeugnisses mit angehörten Worte handelt: *Mutti! Ich bin doch brav gewesen! Dunkelheit! Dunkelheit!*[327], die später literarisch verarbeitet wurden. Man kann sich vorstellen, dass die Worte zu Kassibern geworden sind – zu kurzen, erschütternden, vergeblichen Hilferufen. Die im Epizentrum der Vernichtungsmaschinerie verfassten, lakonischen und meist anonymen jüdischen Berichte unterscheiden sich daher von den polnischen Zeugnissen, die eine informative und anklagende Funktion zu erfüllen hatten.

Informationen und Berichte über die Evakuierung des Lagers und der Häftlinge

Viel Platz nahmen in den Kassibern Informationen über die Häftlingstransporte ein. Regelmäßig wurde darin über die im Lager durchgeführten Aktionen berichtet. Ein häufiges Thema inoffizieller Briefe wurden mit der Zeit Benachrichtigungen über ankommende und abgehende Transporte und Pläne zur Evakuierung des Lagers. Die von den Häftlingen übermittelten Informationen finden in den Berichten verschiedener Untergrundorganisationen Widerhall, unter anderem in den Meldungen der Zentralen Fürsorge des Untergrunds (Centralna Opieka Podziemia), Kryptonym OPUS, sowie in Berichten, die für Zwecke der Polnischen Exilregierung in London erstellt wurden.[328]

übergeben wurden], in: *Klucze i kasa. O mieniu żydowskim pod okupacją niemiecką i we wczesnych latach powojennych 1939–1950 [Schlüssel und Kasse. Über jüdisches Eigentum in Polen während der deutschen Okkupation und in den ersten Nachkriegsjahren]*, Hrsg. von J. GRABOWSKI, D. LIBIONKA. Warszawa 2014, S. 430.

326 R. REDER: *Bełżec [Belzec]*. Kraków 1946.

327 Ebd., S. 63.

328 Der Inhalt der Kassiber, u. a. von Józef Cyrankiewicz und Stanisław Kłodziński, wurde zur Erstellung von Berichten für die Polnische Exilregierung in London verwendet. *Obóz Koncentracyjny Oświęcim w świetle akt delegatury RP na Kraj [Das Konzentrationslager Auschwitz im Lichte von Akten der Polnischen Exilregierung in London]*, „Zeszyty Oświęcimskie", Sonderheft, bearbeitet von Zakład Historii Partii przy KC PZPR [Institut für die Geschichte der Partei beim Zentralkomitee der Polnischen Vereinigten Arbeiterpartei] in Zusammenarbeit mit dem Staatlichen Museum Auschwitz-Birkenau. Auswahl und Bearbeitung der Dokumente von K.MARCZEWSKA, W. WAŻNIEWSKI, Oświęcim 1968, S. 111–115, 154–155.

Darüber hinaus beinhalteten die Kassiber Hinweise auf die Entwicklung der politisch-propagandistischen Tätigkeit in Bezug auf die Lagerproblematik und deuteten auf die Möglichkeit hin, die im Lager versammelten Menschen im Falle eines Aufstandes in Schlesien unter bestimmten Bedingungen einzusetzen, sowie auf die Bedeutung des Austausches von aktuellen Informationen und Programmmaterialien zwischen dem Untergrund im Lager und außerhalb des Lagers.

In den Sammlungen des Staatlichen Museums Majdanek befindet sich eine Meldung vom 6. August 1943, erstellt von Wanda Szupenko, Pseudonym „Elżbieta", die in der Zentralen Fürsorge des Untergrunds beim Bezirkskommando Lublin der Polnischen Heimatarmee tätig war, auf der Grundlage der von Gefangenen übermittelten Kassiber. Die Häftlinge schickten mehrmals Kassiber mit Angaben zur Anzahl der Inhaftierten im KZ Auschwitz. Hinausgeschmuggelt wurden ebenfalls Akten und Bescheinigungen, die von den bei der Lagerverwaltung eingesetzten Häftlingen kopiert oder entwendet worden waren. Diese Dokumente haben mittlerweile nicht nur einen historischen Wert, sondern sind auch eine Fundgrube für Informationen über das Befinden der Gefangenen. Einem nach dem 9. April 1944 verfassten Kassiber wurde ein Verzeichnis mit den Namen von 32 Frauen und Kindern aus Bydgoszcz beigefügt, die im September 1943 im KZ Auschwitz vergast worden waren. Ab Februar 1944 wurden mehrere Kassiber mit Abschriften des Leichenbuches vom KZ Auschwitz mit Nummern von verstorbenen, erschossenen oder durch Phenolinjektionen ermordeten Häftlingen übermittelt. Auch zwei Registerbücher des Kommandanturarrests, so genannte Bunkerbücher, mit Namen von Lagerinsassen, die zwischen dem 9. Januar 1941 und dem 1. Februar 1944 im Keller des Todesblocks 11 gefangen gehalten wurden, konnten hinausgeschmuggelt werden. Die Zahlenangaben vermischten sich mit emotionalen Berichten und Informationen über den psychischen Zustand der Gefangenen:

Angaben zum KZ Majdanek. 6.8.43.
Anzahl der Gefangenen: *6 100 – Ruthenen*
5 000 – jüdische Männer
5 000 – Polen
7 200 – Polinnen
2 000 – Rutheninnen mit Kindern
1 000 – Jüdinnen

Korrespondenz: Es dürfen beliebig viele Briefe per Post empfangen werden. Das Versenden von Briefen ist verboten.
Verpflegung: Kriegsgefangene, Personen, die harte Arbeit verrichten, erhalten zusätzlich ½ Liter Suppe vom Polnischen Roten Kreuz und 100–120 g Brot aus der Lagerküche.
Behandlung: Im Allgemeinen – brutal. Es gibt einen Unterschied in der Behandlung von Juden und Polen, zum Vorteil der Letzteren. Frauen werden mit mehr Nachsicht behandelt.
Deportationen: am 15.7. wurden 500 Frauen und am 31.7. – 500 Männer ins Reich verbracht. Vertriebene aus den befriedeten Gebieten bleiben unberücksichtigt.
Am 13.7. erhielt ich folgende Nachricht von einem der „Unseren" aus Feld III: „Es sind etwa achttausend Neue zu uns gekommen. Alles Bauern, meistens aus den Bezirken Biłgoraj, Chełm, Frauen, Männer, Kinder. Man bildet Transporte mit jeweils einigen Hundert Personen und schickt sie zur Zwangsarbeit. Wohin – ist nicht bekannt. Ein paar tausend Juden wurden ebenfalls zur Zwangsarbeit geschickt und etwa zweitausend in der Gaskammer vergast. Vor allem Frauen, Greise und Kinder. Das Vergiften mit CO dauert 10 Minuten. Die Leichen werden in den Wald gebracht und verbrannt. Polen werden etwas besser als Juden behandelt, aber man prügelt die einen wie die anderen".
Stimmung: Man darf die Gefangenen von Majdanek nicht schlecht beurteilen. Sie sind manchmal tapferer als viele von uns in Freiheit. Hier die Worte eines Briefes: „Glaubt nicht, dass es hier bei uns traurig zugeht. Es gibt viele nette Leute und manchmal haben wir auch eine schöne Zeit" – „Mir geht es gut. Gott hilft. Ich habe die besten Lebensbedingungen, die es hier geben kann. Luft, Sonnenschein, angenehme Arbeit, relativ wenig Aufregung. Ich bin nicht hungrig. Wir leben hier wie in einer großen ‚Familie' – wir führen einen gemeinsamen Haushalt. Was die allgemeine Situation angeht, so ist der Teufel nicht so schwarz, wie man ihn malt". „Wir werden durchhalten".
Alle warten begierig auf Nachrichten aus der Welt.
Es sind noch keine Nachrichten von der Hauptquelle eingegangen.

Elżbieta[329]

Der Inhalt des Kassibers von Witold Kiedrowski an Elżbieta Krzyżewska vom 23. März 1944 macht deutlich, dass es dabei nicht nur um die schriftliche Schilderung einer Erfahrung geht. Vielmehr ist es ein Handeln mit Worten, das die gegenwärtige und künftige Wirklichkeit zu beeinflussen vermag, auch wenn nicht sicher ist, ob dies geschehen wird:

Mein liebes Edelweiß. Inmitten einer Vielzahl von allerlei Geschichten, Nachrichten und Gerüchten ist es manchmal sehr schwierig festzustellen, was Wahrheit und was nur Gerede oder eine panische Erfindung ist. Bevor ich zu derlei allgemeinen Nachrichten übergehe, möchte ich zunächst einige Tatsachen anführen: a) Gestern wurde ein Teil der Kleider nach Radom gebracht. Die Häftlinge sind mit Gefängniswärtern

329 Meldung vom 6. August 1943, erstellt von Wanda Szupenko, Pseudonym „Elżbieta", anhand der von Gefangenen übermittelten Kassiber. Vgl. *Listy z Majdanka…*, S. 53.

und Autos aus Skarżysko gekommen, um die Sachen abzuholen. b) Gestern wurden aus dem Offizierskasino Teppiche, Tischdecken usw. weggebracht. c) Ich habe Dir bereits berichtet, dass die russischen Gefangenen in Feld II gefragt wurden, wer nach dem Krieg in Deutschland bleiben will. Es haben sich 134 gemeldet. Als ganz gesund [sic!] wurden 48 eingestuft. Die 48 werden morgen entlassen, erhalten Zivilkleidung und werden dem Arbeitsamt zur Verfügung gestellt. d) Heute fand in der Nähe des Krematoriums eine Hinrichtung statt. Es sollen 3 Autos hergebracht worden sein – sie sahen aus wie Gefangene – blass, erschöpft. e) Am Montag traf wieder ein Transport mit Kranken aus Buchenwald bei uns ein. 500 Personen. f) Die Garnison von Majdanek zählt derzeit etwa 700 Personen einschließlich Offiziere usw. Dazu gehören etwa 20 SS-Aufseherinnen, 200 Rumänen und etliche Litauer. Was unsere Evakuierung betrifft, so gehen die Meinungen weit auseinander. Die einen behaupten, die Evakuierung sei vorläufig eingestellt, die anderen – sie bleibe aktuell. Aufgrund mangelnder Verkehrsmittel käme wahrscheinlich nur ein Fußmarsch in Frage. Die Rede ist von Radom oder Łódź. Heute wurden 50 Juden aus Feld IV mit Autos weggebracht, angeblich in die Lipowa-Straße – das ist aber ungewiss. Laut einem im Lager kursierenden Gerücht sollen die Kranken zusammen mit dem (reduzierten) Personal zurückbleiben und später vom Roten Kreuz übernommen werden. Ansonsten ist hier alles beim Alten. Im Allgemeinen herrscht aber eine Aufbruchstimmung – vor allem unter den Aufsehern, die ihre Koffer und Köfferchen packen. […] Ich beende daher meinen Brief und mache mich auf den Weg zu Dir. Sei gegrüßt, liebes Edelweiß. Ich küsse Dich auf die Nase, Augen, das Gesicht und jeden Deiner Finger. Dein Żmigród[330].

Unter den Insassinnen des Gefängnisses Moabit[331], wo Krystyna Wituska inhaftiert war, herrschte eine Atmosphäre von Herzlichkeit, es fehlte nicht an kameradschaftlichen Gesten und gegenseitiger Hilfsbereitschaft. Alle fühlten sich wie eine große Familie, unabhängig von der Nationalität. Die Gefangenen waren einander sehr zugetan. Jede Hinrichtung erlebten sie schmerzlich und teilnahmsvoll mit, was aber nur manchmal in ihren Kassibern zum Ausdruck kam.

Die Bedeutung der Kassiber, geheimen und linken Briefe

Die Kassiber lieferten vor allem die Wahrheit über die Geschehnisse im Lager und entlarvten das, was in der offiziellen Korrespondenz zwischen den

330 Ausschnitt aus dem Kassiber von Witold Kiedrowski an Elżbieta Krzyżewska vom 23. März 1944. Ebd., S. 54.

331 Das Zellengefängnis Lehrter Straße im Berliner Stadtteil Moabit war während des Zweiten Weltkriegs die Hinrichtungsstätte für viele Polen (u. a. Zdzisław Maszewski, Bischof Juliusz Bursche und Leon Jogiches, den Lebensgefährten von Rosa Luxemburg).

Häftlingen und ihren Familien unrichtig war. Die Wahrheit über das KZ Auschwitz oder das KZ Ravensbrück wurde dank den Verfassern, Vermittlern und Empfängern der Kassiber sowie dank dem Polnischen Untergrundstaat (PPP) noch während des Krieges bekannt. Einer der wichtigsten Ziele der geheimen Korrespondenz von weiblichen Ravensbrück-Häftlingen war die Übermittlung von Informationen über das Lager und die dort durchgeführten Operationen in jene Länder, die sich nicht unter der deutschen Besatzung befanden. Man muss hervorheben, dass die Verfasser der inoffiziellen Korrespondenz den größten Wert darauf legten, Informationen zu übermitteln, nämlich die Wahrheit über das Leben im Lager. *Zwar in Gefangenschaft, aber immer noch freie Menschen – wir senden der freien Welt die Nachricht von unserer Existenz…*[332] Immer wieder überwanden sie die äußeren Bedingungen und die inneren Schemata der traditionellen Briefe, um dem Inhalt der Korrespondenz einen neuen, stärkeren Ausdruck zu verleihen. Die Bedürfnisse bestimmten die in den Kassibern sowie geheimen und linken Briefen enthaltenen Informationen. Die inoffizielle Korrespondenz gab den Verfassern die unbegrenzte Freiheit, den Inhalt eines Briefes zu individualisieren, vor allem in Hinblick auf vielfältige Ziele, denen er dienen sollte.

Die geheime Korrespondenz ermöglichte es den Schreibenden, die harten Bedingungen des Lagerlebens leichter zu ertragen und sich hinter dem Stacheldraht frei zu fühlen. Dadurch konnten sich die Gefangenen gewissermaßen der antideutschen Widerstandsbewegung anschließen.

Zusammen mit den Kassibern wurden die auf verschiedensten Wegen beschafften Lagerdokumente und Namenslisten von Häftlingen und dem Lagerpersonal hinausgeschmuggelt.

Die in den Kassibern enthaltenen Informationen wurden häufig an Untergrundzellen übermittelt, die sich ihrer zur Veröffentlichung in Broschüren und Prospekten bedienten oder an Untergrundsender und Untergrundpresse weitergegeben. Angefordertes Gift wurde ins Lager geliefert und Pakete für

---

332 *Grypsy z Konzentrationslager Auschwitz…*, S. 394. Ausschnitt aus der „Resolution der politischen Häftlinge" [„Rezolucja więźniów politycznych"], die in der Kampfgruppe Auschwitz (Grupa Bojowa Oświęcim) vorbereitet und von Józef Cyrankiewicz im Zusammenhang mit der Bezeichnung der politischen Häftlinge der Konzentrationslager als kriminelle Elemente durch Roland Freisler, den Präsidenten des deutschen Volksgerichtshofs, verfasst wurde, mit dem beigefügten Kassiber von Józef Cyrankiewicz an Teresa Lasocka, in dem er fordert, die Hilfe für KZ-Häftlinge als Teil des Kampfes gegen den Nationalsozialismus zu behandeln (21. August 1944).

Häftlinge organisiert. An das Internationale Rote Kreuz wurden Namenslisten von Gefangenen mit der Bitte um Paketsendungen für sie geschickt. Durch die Kassiber wurde der Kommunikationsaustausch mit der Außenwelt aufrechterhalten. Man benutzte sie auch zur Beschaffung von Medikamenten[333] und Impfungen

> (*Ihr könnt sicher sein, dass Eure Bemühungen nicht umsonst sind und viele, viele Menschen Euch ihr Leben zu verdanken haben. In den Monaten Juni, Juli und August habe ich rund 7500 cm³ Injektionen ins Lagerkrankenhaus gebracht* […], *außerdem 70 Typhusimpfstoff-Serien*[334])

sowie zur Vorbereitung und Organisation der Flucht aus dem Lager. Nach außen wurden Informationen über die Gefahren, die den Untergrundstrukturen vonseiten des Feindes drohten, sowie über misslungene Fluchtversuche übermittelt. Man berichtete über die Situation im Lager, die eintreffenden Transporte. Man betonte wie notwendig es sei, die Öffentlichkeit über das Schicksal der Häftlinge und die Vorkommnisse in den Lagern zu unterrichten. Die inoffizielle Korrespondenz enthielt nicht selten Hinweise auf die nervöse Stimmung in den Lagern, über kursierende Gerüchte und Beruhigungsversuche der Lagerkommandanten. Das dargestellte Kommunikationssystem sollte auch dazu dienen, die Widerstandsbewegung in Freiheit zu veranlassen, sich dauerhaft mit dem Schicksal der Lagerinsassen auseinanderzusetzen, Maßnahmen zu treffen, um ihnen das Leben soweit wie möglich zu erleichtern und sogar Vorbereitungen für einen bewaffneten Kampf der Polnischen Heimatarmee gemeinsam mit den Widerstandskräften im Lager zu treffen, sofern eine solche Aktion begründet wäre. Man hoffte auch, dass die öffentliche Bekanntmachung der im Lager begangenen Verbrechen einen Druck auf die Entscheidungsträger des Dritten Reiches ausüben und die Androhung von Vergeltungsmaßnahmen seitens der Alliierten der Häftlingsgemeinschaft zum Vorteil gereichen würde. Die

---

333 In dem Kassiber von Janusz Skrzetuski an seinen Bruder vom 4. September 1942 heißt es: *Ich habe bereits ein paar tausend Injektionen ins Lager gebracht und zweifellos sind viele Menschen dadurch gerettet worden. Obwohl das gefährlich ist, muss man anderen im Unglück helfen.* Vgl. J. KRET: *Ostatni krąg [Der letzte Kreis]*, Kraków 1973, S. 136.

334 Fotografie des Kassibers von Edward Biernacki aus dem Jahre 1942, in dem der Erhalt von illegal ins Lager geschmuggelten Medikamenten quittiert wird. Vgl. B. JAROSZ: *Organizacje obozowego i przyobozowego ruchu oporu i ich działalność [Die Widerstandsbewegung im Lager und in der Umgebung]*, in: *Auschwitz. Nazistowski obóz śmierci [Auschwitz. Nationalsozialistisches Vernichtungslager]*, Hrsg. von F. PIPER, T. ŚWIEBOCKA. Oświęcim-Brzezinka 2012, S. 224 ff.

Häftlinge warteten gespannt und mit großem Interesse auf die Korrespondenz und die Untergrundpresse.

Die Kassiber bieten ein Material von großer historischer Bedeutung, sie dokumentieren die in den KZ-Lagern verübten NS-Verbrechen, enthalten eine Vielzahl an Informationen über die einzelnen Ereignisse, die nationale Zusammensetzung und Zahl der Häftlinge, Methoden der Menschenvernichtung durch Vergasung, tödliche Phenolspritzen, Erschießung, medizinische Experimente und die harten Arbeits- und Lebensbedingungen. Sie entlarven die Verbrecher, enthüllen die Pläne und Absichten der Lagerleitung. Viel Aufmerksamkeit wurde in den Kassibern dem Schicksal von Juden gewidmet, die in die Konzentrationslager Auschwitz und Majdanek gebracht wurden. Einen wichtigen Platz in der Korrespondenz nimmt die Tragödie der Juden, die aus dem Lager-Ghetto Theresienstadt gebracht wurden, ein.[335] Es gibt viele Informationen über das Schicksal ungarischer Juden sowie über die tragische Lage der Roma, Ukrainer und der sowjetischen Kriegsgefangenen. Berichtet wird ebenfalls über das Schicksal mancher Polen, deren Erschießung, Tod durch Erschöpfung und Transporte in andere Konzentrationslager. Schließlich gibt es mehrere Informationen über den psychischen Zustand der Häftlinge, ihren Glauben an die Vorsehung Gottes sowie daran, dass ihnen das Schicksal gnädig sein wird und sie zu ihren Familien zurückkehren lässt. Die Religion spielte im Leben der Gefangenen eine wichtige Rolle, was die im Titel dieses Kapitels zitierte Inschrift einer Inhaftierten bezeugt. Gott das eigene Schicksal und das seiner Familie anzuvertrauen sowie der Glaube an die göttliche Vorsehung erleichterten es, die Zeit der Isolierung und Gefangenschaft zu ertragen, sind aber auch eine Quelle der Hoffnung. Daher kommen in den Kassibern Verweise auf Gott, die Muttergottes, Christus oder Begriffe aus der religiösen Sphäre, wie der Wille Gottes und die göttliche Vorsehung, zahlreich und häufig vor (z.B. […] *im Glauben an die göttliche Vorsehung warte ich auf mein weiteres Schicksal…, verabschiede mich im Namen Gottes, mit Gottes Hilfe, empfehle mich der Obhut Gottes, vertraut auf die göttliche Fürsorge und Barmherzigkeit, die Heilige*

335 Dem Kassiber vom 21. November 1944 wurden zwei Verzeichnisse mit Namen von jüdischen Frauen beigefügt, die im August und November 1943 vergast worden waren, im Kassiber vom 25. März 1944 wurden auch drei kurze Namenslisten der aus dem Lager-Ghetto Theresienstadt deportierten und vom 8. auf den 9. März 1944 vergasten Juden übermittelt. Vgl. *Grypsy z Konzentrationslager Auschwitz…*, S. 236.

Mutter wird unsere Gebete erhören, bleibt mit Gott und betet für mich[336]). Die Schlussformeln der Kassiber enthalten oft den verbalen Akt, sich selbst und seine Nächsten (den Absender und die Empfänger) der Obhut Gottes bzw. der Heiligen Muttergottes anzuvertrauen:

> *Nun komme ich zum Schluss, ich empfehle uns alle dem Schutz Gottes. Also nochmals, Gott möge Euch alles vergelten und ich sende Euch meinen väterlichen Segen. Möge Euch die Heilige Muttergottes beschützen*[337].

Die erhaltene inoffizielle Korrespondenz der Häftlinge zeugt vom tiefen Glauben der Verfasser. In keinem Dokument findet sich eine Spur von Zweifel an Gottes Schutz für die Absender der Briefe und Kassiber.

Trotz der tragischen Lebensbedingungen und somit geringen Überlebenschancen betonten die Häftlinge immer wieder ihre Standhaftigkeit, ihren Stolz und ihr Polentum. Sie waren sich der Ausweglosigkeit ihrer Lage durchaus bewusst. In den meisten Fällen behielten sie jedoch Gelassenheit. Viele Inhaftierte in den Lagern und Gefängnissen konnten ihre Umgebung mit Humor und Courage positiv beeinflussen. Sie imponierten durch ihren unerschütterlichen Glauben an die Befreiung und das Überleben sowie durch ihre Todesverachtung. Sie versicherten ihren Angehörigen, dass sie vernünftig und besonnen handelten und die Werte respektierten, zu denen sie sich bekannten. *Macht Euch keine Sorgen um uns, wir haben mehr und mehr Chancen, entlassen zu werden. Wir halten uns ganz gut, wir gehen kein unnötiges Risiko ein, aber manchmal müssen wir unseren Standpunkt ganz klar darlegen*[338]. Die angeführte Feststellung legt den Gedanken nahe, der von Simone Weil zum Ausdruck gebracht wurde, und zwar man müsse *handeln und gleichzeitig auf die Früchte des Handelns verzichten*[339]. Jeden Tag[340] unternahmen die Gefangenen

---

336 Ausschnitt aus dem Abschiedskassiber von Jan Cupiał an seine Frau Stefania Cupiał, der derzeit im Museum Auschwitz-Birkenau ausgestellt ist. Vgl. A. CYRA: *Pozostał po nich ślad…*, S. 10.

337 Ausschnitt aus dem ersten Kassiber von Jan Cupiał an seine Frau Stefania Cupiał nach seiner Verurteilung. Ebd., S. 11.

338 Ausschnitt des geheimen Briefes von Krystyna Czyż-Wilgatowa vom Juni 1944. Vgl. *Ponad ludzką miarę…*, S. 76.

339 S. WEIL: *Świadomość nadprzyrodzona [Übernatürliches Bewusstsein]*, übersetzt von A. OLĘDZKA-FRYBESOWA, Warszawa 1965, S. 331.

340 An dieser Stelle sei an das Buch von Mikołaj Grynberg erinnert, der die Besucher des Museums Auschwitz-Birkenau fotografierte und sie nach dem Grund ihrer Anwesenheit fragte. Es scheint, dass die Museumsbesucher nach mehreren Jahrzehnten jeden Tag aufs Neue versuchen, die Geschichte des Ortes zu verstehen.

erneut Anstrengungen, den Briefwechsel mit der Außenwelt fortzusetzen. Sie bauten ein Netzwerk von allerlei Formen der inoffiziellen Korrespondenz nicht deswegen auf, weil es eine bewährte Routine war, sondern weil die Aufgabe, Nachrichten zu übermitteln, ihre Art Handeln war, und sie ohne dieses Engagement, die Arbeit und den Mut höchstwahrscheinlich ihre eigene Identität nicht hätten bewahren können. Die Kassiber offenbaren sich daher als ein Performativ, d. h. ein Sprechakt, der zugleich eine Handlung ist.

Die Kassiber sowie die geheimen und linken Briefe sind Quellen, die untrennbar mit ihrer Entstehungszeit verbunden sind, d.h. mit den Ereignissen des Zweiten Weltkriegs und, genauer gesagt, mit der Zeit der Inhaftierung ihrer Autoren im Lager oder Gefängnis. Sie entstanden als Zeugnisse, in einer Situation der Eingeschlossenseins in dem, was dauert, und dessen Ende für die Gefangenen ungewiss war. Daher können sie nicht aus der Position eines Menschen schreiben, der mit Sicherheit überlebt hat (wie z.B. die Verfasser von Tagebüchern, Erinnerungen oder Berichten). Die inoffizielle Korrespondenz aus Konzentrationslagern und deutschen Gefängnissen stellt ein großes, ebenso dramatisches wie bewegendes Zeugnis dar – vielfältig, interessant, allerdings an den Rand der zeitgenössischen Leservorlieben und Forschungsinteressen gedrängt. Das Wichtigste an der besprochenen Korrespondenz und an den Biografien ihrer Verfasser ist das Schreiben selbst. In den inoffiziellen Briefen wird um eine präzise Sprache gerungen und um das Leben, das die Absender zu bewahren hoffen. Jeder einzelne Text weist eine gewisse Diskontinuität auf. Das „Briefgespräch" ist nicht flüssig, es gibt darin Lücken und die Zeit des Schweigens der Absender variiert. Jeder einzelne Kassiber, jeder geheime oder linke Brief hat seinen eigenen Charakter und Stil, seine eigene Thematik und Dynamik, seine eigenen Formen des Schweigens und eine sich ständig verändernde Asymmetrie zwischen Leben und „Briefwechsel".

Die inoffizielle Korrespondenz als spezifischer Ort der Begegnung[341] kann dem zeitgenössischen Leser erleichtern, die Kriegs- und Besatzungszeit zu

---

Vgl. M. GRYNBERG: *Auschwitz. Co ja tu robię? [Auschwitz. Was mache ich hier?]*, Oświęcim 2009.

341 Der Ort der Begegnung wird hier auf das von Emmanuel Lévinas' Konzept abgeleitete Modell der Erziehung gestützt: *Die Begegnung hängt nicht mit der Frage „Wer bin ich?" oder „Wer bist du?" zusammen; die Begegnung findet statt, wenn wir mit der Frage „Wo bist du?" konfrontiert werden, wenn wir mit der Antwort „Ich bin hier" in eine Beziehung mit dem Anderen treten.* Zit. nach: T. SZKUDLAREK, *Postkolonializm jako dyskurs tożsamości. W stronę implikacji dla polskich dyskusji edukacyjnych [Postkolonialismus als Identitätsdiskurs. Zu den Implikationen für die polnischen Bildungsdiskussionen]*, in: *Spory o edukację. Dylematy i kontrowersje*

verstehen, ohne ihn dazu zu verdammen, dieselben Gesten und Denkmuster zu wiederholen. Die Lektüre der angeführten Briefe hilft dabei, die Geschichte zu verstehen, da sie die Erfahrung der Erinnerung an den Zweiten Weltkrieg erfordert, die vor allem auf authentischen Gefühlen beruht. Die Forderung nach Berücksichtigung von Affekten bei der Wissensvermittlung über die „Zeit der Verachtung" ergibt sich aus einer Überfülle an Fakten und Daten. *Informationen sind* [selbstverständlich – L.S.] *absolut notwendig, aber ihre Überdosis lähmt das Handeln, verursacht Stagnation und Apathie, wirkt sich negativ auf das Gedächtnis aus*[342]. Es bleibt zu hoffen, dass die inoffizielle Korrespondenz vor allem aufgrund der paradoxen Ontologie des Briefes ein wachsendes Interesse der Leser erfahren wird.

we współczesnych pedagogiach [Diskussionen über die Bildung. Dilemmata und Kontroversen in den modernen Pädagogiken], Hrsg. von Z. KWIECIŃSKI, L. WITKOWSKI, Warszawa 1993, S. 310.

342 *Afekt, trauma i rozumienie: sztuka ponad granicami wyobraźni [Affekt, Trauma und Verständnis: die Kunst über die Grenzen der Vorstellungskraft hinaus]*, Ernst van ALPHEN im Gespräch mit Roma SENDYKA und Katarzyna BOJARSKA, „Teksty Drugie" 2012, Nr. 4, S. 217.

Zusammenfassung

Von der inoffiziellen und offiziellen Lagerkorrespondenz zu den literarischen Briefen Gustaw Morcineks

Briefe sollten mehrmals gelesen werden. Wie von Lucyna Marzec treffend bemerkt, wollen sie gleichsam

> *verschont, aufbewahrt und veröffentlicht werden (obwohl ihre Absender fordern, sie zu vernichten), bei den Lesern (den Empfängern und der breiten Öffentlichkeit) Emotionen hervorrufen und eine Spur (einen Eindruck) des „Lebens" hinterlassen. Sie möchten das stabile Gefühl der Anwesenheit/Abwesenheit, die Trennung zwischen Kunst (Literatur) und Alltagspraxis in Frage stellen. Sie fordern mit Nachdruck, dass inter- und transdisziplinäre Arbeiten entstehen, in denen eine für sie zufriedenstellende Theorie entwickelt werden könnte.*[343]

Eine solche Vorgangsweise wünscht sich auch jeder Lager- und Gefängnisbrief, der vor allem „unterschwellig" andere Menschen wertzuschätzen lehrt.

Paradoxerweise und immanent erwartet jeder Brief, selbst ein wenige Minuten vor der Hinrichtung im Gefängnis oder Konzentrationslager verfasster Abschiedsbrief, eine Antwort oder eine Resonanz.

Gustaw Morcinek, der kurz nach der Entlassung aus dem KZ Dachau seine literarischen Briefe: *Listy spod morwy… [Briefe von unter dem Maulbeerbaum]*[344] und *Listy z mojego Rzymu [Briefe aus meinem Rom]*[345] verfasst hat, wollte damit unter anderem beim Leser eine Reaktion erzeugen und zugleich das ihn belastende Trauma überwinden. Gewissermaßen erweitern und ergänzen sie auf eine interessante Weise die Lektüre der offiziellen und inoffiziellen Korrespondenz von KZ-Häftlingen. Durch die Zusammenstellung mit den in dem Sammelband *Listy z Dachau. Gustaw Morcinek do siostry Teresy Morcinek [Briefe aus Dachau. Gustaw Morcinek an seine Schwester Teresa Morcinek]*

343 L. MARZEC: *List [Der Brief]*. „Forum Poetyki. Poetyka po Poetyce" 2015, Nr. 2, S. 95.

344 Gustaw Morcinek war vom Dezember 1939 bis Februar 1940 im KZ Sachsenhausen und anschließend vom 4. März 1940 bis zum 29. April 1945 im KZ Dachau inhaftiert. Die Sammlung *Listy spod morwy…* ist Ende August und Anfang September 1945 in Biviers bei Grenoble entstanden. Vgl. G. MORCINEK: *Listy spod morwy (Sachsenhausen-Dachau) [Briefe von unter dem Maulbeerbaum (Sachsenhausen-Dachau)]*. Katowice 1946.

345 G. MORCINEK: *Listy z mojego Rzymu [Briefe aus meinem Rom]*. Katowice 1947.

veröffentlichten offiziellen Briefen des Schriftstellers, die er aus dem Lager an seine in Skoczów lebende Schwester versandte, vervollständigen, ergänzen, kurz gesagt – vermitteln sie ein umfassendes Bild seiner Existenz in der Lagerhölle.

Als Gesamtwerk betrachtet, überraschen die Sammlung der literarischen Briefe und die veröffentlichte Lagerkorrespondenz durch ihre Vielfältigkeit, die sich aus der stilistischen und thematischen Polytonalität ergibt. Einen besonderen Eindruck hinterlassen in ihrer Gesamtheit die Worte, die der Autor aus der Todesfabrik übermittelte, sowie jene in den literarischen Briefen, die unmittelbar nach seiner Befreiung entstanden sind. Alle Themen, die in der offiziellen Korrespondenz verschwiegen werden mussten, sind in *Listy spod morwy…* und *Listy z mojego Rzymu* sehr stark präsent. Da sie kurz nach dem Verlassen des Lagers geschrieben wurden, wirken sie „authentisch“, sind emotional geprägt und nützen die Briefkonvention. In diesem Werk vermischt der Autor„Dichtung“ und „Wahrheit“ miteinander, vor allem aber Bilder seines Lebens im Lager, die in seinen Erinnerungen wiederaufleben. Die literarischen Briefe dokumentieren zudem die stets im Gedächtnis gegenwärtigen und noch nicht verblassten Erlebnisse des ehemaligen Häftlings, der sich mit großer Leidenschaft dem Briefeschreiben hingab. Darin liegt ihre Aussagekraft und Schönheit. Wir verfügen heute sowohl über die Originalbriefe als auch ihre künstlerische Bearbeitung, so dass sie einer ausführlichen Analyse unterzogen werden können.

Man muss unterstreichen, dass die Epistolografie Morcineks, insbesondere jene, die seine Lagererfahrungen betrifft, von einem starken Interesse am Leben gekennzeichnet ist, und untrennbar mit seinem eigenen Dasein[346] verbunden bleibt. Es ist eine fesselnde und lehrreiche Lektüre, was Krystyna Heska-Kwaśniewicz bestätigt:

---

346 Mehr über das Leben und Werk von Gustaw Morcinek kann zwei Bänden der Epistolografie des Schriftstellers entnommen werden: *Gustawa Morcinka „Listów spod morwy“ ciąg dalszy. Listy Gustawa Morcinka do Władysławy Ostrowskiej [„Briefe von unter dem Maulbeerbaum“ von Gustaw Morcinek: Eine Fortsetzung. Briefe von Gustaw Morcinek an Władysława Ostrowska].* Vorwort, Bearbeitung und Kommentar von K. HESKA-KWAŚNIEWICZ. Katowice 1985; *Morcinek do Dziewczyny ze Wschodniej Ballady. Listy Gustawa Morcinka do Janiny Gardzielewskiej [Morcinek an das Mädchen aus der Morgenländischen Ballade. Briefe von Gustaw Morcinek an Janina Gardzielewska].* Vorwort, Bearbeitung und Kommentar von K. HESKA-KWAŚNIEWICZ. Katowice 1983.

> *Es ist charakteristisch für seine* [Gustaw Morcineks – L.S.] *Haltung, dass er Erfahrungen unter dem Gesichtspunkt ihrer literarischen Facetten beurteilte, auf eine ähnliche Art und Weise betrachtete er die kennengelernten Menschen. Dies zeigt sich am deutlichsten in seiner Korrespondenz, in der er ganzheitliche psychologische „Studien" durchführte, die in den Romanen, an denen er gerade schrieb, Verwendung fanden*[347].

Aus den Briefen Morcineks erfahren wir, dass *Listy spod morwy…* und *Listy z mojego Rzymu* als dramatische Korrespondenz bezeichnet werden könnten. Über die Dramatik des Lebens schrieb Karol Irzykowski folgendermaßen:

> […] *die wirkliche Korrespondenz* […] *ist kein Austausch von Gedanken und Gefühlen, Komplimenten oder Witzen, sondern ein lebendiges Drama, das nicht einfach vorgeführt, sondern mit Sinn für das Szenische aufgeführt werden muss*[348].

Jeder Brief Gustav Morcineks entspricht einer Episode aus seinem Leben. Die Ereignisse und Handlungen fügen sich zu einer thematischen Achse zusammen, die sowohl das Wesen des Briefwechsels als auch das des Daseins des Autors bildet. Sie stellen eine Quelle der Lebenserfahrung, ein Spiegelbild der sich in der Psyche des Schriftstellers abspielenden Evolution dar, die in seinen Briefen zum Ausdruck kommt. Psychische Veränderungen vollziehen sich nicht plötzlich, sie sind vielmehr das Ergebnis von Erlebnissen und Lebenserfahrungen. Die Grausamkeit und Bestialität der Existenz hinter dem Stacheldraht hinterließen Spuren in der Psyche des Autors und veranlassten ihn dazu, seine Weltauffassung umzuwerten und zu ändern. Der Leser wird Zeuge einer Metamorphose, die zu folgender Konklusion führt: Ein Mensch kann gut sein, aber man kann nicht *a priori* davon ausgehen, dass er unter allen Umständen ehrlich und gerecht handeln wird. Die Briefe – die offiziellen und die literarischen – sind Bruchstücke des Lebens. Sie stehen in direktem Zusammenhang mit Morcineks Erfahrungen. In *Listy spod morwy…* lesen wir:

> *Ich bin nach Frankreich gelangt, blieb eine Zeit lang in Paris und bin jetzt in Biviers bei Grenoble.*
> *Und von hier aus schreibe ich Dir Briefe.*
> *Ich bin schon seit ein paar Tagen in Biviers, noch etwas betäubt von der Freiheit und von Paris, aber ich komme langsam zu mir. Ich habe mich hier noch nicht eingelebt*[349].

---

347 K. HESKA-KWAŚNIEWICZ: *„Pisarski zakon". Biografia literacka Gustawa Morcinka [„Schriftstellerorden". Die literarische Biografie Gustaw Morcineks].* Opole 1988, S. 24.

348 K. IRZYKOWSKI: *Słoń wśród porcelany [Der Elefant im Porzellanladen].* Warszawa 1934, S. 166.

349 G. MORCINEK: *Listy spod morwy…*, S. 3.

Wie von Stefania Skwarczyńska dargelegt, *im Bezug zum Leben ist der Brief kein Ziel, sondern ein Mittel. Die Beziehung zwischen dem Brief und dem Leben, das darin beschrieben wird, kann sich vielfältig gestalten*[350]. Die Briefe Gustaw Morcineks könnte man als eine Art Empfangsgerät des in Wellen verlaufenden Lebens bezeichnen. Es wäre nicht übertrieben zu sagen, dass die literarischen Briefe des schlesischen Schriftstellers das Leben in sich bündeln, die Wellen seines gegenwärtigen Lebens, aber auch der nicht allzu fernen – sehr schmerzhaften und grausamen – Kriegsvergangenheit empfangen:

> *Heute vergesse ich alles, was hinter mir ist, auch mein Verlangen nach Rache von einst... Und ich preise die beglückende, heilende Stille, die aus dem Himmelblau auf mich strahlt, wie das Lächeln von jemandem, der unendlich gut ist*[351].

Der Brief wird damit zu einem Teil der dramatischen Handlung, die das Leben schreibt. *Listy spod morwy...* und *Listy z mojego Rzymu* sind unter Berücksichtigung der Kriegswirklichkeit auszulegen. Die Erlebnisse im Konzentrationslager bilden zweifellos den Hintergrund für die Reflexion in den literarischen Briefen.

Befreit vom Diktat der Zensur, schildert Morcinek, und zwar rücksichts- und erbarmungslos, die ganze Wahrheit über die Lagerrealität und die Menschen, die darin lebten. Die Wahrheit dürfte manch einen erschrecken, aber sie ermöglicht auch, zu überleben, sich von dramatischen Erinnerungen loszulösen. Wenn man die an die Schwester adressierte Lagerkorrespondenz Morcineks mit seinen literarischen Briefen vergleicht, entsteht eine ungewöhnlich polyphone Stimme, die nur eine einzige Schnittstelle aufweist: gleiche Gefühle des Schriftstellers zu seinen Nächsten, seinen Freunden, und insbesondere seine brüderliche Liebe zu Teresa.

Man muss erwähnen, dass Władysława Ostrowska, eine Freundin des Schriftstellers und die erste Adressatin[352] von *Listy spod morwy...*, eine außergewöhnlich feinfühlige Person war, der man ohne Zweifel die ganze Last der schweren Lagererfahrungen anvertrauen konnte.

---

350 S. SKWARCZYŃSKA: *Teoria listu [Theorie des Briefes]*. Białystok 2006, S. 332–333.

351 G. MORCINEK: *Listy spod morwy...*, S. 7.

352 Ich verwende den Ausdruck „die erste Adressatin“, weil die weiteren Adressaten die Leser von *Listy spod morwy...* sind. Als Gustaw Morcinek begann, an dem Band zu schreiben, musste er sich dessen bewusst sein, dass die darin enthaltenen Briefe von einer breiteren Leserschaft rezipiert werden.

Die niedergeschriebenen Erfahrungen und Erlebnisse Morcineks und anderer Mitgefangener spiegeln die erschütternde Geschichte ihres Aufenthalts im Konzentrationslager wider. Krystyna Heska-Kwaśniewicz stellt fest:

> [...] *er begann, „Listy spod morwy" zu schreiben, während er unter einem schattenspendenden Baum saß. Die Briefe wurden an Władysława Ostrowska adressiert, aber ihre Person war nur ein Vorwand, denn das Schreiben sollte eine Katharsis bewirken, um ihn von den Lagererinnerungen zu befreien*[353].

Listy spod morwy... enthalten Beschreibungen der Lagerrealität, die mit beinahe fotografischer Genauigkeit festgehalten wurden. Das ist definitiv ein *Novum*, denn solche Inhalte schienen in der offiziellen Korrespondenz nicht auf. Die Schilderungen in den literarischen Briefen entstanden nämlich nach den eigenen KZ-Erfahrungen des Schriftstellers. Einerseits geben sie die von ihm wahrgenommenen körperlichen und psychischen Leiden der Menschen, ihre Verzweiflung, ihr Elend und ihre Demütigung, die unvorstellbare Entmenschlichung und Entwürdigung wieder, andererseits zeigen sie ihre heroische Suche nach Hoffnung, Freiheit, Menschenwürde, Freundschaft und Liebe, sowie den entschlossenen Kampf der Häftlinge, den unanfechtbaren Werten treu zu bleiben. Die Briefe umfassen all das, was in der offiziellen und inoffiziellen Korrespondenz nicht ausgesprochen werden durfte, oder auch was in aller Kürze in den Kassibern verzeichnet wurde, und zwar den KZ-Alltag, die allgemein herrschende, chronische Hungersnot und Unterernährung, die unmenschliche Arbeit der Häftlinge und Bestialität ihrer Folterknechte, Einzelheiten zur Arbeitsorganisation, Charakteristik der Mitgefangenen verschiedener Nationalitäten und die Beschreibung ihres psychischen Zustands, Angaben zu ihrem Bildungsniveau und Weltwissen, Versuche, die Mentalität der KZ-Wächter zu begreifen, sowie viele andere Themen und Probleme, die der Autor auf eine sachliche und rationale Weise zu beurteilen versucht. Aus alledem ergibt sich ein schockierendes Gesamtbild, mit dem der Leser von *Listy spod morwy...* bei der Lektüre des Bandes konfrontiert wird. Man kann unter anderem erfahren, dass

> *ein Mensch im KZ ein Märtyrer und zugleich ein Held war. Das ausgeklügelte System, ihn seiner Menschenwürde zu berauben, verwandelte ihn jedoch in das gleiche Ungeheuer wie sein Folterknecht. Und gerade den „Menschen im KZ" verabscheute ich genauso sehr wie den „SS-Mann"*[354].

353 K. HESKA-KWAŚNIEWICZ: *„Pisarski zakon"...*, S. 123.
354 G. MORCINEK: *Listy spod morwy...*, S. 32.

Die moderne Rezeption von *Listy spod morwy…* ist überraschend, vor allem bei jungen Lesern[355], welche behaupten, dass die Briefe ihre Vorstellungskraft stärker ansprechen als der Band *Medaliony [Medaillons]* von Zofia Nałkowska. Diese Feststellung ist wahrscheinlich auf die authentisch wirkende Form des Briefes zurückzuführen.

Die Lektüre von *Listy z mojego Rzymu* offenbart, auf welche Art und Weise Gustaw Morcinek die Nachkriegsrealität verstand, wie sie von ihm nach den KZ-Erfahrungen in seiner Fantasie strukturiert wurde, welche Erlebnisse die Kunst bei der Konfrontation mit der Welt in ihm auslöste und welchen Bewusstseinszustand er erreichte. Morcineks Verhältnis zur Kunst war von dem Grundsatz geprägt: Ein echtes, wertvolles Kunstwerk, das von einem antiken oder modernen Künstler geschaffen wurde, hat dem zeitgenössischen Menschen, der auf die Rezeption einer künstlerischen Botschaft eingestellt ist, außer dem rein künstlerischen Wert immer etwas Wichtiges mitzuteilen:

> *Im letzten Brief habe ich Dir geschrieben, wie ich durch Rom streife, von einer Kirche zur nächsten, fasziniert von deren Schönheit und erstaunt von deren Größe. Und ich habe Dir geschrieben, dass ich in jenen Gotteshäusern mit vielen Säulen, Goldverzierungen und Marmor und der großartigen Geste eines weisen und schönheitsliebenden, stolzen und oftmals hochmütigen Menschen, kaum Gott finden konnte. Aber ich werde Ihn schon finden.*[356]

Bei dem Umgang mit bestimmten Kunstwerken macht der Schriftsteller gewisse Entdeckungen, ergründet Geheimnisse der Welt, erkennt universelle Grundsätze, die sowohl für die materielle als auch für die geistige Dimension der Wirklichkeit gelten, und findet gleichzeitig einen gemeinsamen Grundkonsens

---

355 Im Januar 2018 fand im Wissenschaftlichen Informationszentrum und der Akademischen Bibliothek (CINiBA) in Katowice ein Seminar zum Thema *Die unerwartete Rückkehr Gustaw Morcineks* statt. Die Tagung wurde von Redakteur Jacek Filus eröffnet, der eine erschütternde Passage aus *Listy spod morwy…* deklamierte. An dem Seminar nahmen Lehrer und Schüler von der Gustaw-Morcinek-Oberschule in Ruda Śląska teil, die im Rahmen der Diskussion mit den Organisatoren und Referenten ihre Überlegung äußerten, dass eine aktuelle, kritische Analyse des Schaffens des Autors – insbesondere in Bezug auf die Werke aus der Zeit nach seinem KZ-Aufenthalt – bei ihnen einen tiefen Eindruck hinterlassen habe, tiefer noch als die Lektüre der berühmten Kurzgeschichten *Medaliony [Medaillons] von Zofia Nałkowska*. Vgl. L. SADZIKOWSKA: *Bericht über das Seminar „Die unerwartete Rückkehr Gustaw Morcineks“*. „Bibliotheca Nostra. Śląski Kwartalnik Naukowy” 2018, Nr. 1 (51), S. 192–194.

356 G. MORCINEK: *Listy z mojego Rzymu…*, S. 23.

mit dem alten Künstler, folgt seinen Gedanken und Instinkten, seinen Werte und Empfindungen. Das Kunstwerk ist eine Darstellung des Bewusstseinszustandes des Künstlers. Vor dem Hintergrund der Gemälde, Skulpturen, Kathedralen und Städte manifestiert Gustaw Morcinek in *Listy z mojego Rzymu* seine subtile, allerdings unanfechtbare Anwesenheit – er ist authentisch, stellt Fragen, sucht nach dem Sinn des Lebens in der Nachkriegsrealität, nach den Werten, die in den Konzentrationslagern verloren gegangen sind. Der Protagonist der vom schlesischen Schriftsteller verfassten Briefe liest verschlüsselte Symbole ab – oder zumindest unternimmt einen Versuch, sie abzulesen – stellt Fragen an die Schriftsteller vergangener Jahrhunderte oder Helden von Kunstwerken und erhält manchmal Antworten. Dies war auch bei der offiziellen Lagerkorrespondenz der Fall – manchmal erhielt der Häftling eine Antwort. Der Unterschied bestand jedoch darin, dass sich seine Fragen ausschließlich auf das Alltägliche bezogen (wie beispielsweise die Höhe der Miete, den Kachelofen, die Ernte).

Morcineks schriftstellerisches Werk – insbesondere die Briefe – und sein Leben setzen sich zu einem komplexen Mosaik zusammen, das für einen sensiblen Menschen schwer zu leben ist. Die Abhängigkeit des Briefes vom Leben oder seine unmittelbare Beziehung dazu als ein Teil des Ganzen stellt – was von Stefania Skwarczyńska betont wird – das Wesen der Gattung[357] dar. Die Schönheit und der künstlerische Ausdruck der literarischen Briefe Morcineks erklären ihre Aussagekraft und Fähigkeit, die erwarteten Leserreaktionen hervorzurufen. Man muss zugeben, dass die literarischen Briefe Morcineks seinen trotz der KZ-Erfahrung fast unfassbaren Glauben an das Schöne an den Tag legen. Die Texte verbinden die Ästhetik mit der christlichen Ethik, die zur Einhaltung der moralischen Pflichten auffordert. Der zur Zeit grausamer Kriege, der ideologischen Missachtung und unmenschlicher Totalitarismen lebende Schriftsteller suchte auch in seinen literarischen Briefen nach Antworten auf die Fragen, wer der Mensch sei und wie die Welt, in welcher sein Protagonist leben muss, beschaffen ist. In der offiziellen und inoffiziellen Korrespondenz, die gebrauchsorientiert waren, gab es keinen Raum für solche Überlegungen und Betrachtungen.

Die Briefe haben im Schaffen Gustaw Morcineks eine positive Aussage. Dabei ist ihr eigentlicher Lesewert eher zweitrangig. In den Vordergrund scheint hingegen die Funktion zu rücken, welche die literarischen Briefe für den Schriftsteller erfüllen, der seine Kriegserlebnisse in Worte kleidet, um die

357 Vgl. S. SKWARCZYŃSKA: *Teoria listu…*, S. 332.

traumatischen Lagererinnerungen zu überwinden und die Welt der Werte wiederherzustellen. In den einzelnen Briefen sind die Momentaufnahmen eines Lebens voll Schmerz, Grausamkeit unter Menschen und gekennzeichnet vom Werteverfall festgehalten, aber sie liefern auch Beispiele für zwischenmenschliche Solidarität, Heroismus und Heldentum:

> [...] *ich freue mich sehr über die Anwesenheit einer Katze, die mit mir spielen will, denn die beiden kommen* [...] *mir freundlicher als Menschen vor. Offenbar hege ich immer noch eine zu tiefe Abneigung gegen diejenigen, die mir Unrecht getan haben, denn ich kann die Anwesenheit von Menschen nicht ertragen, die meines Erachtens bestimmte Charaktereigenschaften besitzen, die abscheulich oder zumindest mir unangenehm sind*[358].

Das Wesen des Briefes – sowohl der offiziellen und inoffiziellen Lagerkorrespondenz als auch des literarischen Briefes – geht über den Bereich des Textes hinaus und reicht in die unmittelbar erlebte Wirklichkeit hinein. Die literarischen Briefe spielen dabei eine konkrete Rolle, da sie einen Versuch darstellen, sich von den KZ-Erlebnissen zu distanzieren. Das emotionale Engagement des Autors, seine affektive Einstellung zu den angesprochenen Themen und Dingen, kommen in den Briefen hauptsächlich auf der psychologischen Ebene zum Vorschein:

> *Erst durch den Aufenthalt im KZ habe ich verstanden, dass das Böse vor allem aus menschlichem Elend entsteht!....*
>
> *Und deswegen werde ich so lebhaft daran erinnert, wenn ich auf den Straßen Roms Kindern begegne, die, in Fetzen gekleidet, auf dem Bürgersteig an der Mauer sitzen und schweigend betteln, Kindern, die in Armut geboren wurden, und wenn ich die minderjährigen Mädchen auf der Piazza S. Silvestro sehe, schmutzig und wütend, mit alten Gesichtern, die mit piepsiger, heiserer Stimme, wie zerzauste Papageien, ihr monotones „Inglesi, America, Nazionale, Macedonia..." rufen und auf einen amerikanischen Soldaten mit der Fresse eines Gangsters zulaufen, weil sie auf Schokolade, Kaugummi und Dollars hoffen.*
>
> *Ja, Pater Stefan hatte Recht. Das menschliche Böse entsprießt vor allem dem Elend*[359].

Der Brief ist Teil des Dialograums des menschlichen Lebens[360]. In diesem Raum darf die Bedeutung der Worte nicht unterschätzt werden, die als Medium zu

---

358 G. MORCINEK: *Listy z mojego Rzymu...*, S. 7–8.

359 Ebd., S. 55.

360 Über das menschliche Leben als einen Dialograum schrieb der katholische Philosoph und Theologe Józef Tischner. Vgl. J. TISCHNER: *Człowiek w dramacie [Der Mensch im Drama]*. In: IDEM: *O człowieku. Wybór pism filozoficznych [Über den Menschen. Philosophische Schriften. Eine Auswahl]*. Ausgewählt und bearbeitet von A. BOBKO. Wrocław–Warszawa–Kraków 2003.

verstehen sind, als ein Mittel, sich selbst und die eigenen Wünsche auszudrücken, als eine Form, die Gedanken und Bedenken zu artikulieren.

Briefe werden oftmals zu einem Fundus grundlegender Werte wie Wahrheit, Schönheit und Güte, aber sie sind zugleich eine Spur unserer Existenz, ein Phänomen der Kommunikation[361].

Morcinek, der mit Bedacht seine Worte wählt, zeichnet berührende Bilder. Die Briefe sind ein Spiegelbild der Wirklichkeit, in welcher er sein Dasein fristen musste. Sie erwachsen aus einem Leben, vor dem man nicht fliehen konnte. Von dem durch einen „Rausch des Mordens" geprägten Tod der europäischen Kultur kann auch in Bezug auf die Konzentrationslager, die den „Nullpunkt" markierten, die Rede sein. Der Autor stellt Folgendes fest:

> *Und ich bin überzeugt, dass er* [der Psychologe – L.S.] *sich in der Behauptung bestärkt hätte, dass der Mensch im Lager, vor allem in der Zeit der Hungersnot, alles aufgab, was ihm von Kultur und Zivilisation aufgezwungen worden war. Oder mit anderen Worten: Der Mensch gab im Lager all das auf, was er im Laufe seines Lebens erworben hatte, was eigentlich nur eine dünne Patina der Kultur war*[362].

Der Schriftsteller übt keine Rhetorik, versucht nicht, ein „Wortzauberer" oder Gelehrter zu sein, er gründet sein Schaffen auf die Lebenserfahrungen und Worte, deren primäre Funktion es ist, „Dinge zu nennen"[363], das Chaos der menschlichen Gedanken, Gefühle, Empfindungen und Handlungen in Ordnung zu bringen:

---

361 Das Problem des Verständnisses der Kategorie „Metapher der Spur" in der Philosophie wurde von Barbara Skarga aufgegriffen. Die Forscherin unterscheidet folgende Bedeutungen: Spur als Stigma in der ethischen Dimension, Spur als Narbe in der ontologischen und metaphysischen Dimension sowie Spur als Aufforderung, an etwas heranzugehen, nach etwas zu streben. Vgl. B. SKARGA: *Ślad i obecność [Spur und Anwesenheit]*. Warszawa 2004.

362 G. MORCINEK: *Listy spod morwy…*, S. 42.

363 Heidegger schreibt: *Das Nennen verteilt nicht Titel, verwendet nicht Wörter, sondern ruft ins Wort. Das Nennen ruft. Das Rufen bringt sein Gerufenes näher. Gleichwohl schafft dies Näherbringen das Gerufene nicht herbei, um es im nächsten Bezirk des Anwesenden abzusetzen und darin unterzubringen. Der Ruf ruft zwar her. So bringt er das Anwesen des vordem Ungerufenen in eine Nähe.* (M. HEIDEGGER: *Vom Wesen der Sprache*. In: IDEM: *Unterwegs zur Sprache*. Frankfurt am Main, 1985, S 19). Heidegger hebt die Bedeutung der Sprache hervor. Als Grundlage seiner Sprachauffassung galt die These, dass sich das Sein des Menschen in der ihm jeweils gegebenen Sprache vollzieht.

> *Schließlich bricht der Tag an, ich kehre unter meinen Maulbeerbaum zurück und muss feststellen, dass im Grunde nur noch eine gewisse Wehmut ohne Namen übrigblieb. Gestern habe ich jedoch einen Namen dafür gefunden! Denn ich habe mich an ein Buch erinnert, das ich einmal im Lager gelesen hatte. Es war ein Buch über Michelangelo. Und unter vielen seltsamen, für mich sonderbar wirkenden Bildern und Worten fiel mir ein Satz auf: „Non nasce in me pensiero che non vi sia dentro sculpita la morte“* [„Kein Gedanke entsteht in mir, in den nicht der Tod eingemeißelt wäre“] […][364].

Das Wort hat für den Menschen eine enorme Bedeutung und hatte sie auch im Konzentrationslager. Es ist nicht nur eine Gabe, eines der drei konstitutiven Merkmale, die den Menschen von anderen Lebewesen unterscheiden, sondern auch ein Mittel zur Erfassung der Welt. Das in den literarischen Briefen Gustaw Morcineks verborgene Geheimnis der menschlichen Sprache erweist sich als Schlüsselfaktor für das Nachkriegsschaffen des Schriftstellers. Die von ihm in der Korrespondenz erhaltenen Botschaften, bedeutende und vertraute Worte, lassen in seinem Kopf Bilder jener Wirklichkeit[365] entstehen, die ein freier Mensch erlebt.

Die in der Lagerkorrespondenz enthaltenen Überlegungen zum menschlichen Verhalten werden zu einer grundlegenden Kategorie, welche die Existenz des Menschen prägt. In den Briefen werden die Mechanismen der zwischenmenschlichen Kommunikation sichtbar, die Kriegsbestie entlarvt, aber auch der Tod ist in ihnen präsent. Morcinek hat geschrieben:

> *Und vor allem gibt es hier eine kleine Marmortafel mit den schönsten Worten über den Tod, auf die ich in Rom gestoßen bin.*
> *Man beugt sich in der Dämmerung darüber und liest erstaunt: „Parole rivolte all'anima dall'imperatore Adriano morente“* [Worte, die vom sterbenden Kaiser Hadrian an seine Seele gerichtet wurden]. *Und unter dieser Einleitung begeistern einen die bewegenden Worte über den Tod aus jener fernen Zeit, Worte, die durch ihre Einfachheit und Tiefe, Heiterkeit und Stille, in Erstaunen versetzen.* [….] *Und man denkt mit einer gewissen unbewussten Trauer, dass Hadrian eines so erhabenen Todes gestorben sein mag, dass sein Hingang wie ein freudiges Ritual, vom Leben Abschied zu nehmen, gewesen sein muss, das so viel prächtige, kaiserliche, imperatorische und zugleich doch so einfache Majestät innehatte, dass heute ein „Mann aus dem Lager“ oder ein Barbar aus*

---

364 G. MORCINEK: *Listy spod morwy…*, S. 55–56.

365 Über das sprachliche Weltbild und die Rolle der Sprache, die das Leben der Menschen in der Welt ermöglicht, schreibt unter anderem Augustinus von Hippo in seinen autobiografischen Betrachtungen *Confessiones*, auf die sich Ludwig Wittgenstein in seinen *Philosophischen Untersuchungen* bezieht. Vgl. L. WITTGENSTEIN: *Philosophische Untersuchungen. Teil I.* http://mickindex.sakura.ne.jp/wittgenstein/witt_pu_gm.html (Zugriff am 14.09.2022)

dem Norden voller Demut und Rührung vor ihm steht. Und gleichzeitig voller Bedauern darüber, warum seine Kameraden im Lager wie zertretene, verwesende Würmer krepieren mussten, warum ihr Tod nichts von jener Erhabenheit hatte, sondern eher dem Verrecken eines räudigen Hundes an einem Zaun ähnelte!...[366]

Die Tragödie des durch den Krieg verstümmelten Menschen manifestiert sich auch in der Tragödie des sprachlich verstümmelten Menschen. Sie manifestiert sich auf zwei Ebenen – sowohl in dem Verlangen, die Wahrheit zu erfahren, als auch in dem Wunsch, eine ruhige Sprache zu finden, die von der Notwendigkeit übertönt wird, ständig Zeugnis abzulegen, die Lagerhölle *pro memoria* zu schildern.

Der Schriftsteller, der dem schöpferischen Imperativ unterworfen und dazu verurteilt ist, mit einem trivialisierten und leeren Wort zu arbeiten, beginnt einen Kampf um seine Klarheit und Kompatibilität mit dem Designat. Er will die ihm noch übrigbleibende, fragmentierte Zeit ordnen, sie gut und schön erleben. Die unreine Form resultiert aus den stets ins Gedächtnis gerufenen und wiederentdeckten Kriegserlebnissen, aus denen die Prosa schöpft. Gustaw Morcinek entwickelt eine Art literarisches Programm, in dem er die Bedeutsamkeit und zugleich den Wert des ethischen Schreibens nach dem Trauma des Zweiten Weltkriegs hervorhebt. In den Briefen an seine Freundin kommt das menschliche Bedürfnis, eine Bilanz des bisherigen, unvorstellbar entwürdigenden Lebens im Konzentrationslager zu ziehen, zu Wort:

Das Leben im Lager tötete die Menschenwürde, gewöhnte dem Menschen das Lächeln ab, stumpfte seine Sensibilität für das Leid der Mitmenschen ab und lehrte ihn den kollektiven Hass.
Hunger und Angst um das eigene Leben verwandelten den Menschen in einen Wolf [...]. Es genügte, in einer hungrigen Menschenherde, die in einem engen Raum zusammengepfercht war, einen moralisch oder körperlich schwächeren, abgemagerten oder kranken Kameraden zu finden, damit sich die anderen einfach auf ihn stürzten, so wie sich ein Wolfsrudel auf sein geschwächtes oder verletztes Mitglied stürzt, um es totzubeißen und zu fressen. Ein schwächerer Mann rief in unserer Herde Hass hervor.[367]

Morcinek unternimmt einen Versuch, die Lagerrealität zu beschreiben, verzichtet dabei auf Metaphorik, beschränkt sich in seinen literarischen Briefen lediglich auf die Aufzählung von Beispielen der Grausamkeit und Bestialität, Haltungen der Leidensgenossen, aber auch der Peiniger, und deckt die Veränderungen auf, die sich bei vielen Leidenden sowie im ethischen Bewusstsein

366 G. MORCINEK: *Listy z mojego Rzymu...*, S. 61.
367 Ebd., S. 38.

dieser Generation vollzogen. Und obwohl die Worte nach dem Krieg ihrer schöpferischen Wirkung zu entbehren scheinen, verfügen sie immer noch über ihre kreative Kraft, die Wirklichkeit zu erfassen, was insbesondere im Band *Listy z mojego Rzymu* deutlich erkennbar ist. Schließlich sagt man, dass uns die Wirklichkeit in dem Maße bekannt ist, wie wir sie zu benennen vermögen. Angesichts des in der Welt herrschenden Chaos versucht ein Individuum – was bereits aus der offiziellen Korrespondenz ersichtlich ist – die verlorene schöpferische Kraft wiederzufinden, um mit Worten sowohl sich selbst als auch seine Umgebung zu kreieren. Morcinek sucht nach einem Ausweg aus der existenziellen Falle und nimmt Mitmenschen wahr, denen das Entkommen gelungen ist:

> *Ich bewundere Deine wahrhaft christliche Demut. Ich habe es Dir bereits bei einer anderen Gelegenheit gesagt und wiederhole es heute noch einmal. Denn ich muss sie tatsächlich bewundern! Es bleibt für mich unergründlich, woher Du sie nimmst. Und wenn ich Dich danach fragen würde, könntest Du es mir auch nicht erklären. Du würdest auf Deine entwaffnende, mädchenhafte Art antworten, es sei einfach so und Schluss.*
> *Ich kann nur vermuten, dass ihr all das von Dir Erlebte zugrunde liegt, beginnend von dem Moment, als Gestapo-Beamte nachts in Eure Wohnung in Kalisz kamen und Dich zusammen mit deiner Mutter auf die Straße warfen* […], *bis hin zu den im NS-Arbeitslager erlittenen Qualen* […]. *Die Ursache meiner Verwunderung liegt aber woanders. Ich bin nämlich zutiefst erstaunt, dass Du trotz der Hölle, die Du in der Kriegszeit durchmachen musstest, die außergewöhnliche Einfachheit und Lebensfreude bewahrt hast und vor allem, dass Du immer noch an den Menschen zu glauben vermagst*[368].

Um weiterleben zu können, sieht sich der aus der Kriegshölle errettete Gustaw Morcinek gezwungen, die Dinge erneut bei ihren eigenen Namen zu nennen. Worte und Bedeutungen müssen miteinander übereinstimmen. Er tut dies zum ersten Mal in den literarischen Briefen, wenn er sich bemüht, mit den Menschen eine gemeinsame Sprache zu finden. Als Schriftsteller ist er sich seiner künstlerischen Richtung bewusst. Er ist bestrebt, anderen dabei zu helfen, die Wirklichkeit zu beherrschen sowie Farben, Klänge und Gerüche neu zu benennen[369]. Bei dem Versuch, die Welt mit neuen Namen zu beschrieben, reißt der Schriftsteller die Masken und Kostüme von den Worten ab. Und all das, um zur Wahrheit über den Menschen in Extrem- oder Grenzsituationen zu gelangen[370].

---

368 Ebd., S. 67–68.

369 Interessante Betrachtungen über die menschliche Sprache stellt UMBERTO ECO an: *Die Suche nach der vollkommenen Sprache*. München 2002.

370 Es sei darauf hingewiesen, dass die evangelische Geste sowohl kurz nach dem Kriegsende als auch heute, wo das Werk von Tadeusz Borowski und Tadeusz Różewicz – zwei großen Philosophen der dem Zerfall der Nachkriegswelt gewidmeten Literatur, allgemein bekannt und genau erforscht ist, wohl in Erstaunen

Die beiden Werke: *Listy spod morwy…* und *Listy z mojego Rzymu,* haben sowohl die Kraft, die Welt zu bewältigen, als auch die Gabe, das Gute und Böse zu erkennen, sowie die Möglichkeit, sich auf die Worte zu verlassen – ihre Glaubwürdigkeit wiederherzustellen und die Lüge abzulehnen. Diese Eigenschaften werden durch die von Morcinek verwendete, künstlerische Form zusätzlich unterstrichen. Denn der Brief ermöglicht es, seinem Absender die Merkmale eines Lehrers, Freundes, Mentors und des ersten Schöpfers eines sicheren – weil benannten – Lebensraums für den Empfänger zuzuschreiben. Der Wille, die ganze Wahrheit über die Welt, das Leben im Konzentrationslager und die mit der Kriegsführung im Zusammenhang stehende Bestialität zu enthüllen, stellt zugleich einen Versuch dar, den Grundstein für ein neues Leben zu legen, zum ersten Mal eine klare Grenze zu ziehen, die gewählte Strategie, das Kriegstrauma zu verarbeiten, in Worte zu fassen. Jedes in den Briefen enthaltene Wort, das die Bilder der KZ-Realität zeichnet, wird zum Zeugen und holt aus dem Chaos der Welt die Bedeutung konkreter, in Wirklichkeit bereits existierender Entitäten hervor[371]. Morcinek teilt die Wahrheit mit anderen – mit den Empfängern, den Lesern der Briefe, mit Władka:

> *Ich vermute, Władka, dass Du meine Argumente nicht allzu überzeugend findest* […]. *Ich komme nun zum Schluss. Vielleicht hegst Du einen Groll gegen mich, weil ich in meinem Brief den KZ-Gefangenen ein wenig vom Podest geholt habe. Oder vielleicht auch im Gegenteil, ich weiß es nicht. Auf jeden Fall habe ich versucht, ihn im wahren Licht darzustellen*[372].

---

versetzt haben muss. Sie hätte wie eine naive, einfältige, törichte und überraschende Geste vorkommen können (und kam in der Tat so vor). Im Vergleich zu der in den vorangegangenen Kapiteln analysierten Korrespondenz erhält jedoch die evangelische oder eigentlich adamische Geste (wenn davon die Rede ist, der Welt Werte zuzuschreiben und wiederzugeben) eine völlig andere Dimension. Sie wird zu der derzeit angestrebten Geste der Erlösung, Verkörperung einer Idee, die u.a. in Bezug auf die Dichtung von Czesław Miłosz als *Apokatastasis* bezeichnet wurde.

371 Der Schriftsteller ist im schöpferischen Akt ein „Schöpfer“ und kein „Schöpfergott“, denn er kann nicht etwas aus dem Nichts erschaffen – *ex nihil sui et subiecta.* Das göttliche Element im Künstler zu sehen und ihn als „Ebenbild des Schöpfergottes“ zu bezeichnen, wird auf eine interessante Art und Weise von Johannes Paul II. behandelt. Vgl. JAN PAWEŁ II: *List do artystów [An die Künstler].* In: W. BŁOŃSKI: *Od Norwida do Herlinga-Grudzińskiego [Von Norwid bis Herling-Grudziński].* Bd. 1–2. Eine Auswahl von Erzählungen, bearbeitet und mit einem Vorwort versehen von Bischof J. ZAWITKOWSKI. Warszawa 1999, S. 379–389.

372 G. MORCINEK: *Listy spod morwy…*, S. 47.

Die seelischen Erfahrungen verbinden sich mit dem Mut zum Schreiben (wie viel davon brauchten die Autoren der Kassiber!), der dem Autor gegeben ist für

> *eine Zeit zum Gebären und eine Zeit zum Sterben, eine Zeit zum Pflanzen und eine Zeit zum Ausreißen der Pflanzen, eine Zeit zum Töten und eine Zeit zum Heilen, eine Zeit zum Niederreißen und eine Zeit zum Bauen, eine Zeit zum Weinen und eine Zeit zum Lachen, eine Zeit für die Klage und eine Zeit für den Tanz, eine Zeit zum Steinewerfen und eine Zeit zum Steinesammeln, […] eine Zeit zum Suchen und eine Zeit zum Verlieren, […] eine Zeit zum Schweigen und eine Zeit zum Reden, eine Zeit zum Lieben und eine Zeit zum Hassen, eine Zeit für den Krieg und eine Zeit für den Frieden*[373].

Als Morcinek seine schmerzhaften Kriegserlebnisse zu Papier bringt, schlägt er den Weg zur Wahrheit ein. Er entlarvt die Verlogenheit der Welt und die Heuchelei der Menschen in der „Zeit der Verachtung". Er strebt kompromisslos nach einer *Katharsis*. Können jedoch das Briefeschreiben und damit eine offene Fragestellung nach Menschlichkeit zu einem Wert werden?

> *Wie konnte das geschehen? …. Ist nicht der letzte Bettler in Freiheit, der letzte Obdachlose mit mehr Würde und Pathos gestorben als meine Kameraden im Lager? Wie konnte das geschehen? Woher nimmt der Mensch-Satan so viel Gemeinheit?*[374]

Zweifelsohne ja, dabei ist allerdings zu beachten, dass

> *jede Zeit ihre eigenen Fragen formuliert und ihre „Zeichen" setzt, die man hören und sehen muss, um dem Wort Gottes eine Antwort zu entnehmen*[375].

Der Schriftsteller tritt in einen literarischen Dialog mit sich selbst und mit dem Leser. Durch die Kraft des Wortes schildert er nicht nur das Ausmaß der Kriegszerstörungen, sondern legt auch die Ohnmacht der Menschen bloß, welche den Aufenthalt im Konzentrationslager überlebt haben. Morcinek gleicht die innere Erschöpfung und existenzielle Leere mit Worten aus, welche sein Bedürfnis, zu jenen Werten zu gelangen, die imstande wären, der Welt ihren Sinn wiederzugeben, ausdrücken:

---

373 Das Buch Kohelet 3,2–8. In: *Pismo Święte Starego i Nowego Testamentu w przekładzie z języków oryginalnych [Die Heilige Schrift des Alten und Neuen Testaments in Übersetzung aus Originalsprachen]*. Bearbeitet vom Kollektiv polnischer Bibelforscher auf Initiative der Benediktiner von der Abtei Tyniec. Poznań–Warszawa 1990, S. 737.

374 G. MORCINEK: *Listy z mojego Rzymu…*, S. 62.

375 S.C. NAPIÓRKOWSKI OFMConv.: *Jak uprawiać teologię. [Wie man Theologie praktiziert]*. Wrocław 1996, S. 135.

Im Lager vollzog sich die „Umwertung aller Werte", um es mit den Worten Nietzsches zu sagen. Viele unserer wissenschaftlichen Dogmen hatten zur Gänze ihren Wert verloren. Der Mensch sah staunend zu, wie seine Wahrheiten in Schutt und Asche versinken, er sah, dass irgendwo aus den Tiefen der Seele und aus den Tiefen des Herzens neue Wahrheiten und neue Welten auftauchen, dass neue Werte entstehen[376].

Morcinek weiß, dass das, was aus seiner Feder hervorgeht, nicht nur für ihn von Bedeutung ist, sondern auch für diejenigen, die zusammen mit ihm in den Konzentrationslagern gelitten haben. Dank seines schriftstellerischen Talents, das sich noch vor dem Kriegsausbruch offenbarte, kann er die Wahrheit bezeugen.

Der dramatische Dialog, der sich zwischen der herzallerliebsten Władka und dem Absender der literarischen Briefe entwickelt, besteht in der Suche nach Verständnis und dem gemeinsamen Erleben der ihnen gegebenen Zeit, obwohl *sie von anderen Menschen umgeben sind und die Erde als Bühne unter ihren Füßen haben*[377]. Das Wesen des Briefes geht von der Absicht aus, etwas mitzuteilen, zu erfahren, zu verstehen und mit einem anderen Menschen zu verkehren. Die Worte des Briefes, obwohl sie die Unermesslichkeit der existenziellen Leere wiedergeben, bauen eine Bindung auf, die tief im Inneren des Menschen verborgen liegt. In den Briefen konnten sich die Häftlinge in ihrer Fantasie auch in das Reich der Freiheit, zu ihren Familien, in die vertraute Landschaft (Berge, Wälder usw.) versetzen. Für einen kurzen Augenblick waren sie wieder „zu Hause", sie gewährten also nicht nur einen Einblick in das Lagerleben, sondern sie besuchten auch ihr trautes Heim.

---

376 G. MORCINEK: *Listy spod morwy…*, S. 78.

377 Józef Tischner betrachtet den Menschen als ein dramatisches Wesen, dessen konstitutive Merkmale *Offenheit gegenüber anderen Menschen, Offenheit für die Bühne des Dramas und für die vergehende Zeit* sind. Auch drei grundlegende Faktoren des dramatischen Menschen bezeichnet er mit überaus interessanten Worten. Die dramatische Zeit baut Kontinuität und Unumkehrbarkeit auf. Die Zeit, die zwischen den Menschen verläuft, lässt sich nicht zurückdrehen. Diese Zeit verbindet auf eine besondere Weise die darin einander Begegnenden und bildet die *Substanz des Dramas*. Die Bühne des Dramas ist die *Ebene von Begegnung und Abschied, ein Raum der Freiheit, wo der Mensch nach einem Zuhause, Brot, Gott sucht und wo er einen Friedhof findet*. Andererseits ist es nur dann möglich, sich anderen Menschen gegenüber zu öffnen, wenn das Individuum zum Teilnehmer eines sich bereits abspielenden menschlichen Dramas wird. Vgl. J. TISCHNER: *O człowieku. Wybór pism filozoficznych [Über den Menschen. Philosophische Schriften. Eine Auswahl]*. Ausgewählt und bearbeitet von A. BOBKO. Wrocław–Warszawa–Kraków 2003, S. 256–260.

Die Briefe *Listy spod morwy…* entbehren, wie auch die offizielle Lagerkorrespondenz, jeder Intimität, die man vom Absender – einem an eine Frau schreibenden Mann – erwarten könnte. Es herrscht darin jedoch die Atmosphäre von Freundschaft, Vertrautheit sowie die Überzeugung, dass die Adressatin die dargelegten Probleme richtig versteht[378]. Die literarischen Briefe Gustaw Morcineks veranschaulichen das Bedürfnis, Nähe zu suchen – eine enge freundschaftliche Bindung, Gemeinschaft und Wahrheit über den Menschen.

Betrachtet man die Lagerkorrespondenz im Sinne der Philosophie von Emmanuel Lévinas, kann man zu dem Schluss kommen, dass die Gefangenen in ihren Briefen in einen Dialog mit einem anderen Menschen traten, den sie durch ihre Welt führten und dabei selbst in dieser Welt Wurzeln fassten:

> *Es entwickelt sich ein Dialog zwischen mir und dem Anderen. Was ergibt sich aus dem Dialog? Das erste und grundlegende Ergebnis ist das „Schenken einer Welt". Ohne den Anderen, ohne das Wort, das Er an mich richtet und mit dem Er mir die Dinge zeigt, gäbe es mein In-der-Welt-Sein nicht. Die Welt um mich herum ist eine große Gabe der Sprache, die die Anwesenheit des Anderen voraussetzt*[379].

Das „Ich" des Erzählers der literarischen Briefe, das in Einsamkeit, in Erinnerungen an die Hölle des Krieges versunken ist, sucht einen wohlgesinnten Empfänger, mit dem es das Erlebte teilen kann, ohne etwas zu befürchten. Obwohl es für den Adressaten und Absender keine gemeinsame Kategorie des „Hier und Jetzt"[380] gibt, versucht Morcinek, diesen Mangel durch die Schilderung der Situation und des pragmatischen Kontextes zu kompensieren, was sich in den einzelnen Einleitungsformeln der analysierten Briefe ausdrückt:

---

378 Vgl. J. MIZIŃSKA: *Rozmowa a dialog [Gespräch und Dialog]*. In: *Aksjologiczne dylematy epoki współczesnej. Studia etyczne i estetyczne [Axiologische Dilemmata der Gegenwart. Ethisch-ästhetische Studien]*. Bd. 1. Hrsg. von T. SZKOŁUT. Lublin 1994, S. 147–157.

379 J. TISCHNER: *O człowieku. Wybór pism filozoficznych…*, S. 77–78.

380 Die Kategorie des „Hier und Jetzt" und ihre Bedeutung für die Kommunikation wird ausführlich u.a. von Janusz LALEWICZ behandelt: *Komunikacja językowa i literatura [Sprachliche Kommunikation und Literatur]*. Wrocław 1975. An dieser Stelle sei darauf hingewiesen, dass nach Janusz Sławiński eine *mythologische, legendäre, historische Handlung oder Figur jedes Mal ein entsprechendes Muster abrufen, das die Identität des „Hier und Jetzt" mit dem „Überall und Immer" bestätigen soll*. J. SŁAWIŃSKI: *Zaproszenie do tematu [Einladung zum Thema]*. In: *Literatura wobec wojny i okupacji [Literatur zu Krieg und Besatzung]*. Hrsg. von M. GŁOWIŃSKI, J. SŁAWIŃSKI. Wrocław 1976, S. 9.

> *Ich bin nach Frankreich gelangt* [...] *und bin jetzt in Biviers bei Grenoble* [...]. *Ich bin schon seit ein paar Tagen in Biviers, noch etwas betäubt von der Freiheit und von Paris, aber ich komme langsam zu mir*[381]*; Es sind wieder mehrere Tage vergangen, seitdem ich Dir meinen letzten Brief geschrieben habe. Ich werde von Unlust zur Arbeit geplagt*[382]*; Ich schreibe Dir meinen letzten Brief aus Biviers*[383].

Sowohl in den gänzlich privaten Briefen an Władyslawa Ostrowska als auch in jenen, die der Schriftsteller in Form eines Sammelbandes veröffentlichte, schilderte er dieselben Gefühle und Probleme, die im Weltschmerz wurzelten.

In den literarischen Briefen werden das Trauma[384] der im Krieg erlittenen Demütigungen und die mit dem Werteverlust einhergehende Leere wieder lebendig: *Auf den Trümmern Deiner und meiner bisherigen Werte müssen wir nun neue Altäre errichten, Władka!*[385] Dies ist allerdings unentbehrlich, damit die Wunde des Lebens heilen kann. Die Vernarbung kann aber erst nach einer Reinigung erfolgen. Es kommt noch ein weiterer Aspekt des Briefeschreibens zum Vorschein: der Wunsch, sich selbst, seine Erfahrungen, Emotionen und Gefühle mit anderen zu teilen.

„Herzallerliebste Władka" ist ein Ausdruck, der Gustaw Morcinek ebenfalls mit der Vergangenheit verbindet, als die „Zeit der Verbrennungsöfen" noch im Nebel der Zukunft lag. Durch den Briefwechsel mit seiner Freundin führt der Absender einen Dialog, der auf der Prozessualität und Regelmäßigkeit ihrer Korrespondenz beruht: *Somit erfüllt der ausgesprochene Monolog eigentlich die Funktion eines Dialogs – dank einer aktiven, wenn auch nicht verbalisierten Teilnahme des virtuellen Empfängers*[386]. In dem Brief an den lieben Jan Kuglin aus Bohumin betont Gustaw Morcinek, dass er *eine Art Gewissenbisse*[387] empfindet.

---

381 G. MORCINEK: *Listy spod morwy...*, S. 3.

382 Ebd., S. 53.

383 Ebd., S. 86.

384 Cathy Caruth behauptet, dass ein wesentliches Merkmal des Traumas sein verzögertes Auftreten ist, dass es sich nicht auf ein einziges vergangenes Ereignis zurückführen lässt, sondern vielmehr auf die Art und Weise, wie das Trauma wiederkehrt und das Opfer verfolgt. Vgl. C. CARUTH: *Introduction [Vorwort]*. In: *Trauma: Explorations in Memory*. Hrsg. von C. CARUTH. Baltimore 1995, S. 8 (Eigenübersetzung). Vgl. auch *Antologia studiów nad traumą [Anthologie der Traumastudien]*. Hrsg. von T. ŁYSAK. Übersetzt von T. BILCZEWSKI, K. BOJARSKA, J. BURZYŃSKI et al. Kraków 2015.

385 Ebd., S. 78.

386 A. KAŁKOWSKA: *Struktura składniowa listu [Syntaktische Struktur des Briefes]*. Wrocław 1982, S. 36.

387 G. MORCINEK: *Listy z mojego Rzymu...*, S. 57.

Gefühle und die aus Lebenserfahrungen strömende Weisheit verleihen den Briefen Schönheit sowie ihren einzigartigen Charakter und eine einmalige Atmosphäre[388].

Die homogene und einheitliche Thematik der KZ-Erinnerungen in den Briefen stellt für den Leser einen besonderen Wert dar. Die Psyche des Autors von *Listy spod morwy…* und *Listy z mojego Rzymu* wurde geschickt mit der emotionalen Dynamik traumatischer Lebensmomente verknüpft.

Die literarischen Briefe Gustav Morcineks gehören gleichsam zu zwei Gattungen: sie sind sowohl Dokumente als auch literarische Werke. Durch ihren therapeutischen Charakter, die reinigende und zugleich sich symbolisch nach dem Kriegstrauma[389] erneuernde Kraft, die der literarischen Form zugeschrieben werden kann, kommt den Texten Morcineks eine markante Bedeutung zu.

* * *

388 Eine Bestätigung dieser Worte kann man in einem über die Rezeption der *Listy spod morwy…* von Ewa Owsiany verfassten sehr wichtigen Dokument finden. Wir lesen in ihrer Arbeit: *Der Priester las uns noch eine Passage aus dem Buch von Gustaw Morcinek vor – über die Suche nach Gott im Konzentrationslager. Am Nachmittag gab es die hl. Beichte. Freude und etwas Traurigkeit.* E. OWSIANY: *Rekolekcje rabczańskie ks. Karola Wojtyły [Die Exerzitien von Johannes Paul II. in Rabka].* Kraków 2013, S. 108. Diese Überlegungen scheinen umso legitimer zu sein, als der bedeutende Theologe und spätere Papst aus Morcineks Briefen so wichtige Inhalte herauslas, dass er sie seinen Zuhörern empfahl.

389 Es sei angemerkt, dass in Morcineks Roman *Zagubione klucze* die Briefe der weiblichen Heldin Hanka beim männlichen Protagonisten Żegota ein altes Trauma wieder hochkommen lassen, Erinnerungen wachrufen und ihn damit an vergangene Ereignisse erinnern. Das Trauma wird vom Protagonisten noch einmal durchlebt. Die traumatisierende Erfahrung offenbart das völlige Misslingen aller Bemühungen, sich von den schmerzhaften Erlebnissen zu befreien oder sich davor zu schützen. Die Versuche, das Trauma zu verdrängen, haben es nicht abgeschwächt, sondern verstärkt, so dass er sein Leid verbergen musste: *Żegota konnte sich aber nicht von seiner aus dem Konzentrationslager mitgebrachten Welt loslösen* […]. *Und er will auch keinerlei Erinnerung an das einst Erlebte an sich heranlassen. Aber hier ist er machtlos. Denn die Erinnerungen kommen von selbst, aufdringlich und lästig. Wie eben in diesem Moment!* […] *Er sah sich selbst im Lager, von seinen hungrigen Kameraden vom Suppenkessel weggestoßen. Ein dumpfer Schmerz durchströmte ihn. Wie damals, als seine Kameraden ihn weggestoßen hatten. Er setzte sich in den Sessel und griff nach einem Buch. Darin steckte der Brief von Hanka. Er öffnete ihn.* G. MORCINEK: *Zagubione klucze [Verlorene Schlüssel].* Warszawa 1958, S. 224–226.

Der bedeutende Philosoph Viktor E. Frankl behauptete:

> *Aber ist der Mensch, der seine Beobachtungen aufzeichnet, wenn er selbst ein Gefangener ist, in der Lage, unvoreingenommen zu sein? Für eine Person, die das Problem von außen betrachtet, wäre dies ohne weiteres möglich, aber die unvermeidliche Distanz würde ihre Betrachtungen jedes* ***authentischen*** [Hervorhebung – L.S.] *Wertes berauben. Nur derjenige, der selbst im Lager war, kann das wissen*[390].

Die angeführte Behauptung lässt sich unbeschränkt auf die offizielle und inoffizielle Lagerkorrespondenz der Gefangenen sowie auf die literarischen Briefe Gustaw Morcineks anwenden. Die ethische Haltung der Absender von Lagerbriefen wurde unter anderem durch den Glauben an die Menschen – die Adressaten ihrer Texte – geprägt. Die Themen der Lagerkorrespondenz entsprangen dem lebendigen Interesse am menschlichen Leben in all seinen Erscheinungsformen. Die Absender der Lagerbriefe waren reale Menschen, deren Handeln sich nach klar definierten Werten wie die Idee des Guten, des Noblen, der Empfindlichkeit, der Freundschaft, des Glaubens und der Liebe richtete.

Man muss hervorheben, dass die Empfänger und Absender der offiziellen und auch der inoffiziellen Korrespondenz alles voneinander trennte, ähnlich wie das Sein und Nichtsein. Die Briefe kamen wie aus einer anderen Welt, d.h. aus der Welt des Anderen, deren ontologischer Status dem Jenseits glich.

Die offizielle und inoffizielle Lagerkorrespondenz sowie die literarischen Briefe verflechten sich miteinander und ergänzen sich. Man kann sie weder analysieren noch über ihren Inhalt sprechen, ohne die Absender und Adressaten in Betracht zu ziehen. Zum Zeitpunkt ihrer Entstehung waren sie nicht dafür gedacht, die Rolle eines Zeugen zu erfüllen oder als Kategorie der Spur gedeutet zu werden. Es besteht allerdings kein Zweifel darüber, dass sie sich mehrere Jahrzehnte nach ihrer Entstehung für jene Werte öffnen, die letzten Endes über das Böse triumphierten und die verlorene Ordnung wiederherstellten. Die Lagerbriefe schlagen nicht nur eine Brücke zwischen dem Leser und den auf Papier festgehaltenen Mikrogeschichten und persönlichen Erfahrungen der Gefangenen, also der Absender der Briefe, sie schalten ihn auch in den Rekonstruktionsprozess der in Form eines Kassibers oder eines geheimen bzw. linken Briefes dokumentierten Vergangenheit ein. Um einen Brief lesen und einer Analyse unterziehen zu können, muss man ihn zuallererst auffinden und dann das Mikroteilchen in die umfassende und tragische Geschichte der ganzen Kultur einfügen. Dabei handelt es sich nicht darum, den Brief selbst in seiner materiellen Form in Erinnerung zu behalten, sondern darum, dass das

---

390 V.E. FRANKL: *Człowiek w poszukiwaniu sensu [Der Mensch auf der Suche nach Sinn]*. Übersetzt von A. WOLNICKA. Warszawa 2009, S. 27.

Wissen über die Konzentrationslager, den Zweiten Weltkrieg und die Erlebnisse der Häftlinge zum Ansatzpunkt für ein neues, und zwar vernünftigeres, toleranteres, edleres und empathischeres Leben wird. Die bisher veröffentlichten Sammlungen der offiziellen und inoffiziellen Lagerkorrespondenz oder einzelner, nur aus einem Satz bestehender Kassiber, sollten nicht einzig und allein auf einen Katalog der epistolografischen Texte reduziert werden. Der um einen historischen und kulturellen Kontext bereicherte Bestand sollte den Leser dazu anregen, die Lagerbriefe zu jenen Büchern hinzuzufügen, die mehrmals gelesen werden, damit sie für die nachfolgenden Generationen zu einer wichtigen, individuellen und kulturellen Geschichtserfahrung werden. Das Vorhaben ist zwar ehrgeizig, aber notwendig, denn es geht hier nicht nur um das Wissen (die Kenntnis von Fakten, Daten und Einzelheiten), sondern auch um Feinfühligkeit. Diese sensibilisiert den Leser nicht ausschließlich für eine bestimmte „Sorte" von Briefen, sondern macht ihn zu einem aufmerksamen Beobachter der Wirklichkeit (was die literarischen Briefe Gustaw Morcineks bestätigen, die die existenziellen und psychologischen Überlegungen eines ehemaligen Häftlings widerspiegeln). Die Reflexion des Lesers über konkrete Lagerbriefe hat in der Feinfühligkeit eines umgewerteten Menschen, der für die heutigen Manipulationen hinsichtlich des Zweiten Weltkriegs weniger anfällig ist, seinen Ursprung. Eine im Bewusstsein der ethischen und sozialen Verantwortung der Literatur vorgenommene Lektüre (selbst hinter dem Stacheldraht stand das Lesen hoch im Kurs) bedeutet nicht nur, das Wissen zu erweitern, sondern in erster Linie sensibler für all das zu werden, was um einen herum geschieht. Die Lagerbriefe, die verzweifelte Rufe um Hilfe waren, warnen davor, dass man nicht alles bewältigen oder sich allem entgegenstellen kann (die Absender und Empfänger der Lagerbriefe waren sich dessen durchaus bewusst), dass es sich aber trotzdem lohnt, im Leben nach einem Mittel zu suchen, das die Rettung ermöglichen würde. Um es noch einmal zu betonen: der Brief ist ein Akt des Lebens. Bei der Lektüre von Lagerbriefen bietet sich dem Leser eine Fülle an klugen und bewegenden Inhalten, die sich hinter den von der Zensur aufoktroyierten Floskeln verbergen. Und – was nicht weniger wichtig ist – er findet in der Lagerkorrespondenz das besondere Einfühlungsvermögen der Häftlinge, ihr Bemühen, sich mit der Welt definitiv abzufinden, aber auch schöne und edle Gefühle sowie ihre große Hoffnung auf das Überleben, auf ein glückliches Leben nach der Befreiung.

Allen, die sich künftig mit der Korrespondenz aus der Besatzungszeit wissenschaftlich auseinandersetzen werden, eröffnet sich eine breite

Forschungsperspektive[391]. Einer tiefgreifenden Analyse bedürfen die Briefe aus deutschen Gefängnissen und Lagern im Generalgouvernement oder in den in das Dritte Reich eingegliederten Gebieten, wo die Bürger der Zweiten Polnischen Republik während der Besatzung inhaftiert waren. Briefe von Józef Kret aus dem KZ Auschwitz, einige seiner Kassiber sowie die Entwürfe von Briefen seiner Frau, die Stella Horowitz ins Deutsche übertragen hat, befinden sich im Besitz der Familie. Stella war die Halbschwester der Taufpatin von Józef Krets Tochter. Im Archivbestand des Instituts für Nationales Gedenken [Instytut Pamięci Narodowej] in Warschau befinden sich im Konvolut *Delegatura Rządu na Kraj. Depozyt Władysława Bartoszewskiego: dokumenty, korespondencja i ulotki znalezione u Bartoszewskiego [Die Polnische Exilregierung in London. Nachlass von Władysław Bartoszewski: Dokumente, Korrespondenz und Flugblätter, die bei Bartoszewski gefunden wurden]* Kassiber und Briefe von Zofia Kossak[392] (Archivsignatur: IPN BU 1571/424, Grenzdaten der Archiveinheit: [1943] 1945–1946).

Die unveröffentlichten Briefe und Kassiber von weiblichen Ravensbrück-Häftlingen werden in den Sammlungen des Museums des Martyriums „Pod Zegarem" in Lublin aufbewahrt. Auf eine Bestandsaufnahme, wissenschaftliche

391 In einem engeren Kontext wären die Briefe aus Oflags und Stalags als Bestandteil der Korrespondenz aus Konzentrationslagern und NS-Gefängnissen im besetzten Polen zu betrachten. Methodologische Anregungen könnte man den Briefen der nach Sibirien Verbannten oder der Opfer des Massakers von Katyn entnehmen. In Bezug auf das Schicksal von NS-Opfern ist eine neulich veröffentlichte Korrespondenzsammlung zu erwähnen: die zwanzigjährige Anna Branicka schrieb aus der Verbannung Briefe an Janusz Radomyski – ihren Verlobten in deutscher Gefangenschaft vgl. A. BRANICKA-WOLSKA: *Listy niewysłane [Unversandte Briefe]*. Warszawa 1993. In dem Brief vom 16. Oktober 1946 notierte sie folgende bedeutsame Worte: *Wir fahren doch noch nicht ab.... Die Versprechungen haben sich, wie auch die anderen zuvor, wieder zerschlagen. Aber bis jetzt gebe ich mich nicht der Verzweiflung hin, sondern bleibe gut gelaunt. Es wird schon werden!* A. BRANICKA-WOLSKA: *Listy niewysłane...*, S. 309.

392 Bisher ist das Schicksal der Schriftstellerin Zofia Kossaks weder in wissenschaftlichen Arbeiten noch in den Büchern von Joanna Jurgała-Jureczka (z.B. J. JURGAŁA-JURECZKA: *Kossakowie. Biały mazur [Die Kossaks. Die weiße Mazurka]*, Poznań 2018; J. JURGAŁA-JURECZKA: *Kobiety Kossaków [Die Frauen in der Kossak-Familie]*, Warszawa 2015; J. JURGAŁA-JURECZKA: *Zofia Kossak. Opowieść biograficzna [Zofia Kossak. Eine biografische Erzählung]*, Warszawa 2014) ausführlich behandelt worden. 2022 ist meine Monografie erschienen, in der Fotokopien der Kassiber von Zofia Kossak präsentiert und analysiert wurden. Vgl. L. SADZIKOWSKA: *Identität und Fremdheit. Leben und Werk von Zofia Kossak in den Jahren 1939–1945*, Köln 2022.

Bearbeitung und kritische Ausgabe warten Briefe und Kassiber von Krystyna Czyż (eine einzigartige und nicht bearbeitete Sammlung von in das und aus dem Lager gesandten Briefe) sowie die Korrespondenz der Schwestern Stanisława und Elżbieta Płaskowicka. Ohne Zweifel wäre eine editorische Bearbeitung der Briefe weiblicher Ravensbrück-Häftlinge von großer Bedeutung für die Forschung zur nationalen Kultur des 20. Jahrhunderts und würde die Voraussetzungen für weitere literaturwissenschaftliche Studien zu diesen besonders wichtigen Schwerpunkten des polnischen Kulturerbes schaffen.[393]

Bislang haben Kulturtheoretiker Überlegungen zur Auswirkung der Lagerrealität auf die Kulturentwicklung in ihre Betrachtungen nicht miteinbezogen.

Und warum sollte man nicht Recherchen über die Lagerbriefe von Seweryna Szmaglewska, Krystyna Żywulska, Zofia Posmysz oder Stanisław Grzesiuk anstellen? Sie wären sowohl ein unschätzbares Zeugnis des Lebens im Konzentrationslager als auch ein interessanter Kontext für die Lagerliteratur. Zur Korrespondenz aus Lagern und Gefängnissen zählen auch Briefe oder Kassiber von Schriftstellern, deren Schaffen einen wichtigen Platz in der Literaturgeschichte einnimmt. Vielleicht könnte man noch einen Schritt weiter gehen und die Frage stellen: Wurde jemals nach Briefen von Tadeusz Borowski aus Auschwitz gesucht[394]? Diese und andere Themen könnten von Forschern aufgegriffen werden, die sich mit verschiedenen Textsorten (einschließlich Epistolografie) aus der Feder von KZ-Häftlingen befassen[395].

---

393 Die Frage der aufgezeichneten Erfahrungen von weiblichen Ravensbrück-Häftlingen wurde zum Teil in der Monografie von Barbara CZARNECKA: *Kobiety w lagrze. Zapis doświadczenia [Frauen im Lager. Aufzeichnungen einer Erfahrung].* Kraków 2018, angesprochen.

394 Vgl. *Niedyskrecje pocztowe. Korespondencja Tadeusza Borowskiego [Postalische Indiskretionen. Die Korrespondenz von Tadeusz Borowski].* Gesammelt und mit einem Kommentar versehenen von T. DREWNOWSKI. Warszawa 2001.

395 *Am Anfang dieser Prosa – so der Kommentar von Tadeusz Drewnowski zu „Wir waren in Auschwitz" – befanden sich Briefe, die einst – wie Borowski schrieb – ins Frauenlager geschickt und nun* [...] *ins Gedächtnis zurückgerufen wurden.* Die zeitliche Priorität von *Bei uns in Auschwitz...* unter Borowskis Lagererzählungen ist unbestritten. Auch wenn es dafür keine Beweise gäbe, würde allein eine Analyse des Textes zu diesem Schluss führen. Die Erzählungen *Bei uns in Auschwitz...* waren nicht nur vom zeitlichen, sondern auch vom geistigen und künstlerischen Standpunkt Vorreiter. Die zehn Briefe, welche Borowski im März 1944 vom Sanitätskurs in Auschwitz in das FKZ Birkenau an seine Liebste geschrieben hat, bieten [...] *die authentischste Quelle des Wissens über den Menschen und die Zeit.* Zit. nach: T. DREWNOWSKI: *Ucieczka z kamiennego świata. O Tadeuszu Borowskim [Die Flucht aus der steinernen Welt. Über Tadeusz Borowski].* Warszawa 1992, S. 183–184.

Bibliografie

ADAMCZEWSKA I.: *List* [*Der Brief*]. In: *Słownik rodzajów i gatunków literackich* [*Wörterbuch der literarischen Gattungen und Genres*]. Hrsg. von G. GAZDA und S. TYNIECKA-MAKOWSKA. Kraków 2006.

Afekt, trauma i rozumienie: sztuka ponad granicami wyobraźni [*Affekt, Trauma und Verständnis: die Kunst über die Grenzen der Vorstellungskraft hinaus*], Ernst van ALPHEN im Gespräch mit R. SENDYKA und K. BOJARSKA, „Teksty Drugie" 2012, Nr. 4.

APPLEBAUM A.: *Strategie przetrwania* [*Strategien des Überlebens*], in: DIES., *Gułag* [*Der Gulag*], übersetzt von J. URBAŃSKI, Warszawa 2005.

Auschwitz – zbrodnia przeciwko ludzkości [*Auschwitz – Verbrechen gegen die Menschheit*]. Bearbeitet von K. SMOLEŃ, T. ŚWIEBOCKA unter Mitwirkung von R. BOGUSŁAWSKA-ŚWIEBOCKA. Warszawa 1990.

Auschwitz 1940–1945. Węzłowe zagadnienia z dziejów obozu [*Auschwitz 1940–1945. Studien zur Geschichte des Konzentrationslagers*]. Bd. 1–5. Hrsg. von W. DŁUGOBORSKI, F. PIPER. Oświęcim 1995.

Auschwitz. Nazistowski obóz śmierci [*Auschwitz. Nationalsozialistisches Vernichtungslager*]. Hrsg. von F. PIPER und T. ŚWIEBOCKA. Oświęcim 1993.

BACHTIN M.: *Problemy poetyki Dostojewskiego* [*Probleme der Poetik Dostojewskis*]. Warszawa 1970.

BARTOSZYŃSKI K.: *Wobec genologii* [*Zur Genologie*]. „Teksty Drugie" 2000, Nr. 5, S. 17–29.

BERLANT L.: *Trauma i niewymowność* [*Trauma und Unaussprechlichkeit*]. Übersetzt von T. ŁYSAK. „Teksty Drugie" 2018, Nr. 3.

BIASI de P.-M.: *Genetyka tekstów* [*Textgenetik*]. Übersetzt von F. KWIATEK, M. PRUSSAK. Warszawa 2015;

BIELECKI J.: *Kto ratuje jedno życie… Pamiętnik z Oświęcimia* [*Wer ein Leben rettet… Die Geschichte einer Liebe in Auschwitz*]. Warszawa 1990.

BIRENBAUM H.: *Nadzieja umiera ostatnia* [*Die Hoffnung stirbt zuletzt*]. Warszawa 1988.

BLACHNICKI F.: *Wyroki Bożej Opatrzności. Listy z czasu wojny* [*Gottes Wege sind unergründlich. Briefe aus der Kriegszeit*]. Übersetzt von G.M. SKOP. Kraków 2003.

Błogosławiony ks. Stefan Wincenty Frelichowski. Listy obozowe [*Der seliggesprochene Priester Stefan Wincenty Frelichowski. Lagerbriefe*]. Bearbeitet, übersetzt und mit einem Vorwort versehen von M. NĘDZEWICZ. Toruń 2005.

BOROWSKI T., *Wybór opowiadań* [*Ausgewählte Erzählungen*]. Warszawa 2009.

BRANICKA-WOLSKA A.: *Listy niewysłane* [*Unversandte Briefe*]. Warszawa 1993.

CHRZĄSTOWSKA B.: *Przedmiot, podmiot i proces. Szkice z metodyki kształcenia polonistycznego* [*Objekt, Subjekt und Prozess. Zur Methodik des Polnischunterrichts*]. Ausgewählt und bearbeitet von M. KWIATKOWSKA-RATAJCZAK, W. WANTUCH. Poznań 2009.

CYRA A.: *Pozostał po nich ślad… Życiorysy z cel śmierci* [*Eine Spur von ihnen ist geblieben … Lebensgeschichten aus dem Todestrakt*]. Oświęcim 2006.

CYSEWSKI K.: *Epistolografia jako literatura na przykładzie listów Zygmunta Krasińskiego* [*Epistolografie als Literatur am Beispiel der Briefe von Zygmunt Krasiński*]. „Prace Polonistyczne" 1994, Serie 49; IDEM: *Teoretyczne i metodologiczne problemy badań nad epistolografią* [*Theoretische und methodologische Probleme der Forschung zur Epistolografie*]. „Pamiętnik Literacki" 1997, H. 1.

CZECH D.: *Kalendarz wydarzeń w KL Auschwitz* [*Kalendarium der Ereignisse im Konzentrationslager Auschwitz-Birkenau 1939–1945*]. Oświęcim 1992.

CZERMIŃSKA M.: *Autobiograficzny trójkąt. Świadectwo, wyznanie i wyzwanie* [*Das autobiografische Dreieck. Zeugnis, Bekenntnis und Herausforderung*]. Kraków 2000.

CZERMIŃSKA M.: *Pomiędzy listem a powieścią* [*Zwischen Brief und Roman*]. „Teksty" 1975, Nr. 4, S. 28–49.

DĄBROWSKI S.: *Zagadnienie określeń i wyznaczników literackości* [*Zum Problem der Begriffe und Determinanten von Literarizität*]. In: *Problemy teorii literatury* [*Literaturtheoretische Probleme*]. Bd. 2. Hrsg. von H. MARKIEWICZ. Wrocław 1987.

Das Buch Kohelet 3,2-8. In: *Pismo Święte Starego i Nowego Testamentu w przekładzie z języków oryginalnych* [*Die Heilige Schrift des Alten und Neuen Testaments in Übersetzung aus Originalsprachen*]. Bearbeitet vom Kollektiv polnischer Bibelforscher auf Initiative der Benediktiner von der Abtei Tyniec. Poznań–Warszawa 1990.

Delegatura Rządu na Kraj. Depozyt Władysława Bartoszewskiego: dokumenty, korespondencja i ulotki znalezione u Bartoszewskiego [*Die Polnische Exilregierung in London. Nachlass von Władysław Bartoszewski: Dokumente, Korrespondenz und Flugblätter, die bei Bartoszewski gefunden wurden*], Archivbestand des Instituts für Nationales Gedenken [Instytut Pamięci

Narodowej] in Warschau, Archivbezeichnung: IPN BU 1571/424, Grenzdaten der Archiveinheit: [1943] 1945–1946.

DREWNOWSKI T.: *Ucieczka z kamiennego świata. O Tadeuszu Borowskim* [*Die Flucht aus der steinernen Welt. Über Tadeusz Borowski*]. Warszawa 1992.

DUNIN-WĄSOWICZ K.: *Ruch oporu w hitlerowskich obozach koncentracyjnych 1933–1945* [*Widerstandsbewegung in nationalsozialistischen Konzentrationslagern 1933–1945*]. Warszawa 1983.

DZIADEK A.: N*otatniki Aleksandra Wata z Beinecke Library (Wstęp)* [*Tagebücher von Aleksander Wat aus der Beinecke Library (Vorwort)*]. In: A. WAT: *Notatniki* [*Tagebücher*]. Transkription und Bearbeitung von A. DZIADEK, J. ZIELIŃSKI. Warszawa 2015.

ELIADE M.: *Symbolizm a psychoanaliza* [*Symbolismus und Psychoanalyse*], in: DERS., *Sacrum, mit, historia. Wybór esejów* [*Sacrum, Mythos, Geschichte. Essays. Eine Auswahl*], ausgewählt und mit einem Vorwort versehen von M. CZERWIŃSKI, übersetzt von A. TATARKIEWICZ, Warszawa 1993.

ENGELKING B.: *Czarna godzina. Rzeczy żydowskie oddane na przechowanie Polakom* [*Die schwarze Stunde. Über jüdische Sachen, die Polen zur Aufbewahrung übergeben wurden*], in: *Klucze i kasa. O mieniu żydowskim pod okupacją niemiecką i we wczesnych latach powojennych* 1939–1950 [*Schlüssel und Kasse. Über jüdisches Eigentum in Polen während der deutschen Okkupation und in den ersten Nachkriegsjahren*], Hrsg. von J. GRABOWSKI, D. LIBIONKA. Warszawa 2014.

FRANKL V.E.: *Człowiek w poszukiwaniu sensu* [Der Mensch auf der Suche nach Sinn]. Übersetzt von A. WOLNICKA. Warszawa 2009.

FRĄTCZAK W.: *Listy obozowe biskupa Michała Kozala.* [*Lagerbriefe von Bischof Michał Kozal*]. „Ateneum Kapłańskie" 1987, Nr. 109, S. 532–534.

FROMM E.: *Die Kunst des Liebens.* Frankfurt/Main-Berlin-Wien, 1973. Übersetzt von Günter Eichel.

GAJDAMOWICZ H.: P*edagogika pokoju – refleksje aksjologiczno-metodologiczne* [*Die Friedenspädagogik – axiologische und methodologische Überlegungen*]. „Biuletyn Centrum Badań nad Pokojem Uniwersytetu Łódzkiego" 1997, Heft 1.

GLIŃSKA A.: *Moralność więźniów Oświęcimia* [*Die Moral der Häftlinge von Auschwitz*]. „Etyka" 1967, Bd. 2, S. 173–230.

GŁOWIŃSKI M., KOSTKIEWICZOWA T., OKOPIEŃ-SŁAWIŃSKA A., SŁAWIŃSKI J.: *Słownik terminów literackich* [*Wörterbuch der literarischen Termini*]. Wrocław 1988.

GŁOWIŃSKI M., WOŁOWIEC G.: *Czas nieprzewidziany. Rozmowa-rzeka* [*Unvorhersehbare Zeit. Ein narratives Interview*]. Warszawa 2018.

GRYNBERG M.: *Auschwitz. Co ja tu robię?* [*Auschwitz. Was mache ich hier?*], Oświęcim 2009.

Grypsy z Konzentrationslager Auschwitz Józefa Cyrankiewicza i Stanisława Kłodzińskiego [*Die Kassiber von Józef Cyrankiewicz und Stanisław Kłodziński aus dem Konzentrationslager Auschwitz*]. Vorwort und Bearbeitung I. PACZYŃSKA. Kraków 2013; T. TOMASIK: Wojna – męskość – literatura [Krieg – Männlichkeit – Literatur]. Słupsk 2013.

HAŁOŃ E.: W cieniu Auschwitz. Wspomnienia z konspiracji obozowej [*Im Schatten von Auschwitz. Erinnerungen an den Lageruntergrund*], Oświęcim 2003.

HECK D.: *Filologia i (jej) interpretacje* [*Philologie und (ihre) Interpretationen*]. Wrocław 2012.

HEIDEGGER M.: *Vom Wesen der Sprache*. In: IDEM: *Unterwegs zur Sprache*. Frankfurt am Main 1985.

HERBERT Z.: *Wypluć z siebie wszystko* [*Alles aus sich rauslassen*]. In: J. TRZNADEL: *Hańba domowa. Rozmowy z pisarzami* [*Die Hausschande. Gespräche mit Schriftstellern*]. Lublin 1990.

HESKA-KWAŚNIEWICZ K.: *„Pisarski zakon". Biografia literacka Gustawa Morcinka* [*„Schriftstellerorden". Die literarische Biografie Gustaw Morcineks*]. Opole 1988.

HESKA-KWAŚNIEWICZ K.: *Józef Kret (1895–1982). Opowieść o harcerskiej wierności* [*Józef Kret (1895–1982). Erzählung über die Treue der Pfadfinder*]. Katowice 1997.

HESKA-KWAŚNIEWICZ K.: *Szkice śląskie. Ludzie – sprawy – wydarzenia* [*Schlesische Skizzen. Menschen – Sachen – Ereignisse*]. Katowice-Mysłowice 2006.

INGARDEN R.: *Studia z estetyki. O poznawaniu dzieła literackiego* [*Studien zur Ästhetik. Vom Erkennen des literarischen Kunstwerks*]. Warszawa, 1957.

IRZYKOWSKI K.: *Czy list umiera? O zlekceważeniu życia indywidualnego* [*Ist der Brief zum Sterben verurteilt? Über die Missachtung des individuellen Lebens*]. „Kronika Polski i Świata" 1938, Nr. 28.

IWASZKO T.: *Wyżywienie* [*Ernährung*]. In: W. MICHALAK: *Oświęcim. Hitlerowski obóz masowej zagłady* [*Auschwitz. Nationalsozialistisches Vernichtungslager*]. Warszawa 1981.

JAGODA Z., KŁODZIŃSKI S., MASŁOWSKI J.: *Osobliwości słownictwa w oświęcimskim szpitalu obozowym* [*Die Besonderheiten des Wortschatzes im

Lagerkrankenhaus von Auschwitz], „Przegląd Lekarski – Oświęcim" 1972, Nr. 1, S. 34–35.

JAGODA Z., KŁODZIŃSKI S., MASŁOWSKI J.: *Oświęcim nieznany* [*Das unbekannte Auschwitz*], Kraków 1981, S. 26–97.

JAGODA Z., KŁODZIŃSKI S., MASŁOWSKI J.: *Przetrwanie obozu w ocenie byłych więźniów Oświęcimia-Brzezinki* [*Das Überleben des Lagers aus der Sicht ehemaliger Häftlinge von Auschwitz-Birkenau*]. „Przegląd Lekarski" 1977.

JAGODA Z., KŁODZIŃSKI S., MASŁOWSKI J.: *Więźniowie Oświęcimia* [*Die Häftlinge von Auschwitz*]. Kraków–Wrocław 1984.

JANICKA A.: *Listy Gabrieli Zapolskiej – lektura w poszukiwaniu biografii niemożliwej* [*Briefe von Gabriela Zapolska – auf der Suche nach einer unmöglichen Biografie*]. In: *Sztuka pisania. O liście polskim w wieku XIX.* [*Die Kunst des Schreibens. Der polnische Brief im 19. Jahrhundert*]. Hrsg. von J. SZTACHELSKA, E. DĄBROWICZ. Białystok 2000.

Jarosław Iwaszkiewicz. Listy do córek [*Jarosław Iwaszkiewicz. Briefe an die Töchter*]. Mit Vorwort versehen von M. IWASZKIEWICZ und T. MARKOWSKA. Bearbeitet von A. und R. ROMANIUK. Warszawa 2009.

JAROSZ B.: *Organizacje obozowego i przyobozowego ruchu oporu i ich działalność* [*Die Widerstandsbewegung im Lager und in der Umgebung*], in: *Auschwitz. Nazistowski obóz śmierci* [*Auschwitz. Nationalsozialistisches Vernichtungslager*], Hrsg. von F. PIPER, T. ŚWIEBOCKA. Oświęcim-Brzezinka 2012.

JARZĘBSKI J.: *Kariera autentyku* [*Die Karriere des Authentischen*]. In: *Studia o narracji* [*Narrative Studien*]. Hrsg. von J. BŁOŃSKI, S. JAWORSKI, J. SŁAWIŃSKI. Wrocław 1982.

Jestem zdrów i czuję się dobrze… Oświęcimskie listy Mariana Henryka Serejskiego [*Ich bin gesund und es geht mir gut… Die Auschwitz-Briefe von Marian Henryk Serejski*]. Bearbeitet von K. SEREJSKA OLSZER. Oświęcim 2007.

JOHANNES PAUL II.: *List do artystów* [*An die Künstler*]. In: W. BŁOŃSKI: *Od Norwida do Herlinga-Grudzińskiego* [*Von Norwid bis Herling-Grudziński*]. Bd. 1–2. Eine Auswahl von Erzählungen, bearbeitet und mit einem Vorwort versehen von Bischof J. ZAWITKOWSKI. Warszawa 1999, S. 379–389.

JOHANNES PAUL II.: *Pamięć i tożsamość. Rozmowy na przełomie tysiącleci.* [*Erinnerung und Identität: Gespräche an der Schwelle zwischen den Jahrtausenden*]. Hrsg. von P. PTASZNIK und P. SARDI. Kraków 2005.

Józef Kachel. Listy z Buchenwaldu [*Józef Kachel. Briefe aus Buchenwald*]. Zum Druck vorbereitet und mit einem Vorwort versehen von M. LIS. Opole 1988.

KACHEL J.: *Listy z Buchenwaldu* [*Briefe aus Buchenwald*]. Zum Druck vorbereitet und mit einem Vorwort versehen von M. LIS. Opole 1988.

KLISTAŁA J.: *Martyrologium mieszkańców ziemi rybnickiej, Wodzisławia Śląskiego, Żor, Raciborza w latach 1939–1945 – słownik biograficzny* [*Martyrologium der Einwohner von Rybnik, Wodzisław Śląski, Żory, Racibórz in den Jahren 1939–1945 – Biografisches Wörterbuch*]. Bielsko-Biała 2006.

KLISTAŁA J.: *Żołnierze rybnickiego ZWZ/AK, POP, PTOP w obozach koncentracyjnych: Auschwitz-Birkenau, Mauthausen, Gusen, Dachau, Ravensbrück, Buchenwald, Majdanek, Oranienburg, Sachsenhausen, Flossenbürg… i innych* [*Die Soldaten von ZWZ/AK, POP, PTOP aus Rybnik in den Konzentrationslagern: Auschwitz-Birkenau, Mauthausen, Gusen, Dachau, Ravensbrück, Buchenwald, Lublin-Majdanek, Oranienburg, Sachsenhausen, Flossenbürg… und anderen*]. Bielsko-Biała 2008.

KŁODZIŃSKI S.: *Paczki Międzynarodowego Czerwonego Krzyża dla więźniów Oświęcimia* [*Pakete des Internationalen Roten Kreuzes für die Häftlinge von Auschwitz*], „Przegląd Lekarski – Oświęcim" 1967, Nr. 1.

KOGON E.: *Państwo SS. Organizacja i funkcjonowanie niemieckiego obozu koncentracyjnego* [*Der SS-Staat. Das System der deutschen Konzentrationslager*]. Übers. von I. EWERTOWSKA-KLAJA. Zakrzewo 2017.

KONDRATIUK D.: *Przedmowa* [*Vorwort*]. In: *Henryk Perkowski. Przeżyć każdy dzień. Wspomnienia obozowe 1944–1945* [*Henryk Perkowski. Jeden Tag überleben. Lagererinnerungen 1944–1945*]. Hrsg. von P. SOBIESZCZAK. Łapy 2014.

KONIECZNY A.: *Uwagi o początkach obozu koncentracyjnego w Oświęcimiu* [*Zu den Anfängen des KZ Auschwitz*]. „Zeszyty Oświęcimskie" 1970, Nr. 12, S. 5–14.

KOTT J.: *Największa powieść polskiego romantyzmu* [*Der größte Roman der polnischen Romantik*]. In: Z. KRASIŃSKI: *Sto listów do Delfiny* [*Hundert Briefe an Delfina*]. Ausgewählt und bearbeitet von J. KOTT. Warszawa 1966.

KOWALSKI Z.: *Dzieje organizacji młodzieżowych na Śląsku Opolskim (1945–1948)* [*Die Geschichte der Jugendorganisationen in Oppelner Schlesien (1945–1948)*]. Opole 1986.

KRANZ T.: *Wprowadzenie* [*Einführung*], in: *Listy z Majdanka. Obóz koncentracyjny w świetle grypsów. Katalog wystawy* [*Briefe aus Majdanek. Das Konzentrationslager im Lichte der Kassiber. Ausstellungskatalog*], Bearbeitung von D. OLESIUK, Lublin 2010.

KRET J.: *Harcerze wierni do ostatka* [*Pfandfinder, die bis zum Äußersten treu blieben*]. Katowice 1978.

KRET J.: *Ostatni krąg* [*Der letzte Kreis*]. Kraków 1973.

KRUPIŃSKI P., *„Wir sind doch keine Versuchskaninchen". Eksperymenty pseudomedyczne we wspomnieniach więźniarek z Ravensbrück*, in: „Konteksty kultury" 2017, H. 4.

KUBIS B.: *Poznawcze i kształcące walory literatury dokumentu osobistego* [*Kognitive und pädagogische Aspekte der Literatur des persönlichen Dokuments*]. Opole 2007.

KULESZA D.: *Dwie prawdy. Zofia Kossak i Tadeusz Borowski wobec obrazu wojny w polskiej prozie lat 1944–1948* [*Zwei Wahrheiten. Zofia Kossak und Tadeusz Borowski zum Bild des Krieges in der polnischen Prosa in den Jahren 1944–1948*]. Białystok 2006.

KULKA O.D., *Pejzaże metropolii śmierci. Rozmyślania o pamięci i wyobraźni* [*Landschaften der Metropole des Todes. Auschwitz und die Grenzen der Erinnerung und der Vorstellungskraft*], übersetzt von M. SZCZUBIAŁKA, Wołowiec 2014.

LANGBEIN H.: *Ludzie w Auschwitz* [*Menschen in Auschwitz*]. Oświęcim 1994.

LANGER H., *Biblioteka szkoły powszechnej miejscem edukacji czytelniczej i bibliotecznej (1918–1939)* [*Die Bibliothek einer Grundschule als Ort von Lese- und Bibliothekserziehung (1918–1939)*], in: *Zalecenia i przestrogi lekturowe (XVI-XX wiek)* [*Empfehlungen und Mahnungen für Lektüren (16.-20. Jahrhundert)*], Hrsg. von M. JARCZYKOWA, A. BAJOR, Katowice 2012.

LASOCKA J.: *Zofia Kossak w czasie okupacji* [*Zofia Kossak während der Besatzungszeit*]. „Kierunki" 1973, Nr. 15.

LEEK J.: *Wychowanie do pokoju wyzwaniem edukacyjnym na XXI wiek dla Europy i świata* [*Die Erziehung zum Frieden: eine bildungspolitische Herausforderung des 21. Jahrhunderts für Europa und die Welt*]. In: *Edukacja międzykulturowa jako czynnik rozwoju kultury pokoju* [*Interkulturelle Bildung als Entwicklungsfaktor für die Kultur des Friedens*]. Hrsg. von K.M. BŁESZYŃSKA. Gdańsk 2017, S. 22–47.

Letzte Briefe zum Tode Verurteilter aus dem europäischen Widerstand 1939–1945. Hrsg. von P. MALVEZZI und G. PIRELLI. Vorwort von T. MANN. München 1962.

LIS M.: *Słowo o autorze* [*Über den Autor*]. In: T. MUSIOŁ: *Listy z Dachau*. Opole 1984.

List motywacyjny, gatunek praktyczno-użytkowy, w którym ubiegający się o przyjęcie do pracy uzasadnia, dlaczego chce podjąć pracę na danym stanowisku [*Das Motivationsschreiben – eine zweck- und gebrauchsorientierte Textsorte, in der ein Bewerber begründet, warum er die Stelle antreten möchte*]. Vgl. E. WOLAŃSKA: *List motywacyjny* [*Motivationsschreiben*].

In: *Praktyczna stylistyka nie tylko dla polonistów* [*Praktische Stilistik nicht nur für Polonisten*]. Hrsg. von E. BAŃKOWSKA und A. MIKOŁAJCZUK. Warszawa 2003.

Listy biskupa Michała Kozala z obozu koncentracyjnego w Dachau [*Briefe des Bischofs Michał Kozal aus dem Konzentrationslager Dachau*], „Studia Włocławskie" 2015, Nr. 17.

Listy Juliusza Słowackiego [*Briefe von Juliusz Słowacki*]. Bd. 1. Aus den Autografen zum ersten Mal herausgegeben von L. MÉYET. Lwów 1899.

Listy obozowe księdza Emila Szramka (w tłumaczeniu ks. Janusza Wycisły) [*Lagerbriefe des Pfarrers Emil Szramek (übersetzt von P. Janusz Wycisło)*]. In: *„Victor – quia Victima". Ksiądz Emil Szramek (1887–1942)* [*„Victor – quia Victima". Der Pfarrer Emil Szramek (1887–1942)*]. Hrsg. von E. SZCZOTOK, A. LISKOWACKA. Katowice 1996.

Listy rozstrzelanych. Czerwona księga francuskiego ruchu oporu [*Briefe der Erschossenen. Das rote Buch der französischen Widerstandsbewegung*]. Übersetzt von M. WISŁOWSKA. Warszawa 1952.

Listy sybiraków (1939–1955) [*Briefe der Sibiraken (1939–1955)*]. Ausgewählt und bearbeitet von J. WOŁCZUK. Wrocław 1994; *Listy z Sybiru* [*Briefe aus Sibirien*]. Bearbeitet von A. SZEMIOTH u. a. Kraków 1995.

Listy z Dachau. Gustaw Morcinek do siostry Teresy Morcinek [*Briefe aus Dachau. Gustaw Morcinek an seine Schwester Teresa Morcinek*]. Vorwort und Bearbeitung von K. HESKA-KWAŚNIEWICZ, L. SADZIKOWSKA. Übers. von M. SZALONEK. Katowice 2016.

Listy ze Wschodu [*Briefe aus dem Osten*]. Gesammelt und mit einem Kommentar versehen von Z. TONKIEL. Siedlce 2002.

LUBELSKA W.: *Listy z getta* [*Briefe aus dem Ghetto*]. Warszawa 2000.

Ludzie dobrej woli. Księga pamięci mieszkańców Ziemi Oświęcimskiej niosących pomoc więźniom KL Auschwitz [*Menschen guten Willens. Gedenkbuch für die Bewohner des Auschwitzer Landes, die den Häftlingen des KZ Auschwitz zu Hilfe kamen*], Hrsg. von H. ŚWIEBOCKI, Oświęcim 2005.

MACIEJEWSKI J.: *List jako forma literacka* [*Der Brief als literarische Form*]. In: *Sztuka pisania. O liście polskim w wieku XIX* [*Die Kunst des Schreibens. Der polnische Brief im 19. Jahrhundert*]. Hrsg. von J. SZTACHELSKA, E. DĄBROWICZ. Białystok 2000.

MARKIEWICZ H.: *Wymiary dzieła literackiego* [*Dimensionen des literarischen Werkes*]. Kraków 1984.

MART K.: *Szkic o życiu i twórczości Zenona Waśniewskiego i Władysława Ukleji* [*Zum Leben und Werk von Zenon Waśniewski und Władysław Ukleja*].

In: *Artyści lubelscy i ich galerie w XX wieku* [*Lubliner Künstler und ihre Galerien im 20. Jahrhundert*]. Hrsg. von L. LAMEŃSKI. Lublin 2004.

MARZEC L.: *List* [*Der Brief*]. „Forum Poetyki. Poetyka po Poetyce" 2015, Nr. 2.

Masz rywalkę Polskę. Korespondencja więzienna Władysława Gałki (1949–1956) [*Polen ist deine Rivalin. Die Gefängnisbriefe von Władysław Gałka (1949–1956)*]. Hrsg. von M. KAMYKOWSKA, J. ŻARYN unter Mitwirkung von L. RYSAK. Warszawa 2012.

MIELNICKA B.: *Listy z Auschwitz* [*Briefe aus Auschwitz*]. In: „Archiwariusz Zamojski". Hrsg. von K. CZUBARA, A. KĘDZIORA, B. SZYSZKA. Zamość 2006.

MIŁOSZ C.: *Legendy nowoczesności* [*Legenden der Moderne*]. Kraków 1996.

MITOSEK Z.: *Teorie badań literackich. Przegląd historyczny* [*Theorien der Literaturwissenschaft. Ein historischer Überblick*] Warszawa 1983.

MITZNER P.: *Biedny język. Szkice o kryzysie słowa i literaturze wojennej* [*Karge Sprache. Skizzen zur Krise des Wortes und zur Kriegsliteratur*]. Warszawa 2011.

MIZIŃSKA J.: *Rozmowa a dialog* [*Gespräch und Dialog*]. In: *Aksjologiczne dylematy epoki współczesnej. Studia etyczne i estetyczne* [*Axiologische Dilemmata der Gegenwart. Ethisch-ästhetische Studien*]. Bd. 1. Hrsg. von T. SZKOŁUT. Lublin 1994, S. 147–157.

MORCINEK G.: *Listy spod morwy (Sachsenhausen-Dachau)* [*Briefe von unter dem Maulbeerbaum (Sachsenhausen-Dachau)*]. Katowice 1946.

MORCINEK G.: *Listy z mojego Rzymu* [*Briefe aus meinem Rom*]. Katowice 1947.

MORCINEK G.: *Zagubione klucze* [*Verlorene Schlüssel*]. Warszawa 1958.

MOZDZAN J.: *Postgeschichte des Konzentrationslagers Lublin-Majdanek. Über das Lager, Briefe und Menschen*, Manching 2010.

MUSIOŁ T.: *Listy z Dachau* [*Briefe aus Dachau*]. Opole 1984.

MYSZOR J.: *Listy ks. Józefa Czempiela z obozów koncentracyjnych Mauthausen – Gusen i Dachau (1940–1942). Edycja tekstów źródłowych i komentarz.* [*Briefe des Priesters Józef Czempiel aus den Konzentrationslagern Mauthausen-Gusen und Dachau (1940–1942). Zusammenstellung der Quellentexte mit Kommentar*]. „Śląskie Studia Historyczno-Teologiczne" 1992–1993, Bd. 25/26.

MYSZOR J.: *Wstęp* [*Vorwort*]. In: F. BLACHNICKI: *Wyroki Bożej Opatrzności. Listy z czasu wojny* [*Die Wege der göttlichen Vorsehung. Briefe aus der Kriegszeit*]. Kraków 2003.

Na granicy życia i śmierci. Listy i grypsy więzienne Krystyny Wituskiej [*Zeit, die mir noch bleibt. Briefe aus dem Gefängnis*]. Bearbeitet und mit einem Vorwort versehen von W. KIEDRZYŃSKA. Warszawa 1970.

NIEKRASZ J.: Z dziejów AK na Śląsku [*Aus der Geschichte der Polnischen Heimatarmee in Schlesien*]. Katowice 1993.

NOWACKA B.: *List*. W: *Ilustrowany słownik terminów literackich. Historia, anegdota, etymologia*. [*Der Brief*]. In: [*Illustriertes Wörterbuch literarischer Begriffe. Geschichte, Anekdote, Etymologie.*]. Hrsg. von Z. KADŁUBEK, B. MYTYCH-FORAJTER, A. NAWARECKI. Gdańsk 2018.

NYCZ R.: *Poetyka doświadczenia. Teoria, nowoczesność, literatura* [*Poetik der Erfahrung. Theorie, Modernität, Literatur*]. Warszawa 2012.

Oddani sprawie. Szkice biograficzne więźniów politycznych KL Auschwitz-Birkenau [*Der Sache ergeben. Autobiografische Skizzen politischer Häftlinge des KZ Auschwitz-Birkenau*]. Bd. 1. Ausgewählt und bearbeitet von J. KANTYKA, S. KANTYKA. Katowice 1999.

OLBRYCHT K.: *Prawda, dobro i piękno w wychowaniu człowieka jako osoby* [*Das Wahre, Gute und Schöne in der Erziehung des Menschen als Person*]. Katowice 2000.

OMILJANOWICZ A.: *Listy spod gilotyny* [*Briefe von unter der Guillotine*]. Lublin 1963.

„Oni szli do lasu, po prostu do lasu…". Zagłada Żydów w KL Auschwitz-Birkenau we wspomnieniach Aliny Dąbrowskiej [*„Sie gingen in den Wald, einfach in den Wald …". Die Judenvernichtung im KZ Auschwitz-Birkenau in den Erinnerungen von Alina Dąbrowska*], bearb. von L. SADZIKOWSKA, in: „Narracje o Zagładzie" 2017, Nr. 3, S. 366–373.

OSSOWSKA M.: *Bronisława Malinowskiego Dziennik w ścisłym znaczeniu tego słowa* [*Das Tagebuch von Bronisław Malinowski im engeren Sinne dieses Wortes*]. In: EADEM: *O człowieku, moralności i nauce. Miscellanea* [*Über den Menschen, die Moral und die Wissenschaft. Miscellanea*]. Bearbeitet von M. OFIERSKA, M. SMOŁA. Warszawa 1969.

OWSIANY E.: *Rekolekcje rabczańskie ks. Karola Wojtyły* [*Die Exerzitien von Johannes Paul II. in Rabka*]. Kraków 2013.

PAWEŁCZYŃSKA A.: *Wartości a przemoc. Zarys socjologicznej problematyki Oświęcimia* [*Werte und Gewalt. Ein soziologischer Abriss der Auschwitz-Problematik*]. Warszawa 1995.

PAWEŁCZYŃSKA A.: *Werte gegen Gewalt. Betrachtungen einer Soziologin über Auschwitz*. Aus dem Polnischen übersetzt von J. August. Oświęcim 2001.

PERKOWSKI H.: *Przeżyć każdy dzień. Wspomnienia obozowe 1944–1945* [*Jeden Tag überleben. Lagererinnerungen 1944–1945*]. Łapy 2014.

PIĄTKOWSKA A.: *Wspomnienia oświęcimskie* [*Erinnerungen an Auschwitz*]. Kraków 1977.

PIGOŃ S.: *Wspominki z obozu w Sachsenhausen (1939–1940)* [*Erinnerungen aus dem KZ Sachsenhausen (1939–1940)*], Warszawa 1966.

PIGOŃ S.: *Wspominki z obozu w Sachsenhausen (1939–1940)* [*Erinnerungen aus dem KZ Sachsenhausen (1939–1940)*]. Warszawa 1966.

PINI T.: *Krasiński. Życie i twórczość* [*Krasiński. Leben und Werk*]. Poznań 1928.

POGONOWSKI J.: *Listy z Auschwitz* [*Briefe aus Auschwitz*]. Mit einem Vorwort versehen von F. PIPER. Oświęcim 2017.

Pokolenie 1920. Szkice do portretu zbiorowego [*Die Generation 1920. Ein kollektives Porträt*]. Hrsg. von M. BOLIŃSKA, J. DETKA, M. WÓJCIK. Kielce 2012.

Ponad ludzką miarę. Wspomnienia operowanych z Ravensbrück [*Über das menschliche Maß hinaus. Erinnerungen der Operierten aus Ravensbrück*]. Hrsg. von H. KLIMEK. Vorwort W. KIEDRZYŃSKA. Warszawa 1969.

POPIEL M.: *List artysty jako gatunek narracji epistolograficznej. O listach Stanisława Wyspiańskiego* [*Der Künstlerbrief als Gattung des epistolografischen Erzählens. Briefe von Stanisław Wyspiański*]. „Teksty Drugie" 2004, Nr. 4, S. 115–124.

PÓŁTAWSKA W.: *I boję się snów* [*Und ich habe Angst vor Träumen*]. Częstochowa 1998.

PÓŁTURZYCKI J.: *Pokój jako naczelna wartość w aksjologii edukacyjnej* [*Frieden als höchster Wert in der pädagogischen Axiologie*]. In: *Pokój – dialog – edukacja. Materiały z sympozjum naukowego w Płocku* [*Frieden – Dialog – Bildung. Materialien des wissenschaftlichen Symposiums in Płock*]. Hrsg. von I. MROCZKOWSKI, E.A. WESOŁOWSKA. Płock 2003.

PTAKOWSKI J.: *Oświęcim bez cenzury i bez legend* [*Auschwitz ohne Zensur und Legenden*], New York 1985.

PUZYNINA J.: *Język wartości* [*Die Sprache der Werte*]. Warszawa 1992.

RODAK P.: *Rzeczy pisane, rzeczy napisane. O materialności praktyk piśmiennych* [*Geschriebenes und Aufgeschriebenes. Über die Materialität der Schreibpraktiken*]. In: *Literatura i „faktury" historii XX (i XXI) wieku* [*Litaratur und „Fakturen" der Geschichte des 20. (und 21.) Jahrhunderts*]. Hrsg. von A. MOLISAK et al.. Warszawa 2014.

ROLLAND R.: *Trzy błyskawice* [*Drei Blitze*]. In: IDEM: *Świadek epoki. Dziennik, publicystyka, krytyka, korespondencja* (auf Deutsch erschienen unter dem Titel: *Die Reise nach innen: Traum eines Lebens*). Ausgewählt und mit einem Vorwort versehen von M. ŻUROWSKI. Warszawa 1965.

RYBICKA E.: *Antropologiczne i komunikacyjne aspekty dyskursu epistolograficznego* [*Anthropologische und kommunikative Aspekte des epistolografischen Diskurses*]. In: *Narracja i tożsamość (I)* [*Narration und Identität (I)*]. Hrsg. von W. BOLECKI, R. NYCZ. Warszawa 2004.

RYN Z., KŁODZIŃSKI S.: *Postawy i czyny heroiczne w obozach koncentracyjnych* [*Heldenhafte Haltungen und Taten in Konzentrationslagern*]. „Przegląd Lekarski – Oświęcim" 1986, Nr. 1, S. 28–45.

SADZEWICZ M.: *Oflag II D Gross-Born* [*Oflag II D Gross-Born*]. Warszawa 1977.

SADZIKOWSKA L.: *Bericht über das Seminar „Die unerwartete Rückkehr Gustaw Morcineks"*. „Bibliotheca Nostra. Śląski Kwartalnik Naukowy" 2018, Nr. 1 (51), S. 192–194.

SADZIKOWSKA L.: *Szukanie kluczy. O literaturze poobozowej Gustawa Morcinka* [*Auf der Suche nach Schlüsseln. Zum Nachkriegsschaffen Gustaw Morcineks*]. Katowice 2017.

SCHNAYDER J.: *Wstęp* [*Vorwort*]. In: *Antologia listu antycznego* [*Anthologie des antiken Briefes*]. Bearbeitet von J. SCHNAYDER. Wrocław 1965.

SENDYKA R.: *W stronę kulturowej teorii gatunku* [*Auf dem Weg zur kulturellen Theorie der Gattung*]. In: *Kulturowa teoria literatury. Główne pojęcia i problemy* [*Die kulturelle Theorie der Literatur. Die wichtigsten Begriffe und Fragestellungen*]. Hrsg. von M.P. MARKOWSKI, R. NYCZ. Kraków 2006.

SIENKIEWICZ H.: *Listy* [*Briefe*]. Bearbeitet von M. BOKSZCZANIN. Warszawa 1977–2009.

SKARGA B.: *Ślad i obecność* [*Spur und Anwesenheit*]. Warszawa 2004.

SKWARCZYŃSKA S.: *Teoria listu* [*Die Theorie des Briefes*]. Białystok 2006.

SKWARCZYŃSKA S.: *Wokół teorii listu. (Paradoksy)* [*Zur Theorie des Briefes (Paradoxa)*]. In: EADEM: *Pomiędzy historią a teorią literatury* [*Zwischen Geschichte und Literaturtheorie*]. Warszawa 1975.

SKWARCZYŃSKA S.: *Wstęp do nauki o literaturze* [*Einführung in die Literaturwissenschaft*]. Bd. 3. Warszawa 1965.

Śląsk chciał być polski. Wspomnienia młodzieży śląskiej z lat okupacji hitlerowskiej 1939–1945 [*Schlesien wollte polnisch sein. Erinnerungen der schlesischen Jugend aus den Jahren der NS-Okkupation 1939–1945*]. Gesammelt, ausgewählt und bearbeitet von M. MITERA-DOBROWOLSKA unter Mitwirkung von K. HESKA-KWAŚNIEWICZ. Katowice 1984.

SŁAWIŃSKI J.: *Zaproszenie do tematu* [*Einladung zum Thema*]. In: *Literatura wobec wojny i okupacji* [*Literatur zu Krieg und Besatzung*]. Hrsg. von M. GŁOWIŃSKI, J. SŁAWIŃSKI. Wrocław 1976.

Słownik języka polskiego [*Wörterbuch der polnischen Sprache*]. Bd. 3: R–Z. Hrsg. von M. SZYMCZAK. Warszawa 1992.

STACHERSKI W.: *Materiały ruchu oporu* [*Dokumente der Widerstandsbewegung*]. Bd. XXIX, S. 109 [Archiv des Staatlichen Museums Auschwitz-Birkenau].

STERKOWICZ S.: *Kobiecy obóz koncentracyjny Ravensbrück* [*Das Frauenkonzentrationslager Ravensbrück*]. Włocławek 2006.

STOFF A.: *Kiedy literatura zdradza człowieka?* [*Wenn die Literatur den Menschen verrät*]. „Ethos" 2004, Nr. 65–66.

STRZELECKI A.: *Ewakuacja, likwidacja i wyzwolenie KL Auschwitz* [*Endphase des KL Auschwitz. Evakuierung, Liquidierung und Befreiung des Lagers*]. Oświęcim 1982.

SUCHANEK M.: *„Wiem, że żywy stąd nie wyjdę". Listy pożegnalne skazanych na śmierć z więzień i obozów koncentracyjnych* [*„Ich weiß, dass ich hier nicht lebend herauskomme". Letzte Briefe zum Tode Verurteilter aus Gefängnissen und Konzentrationslagern*]. „Śląskie Studia Historyczno-Teologiczne" 2015, Nr. 48.

SUDOLSKI Z.: *Polski list romantyczny* [*Der polnische Brief in der Romantik*]. Kraków 1997.

Świat po Auschwitz. Materiały z uroczystego posiedzenia Senatu Uniwersytetu Jagiellońskiego upamiętniającego 50-lecie wyzwolenia obozu koncentracyjnego Auschwitz-Birkenau [*Die Welt nach Auschwitz. Unterlagen von der feierlichen Sitzung des Senats der Jagellonen-Universität anlässlich des 50. Jahrestages der Befreiung des Konzentrationslagers Auschwitz-Birkenau*]. Zum Druck vorbereitet von A. FLIS. Kraków 1995.

ŚWIEBOCKI H.: *Ludzie dobrej woli: księga pamięci mieszkańców Ziemi Oświęcimskiej niosących pomoc więźniom KL Auschwitz* [*Menschen guten Willens. Gedenkbuch für die Bewohner des Auschwitzer Landes, die den Häftlingen des KL Auschwitz zu Hilfe kamen*], Oświęcim 2005.

ŚWIEBOCKI H.: *Sprawozdania uciekinierów z KL Auschwitz sporządzone w czasie wojny* [*Während des Krieges verfasste Berichte von Flüchtlingen aus dem KZ Auschwitz*]. „Biuletyn Towarzystwa Opieki nad Oświęcimiem" 1995, Nr. 25, S. 32–38.

SZATKOWSKA A.: *Był dom… wspomnienia* [*Es war ein Haus … Erinnerungen*], Kraków 2006.

SZKUDLAREK T.: *Postkolonializm jako dyskurs tożsamości. W stronę implikacji dla polskich dyskusji edukacyjnych* [*Postkolonialismus als Identitätsdiskurs. Zu den Implikationen für die polnischen Bildungsdiskussionen*], in: *Spory o edukację. Dylematy i kontrowersje we współczesnych pedagogiach*

[*Diskussionen über die Bildung. Dilemmata und Kontroversen in den modernen Pädagogiken*], Hrsg. von Z. KWIECIŃSKI, L. WITKOWSKI, Warszawa 1993.

SZYMAŃSKI T.: *Tak to pamiętam. O paczkach Międzynarodowego Czerwonego Krzyża dla więźniów Oświęcimia* [*So habe ich es in Erinnerung. Über die Pakete des Internationalen Roten Kreuzes für Auschwitz-Häftlinge*]. „Za Wolność i Lud" 1965, Nr. 6.

TATARKIEWICZ W.: *O szczęściu* [*Über das Glück*]. Warszawa 1962.

TAYLOR CH.: *Źródła podmiotowości. Narodziny tożsamości nowoczesnej* [*Quellen der Subjektivität. Die Geburt der modernen Identität*]. Übersetzt von M. GRUSZCZYŃSKI, O. LATEK, A. LIPSZYC, A. MICHALAK, A. ROSTKOWSKA, M. RYCHTER, Ł. SOMMER. Warszawa 2001.

TERLECKI T.: *Pan Jerzy* [*Herr Jerzy*]. In: *Jerzy Stempowski. Tymon Terlecki. Listy 1941–1966* [*Jerzy Stempowski. Tymon Terlecki. Briefe 1941–1966*]. Bearbeitet und mit einem Nachwort versehen von N. TAYLOR-TERLECKA. Warszawa 2015.

TISCHNER J., *Filozofia dramatu* [Das menschliche Drama]. Kraków 2006.

TISCHNER J.: *O człowieku. Wybór pism filozoficznych* [*Über den Menschen. Philosophische Schriften. Eine Auswahl*]. Ausgewählt und bearbeitet von A. BOBKO. Wrocław–Warszawa–Kraków 2003, S. 256–260.

TISCHNER J.: *Spór o istnienie człowieka.* [*Der Streit um die Existenz des Menschen*]. Kraków 1998.

TRZYNADLOWSKI J.: *List i pamiętnik. Dwie formy wypowiedzi osobistej* [*Brief und Tagebuch. Zwei Formen der persönlichen Aussage*]. In: IDEM: *Małe formy literackie* [*Kleine literarische Formen*]. Wrocław 1977.

TUWIM J.: *Pogrzeb Słowackiego* [*Die Bestattung Słowackis*], in: DERS.: *Wiersze wybrane* [*Ausgewählte Gedichte*], Bearbeitung von M. GŁOWIŃSKI, Wrocław 1986.

VOGLER H.: *Ocalony z otchłani. Opowiadania.* [*Vor dem Abgrund gerettet. Erzählungen*]. Katowice 1957.

WAŚNIEWSKI Z.: *Kocham! Przez kraty. Listy więzienne i obozowe* [*Ich liebe Dich! Durch Gitter hindurch. Briefe aus der Gefangenschaft*]. Bearbeitet und mit einem Vorwort versehen von R. CZYŻYK. Chełm 2016.

WEIL S.: *Świadomość nadprzyrodzona* [*Übernatürliches Bewusstsein*], übersetzt von A. OLĘDZKA-FRYBESOWA, Warszawa 1965.

WESOŁOWSKA D., *Słowa z piekieł rodem. Lagerszpracha* [*Wörter aus der Hölle. Die „Lagerszpracha" der Häftlinge von Auschwitz*], Kraków 1996.

...wierzymy mocno, że wrócisz... Korespondencja wydobyta z dołów śmierci Charkowa i Miednoje: ze zbiorów Muzeum Katyńskiego [*...wir glauben fest daran, dass du wiederkommst... Korrespondenz aus den Massengräbern von Charkiw und Mednoje: aus der Sammlung des Museums von Katyn*]. Bearbeitet von S. KARWAT. Mit einem Vorwort und historischen Kommentar von E. KOWALSKA. Herausgegeben von J. FURTAK. Warszawa 2016.

WIRPSZA W.: *Listy z oflagu* [*Briefe aus dem Oflag*]. Bearbeitung und Nachwort von D. PAWELEC. Mit einem Vorwort versehen von L. SZARUGA. Szczecin 2015.

WÓJCIK A., ZDZIARSKI M.: *Dobranoc, Auschwitz. Reportaż o byłych więźniach* [*Gute Nacht, Auschwitz. Ein Bericht über ehemalige KZ-Häftlinge*]. Kraków 2016.

Wojna. Doświadczenie i zapis. Nowe źródła, problemy, metody badawcze [*Der Krieg. Erfahrung und Aufzeichnung. Neue Quellen, Probleme, Forschungsmethoden*]. Hrsg. von S. BURYŁA, P. RODAK. Kraków 2006.

WOŹNICZKA Z.: *KL Auschwitz-Birkenau w świetle publikacji depesz podziemia londyńskiego 1941–45* [*Das Konzentrationslager Auschwitz-Birkenau im Lichte der veröffentlichten Depeschen der Londoner Untergrundbewegung 1941–45*]. „Biuletyn Towarzystwa Opieki nad Oświęcimiem" 1993, Nr. 18 (Sonderheft), S. 83–93.

WRÓBEL H.: *Likwidacja obozu koncentracyjnego Oświęcim-Brzezinka* [*Die Auflösung des Konzentrationslagers Auschwitz-Birkenau*]. „Zeszyty Oświęcimskie" 1962, Nr. 6, S. 11–49.

Wśród koszmarnej zbrodni. Notatki więźniów z Sonderkommando odnalezione w Oświęcimiu [*Inmitten des grauenvollen Verbrechens: Handschriften von Häftlingen aus dem Sonderkommando*]. Oświęcim 1971.

WYKA K.: *Życie na niby. Pamiętnik po klęsce* [*Das Leben als ob. Aufzeichnungen aus dem besetzten Polen*]. Kraków 1984.

WYKA M.: *Miłosz i rówieśnicy. Domknięcie formacji* [*Miłosz und seine Altersgenossen. Eine Formation wird abgeschlossen*]. Kraków 2013.

WYKA M.: *Nowe terytorium. O listach okupacyjnych* [*Ein neues Gebiet. Briefe aus der Okkupationszeit*]. In: J. ANDRZEJEWSKI, S. BACZYŃSKA, T. GAJCY, K. IRZYKOWSKI, K.L. KONIŃSKI, C. MIŁOSZ, J. TUROWICZ, K. WYKA: *Pod okupacją. Listy* [*Unter der Okkupation. Briefe*]. Mit Vorwort von M. WYKA. Bearbeitet und mit einem Nachwort des Herausgebers versehen von M. URBANOWSKI. Warszawa 2014.

Zeit, die mir noch bleibt. Briefe aus dem Gefängnis. Bearbeitet und mit einem Vorwort versehen von W. KIEDRZYŃSKA. Berlin 1989.

Znaki pamięci. Korespondencja obozowa więźniów KL Auschwitz i walory filatelistyczne upamiętniające ich martyrologię [*Briefmarken-Zeichen des Gedenkens: Häftlingsbriefe aus dem KL Auschwitz und dem Leiden der Häftlinge gewidmete Philatelistica*]. Bearbeitet von J. MATEJA. Übersetzt von J. AUGUST. Oświęcim–Brzezinka 1995.

Żyłem krótko, lecz cel swój osiągnąłem. Ks. Jan Macha (1914–1942) [*Ich habe zwar kurz gelebt, aber mein Ziel erreicht. Hochwürden Jan Macha (1914–1942)*]. Vorwort und Bearbeitung von D. BEDNARSKI. Katowice 2014.

ŻYWULSKA K.: *Przeżyłam Oświęcim* [*Ich überlebte Auschwitz*]. Warszawa 1960.

Internetquellen (Auswahl)

„Dziennik Polski“ [„Polnische Tageszeitung“] vom 12. Mai 2012, *Grypsy znalezione w kuchennym wałku* [*In einem Nudelholz gefundene Kassiber*]. In: https://dziennikpolski24.pl/grypsy-znalezione-w-kuchennym-walku/ar/3143346 [Zugriff: 11.12.2018].

FROMM E.: *Die Furcht vor der Freiheit*, http://www.irwish.de/PDF/Psychologie/Fromm/Fromm-Die_Furcht_vor_Freiheit.pdf, S. 80 [Zugriff: 04.11.2022]

Internetowy słownik języka polskiego PWN [Online-Wörterbuch der polnischen Sprache PWN], https://sjp.pwn.pl/sjp/gryps;2559705.html [Zugriff: 15.02.2019].

ORATOWSKA B., *Tajna korespondencja pisana z KL Ravensbrück* [*Die geheime Korrespondenz aus dem KZ Ravensbrück*], http://www.ravensbruck.pl/pl/artykuly/tajna-korespondencja [Zugriff: 30.08.2018].

WITTGENSTEIN L.: *Philosophische Untersuchungen. Teil I.* http://mickindex.sakura.ne.jp/wittgenstein/witt_pu_gm.html (Zugriff am 14.09.2022)

Museum Groß-Rosen: https://www.gross-rosen.eu/bozonarodzeniowe-listy-obozowe/ [Zugriff: 15.09.2017].

PERSPEKTIVEN DER LITERATUR- UND KULTURWISSENSCHAFT

Herausgegeben von
Grażyna Krupińska, Zbigniew Feliszewski und Renata Dampc-Jarosz

Vol. 1 Zbigniew Feliszewski / Monika Blidy (Hrsg.): Fremdheit – Andersheit – Vielheit. Studien zur deutschsprachigen Literatur und Kultur. 2019.

Vol. 2 Nina Nowara-Matusik (Hrsg.): Facetten des Künstler(tum)s in Literatur und Kultur. Studien und Aufsätze. 2019.

Vol. 3 Renata Dampc-Jarosz / Paweł Zarychta (Hrsg.): „...nur Frauen können Briefe schreiben". Facetten weiblicher Briefkultur nach 1750. Band 1. 2019.

Vol. 4 Renata Dampc-Jarosz / Paweł Zarychta (Hrsg.): „...nur Frauen können Briefe schreiben". Facetten weiblicher Briefkultur nach 1750. Band 2. 2019.

Vol. 5 Paweł Zarychta: Selbstinszenierung und Gedächtnisbildung. Rosa Maria Assing in Briefen und Lebenszeugnissen aus der Sammlung Varnhagen. Edition und Kommentar. Teil I. 1783–1823. 2021.

Vol. 6 Paweł Zarychta: Selbstinszenierung und Gedächtnisbildung. Rosa Maria Assing in Briefen und Lebenszeugnissen aus der Sammlung Varnhagen. Edition und Kommentar. Teil II. 1823–1840. 2022.

Vol. 7 Michał Jakubski: Das Dokumentarische und das Fiktionale im deutschsprachigen Drama nach 1945. Weiss – Kipphardt – Hochhuth. 2023.

Vol. 8 Lucyna Sadzikowska: Briefe aus Lagern und Gefängnissen 1939–1945. Ausgewählte Probleme. 2024.

www.peterlang.com

www.ingramcontent.com/pod-product-compliance
Lightning Source LLC
Chambersburg PA
CBHW060756310726
48980CB00002B/123

* 9 7 8 3 6 3 1 9 1 4 4 9 6 *